邮轮旅游概论

宋丹瑛 编著

南开大学出版社

天津

图书在版编目(CIP)数据

邮轮旅游概论 / 宋丹瑛编著. —天津:南开大学出版社,2022.1
ISBN 978-7-310-06193-8

Ⅰ. ①邮… Ⅱ. ①宋… Ⅲ. ①旅游船－旅游业－经营管理－高等学校－教材 Ⅳ. ①F590.7

中国版本图书馆 CIP 数据核字(2021)第 246020 号

邮轮旅游概论
YOULUN LÜYOU GAILUN

南开大学出版社出版发行
出版人:陈　敬
地址:天津市南开区卫津路 94 号　　邮政编码:300071
营销部电话:(022)23508339　营销部传真:(022)23508542
https://nkup.nankai.edu.cn

河北文曲印刷有限公司印刷　全国各地新华书店经销
2022 年 1 月第 1 版　　2022 年 1 月第 1 次印刷
230×170 毫米　16 开本　17 印张　312 千字
定价:58.00 元

如遇图书印装质量问题,请与本社营销部联系调换,电话:(022)23508339

　　本书出版得到了海南省哲学社会科学 2021 年规划课题（HNSK (ZC)21-106）、海南省自然科学基金项目（项目编号：721RC596）和海南省自由贸易港邮轮游艇研究基地的资助。

前　言

我国经过 30 多年的改革开放，人民生活水平和综合国力都有了显著提升。作为世界第二大经济体，伴随着国民收入的增长，旅游业进入了高速发展时期。据世界旅游组织 2016 年发布的报告中显示，我国已经成为世界最大的旅游客源地和全球第四大旅游目的地。在我国旅游业迅速扩张的背景下，邮轮旅游作为新兴旅游业态逐步走入人们的视野。

纵观发达国家，邮轮产业发展相对成熟，全球邮轮旅游者一直保持着快速增长势头，2018 年已经达到 2852 万人，2019 年预计超过 3000 万人。全球邮轮产业 2017 年经济贡献值超过 1260 亿美元，领跑整体旅游业的发展。每年都有创纪录的新邮轮、大邮轮、豪华邮轮投入运营，不断突破人们的想象、为旅行者提供一站式、高质量、高品位的全新休闲度假方式。邮轮产业成为旅游行业中加速增长的"增长极"，全球经济关注的焦点之一。同时，邮轮经济产业链长、带动性强，对推进供给侧结构性改革、培育新动能、有效拉动内需、促进消费转型升级具有重要意义。

邮轮产业作为海洋旅游的重要组成环节，与国家"一带一路"及"海洋强国"等战略密切相关。党的十八大报告中完整提出了中国海洋强国战略，大力发展海洋经济，建设海洋强国。其中发展海洋经济，是我国建设海洋强国的基本手段和具体路径。邮轮产业作为发展海洋经济的具体抓手之一，成为我国海洋经济发展的焦点。

在旅游业方面，我国出台了一系列政策推动旅游业及邮轮产业发展：2009 年 12 月《国务院关于加快发展旅游业的意见》中指出，要把旅游业培育成为国民经济的战略性支柱产业和人民群众更加满意的现代服务业，这为我国旅游业的产业结构调整、提升旅游产业发展层次提供了坚实的基础。2015 年国务院办公厅下发了《关于进一步促进旅游投资和消费的若干意见》中明确提出，新辟旅游市场，推进邮轮旅游产业发展。邮轮旅游作为旅游投资和消费领域中的重点产业，提升到国家战略的重要地位。2018 年交通运输部出台了《关于促进我国邮轮经济发展的若干意见》，这是我国首个针对邮轮经济发展的指导性意见。随着我国旅游供给侧结构性改革和邮轮产业的快速发展，本书对邮轮旅游知识的普及、专业人才的培养都具有较高的指导意义。

　　本书系统地阐述了邮轮与邮轮旅游的相关基础理论、全球邮轮产业发展的历史、趋势，介绍了主要国际邮轮公司的品牌与文化、主要邮轮航线、邮轮港口运营，强化了对邮轮运营的多角度认知，突出了邮轮旅游的营销、政策、人才等重点内容，详细地介绍了我国各地方邮轮产业的发展状况。

　　本书共分为 9 章，分别围绕邮轮与邮轮旅游概述、全球邮轮旅游现状与趋势、全球邮轮品牌与特色、主要邮轮旅游航线、中国邮轮旅游现状与趋势、邮轮运营与管理、邮轮营销、邮轮产业政策、邮轮人才需求及培养等方面展开，并在书后附件中附有相关资料与数据。

　　本书的出版得到了中国交通运输协会邮轮游艇分会、上海海事大学、上海港国际客运中心等相关单位的多方面支持与帮助。在撰写过程中多处引用了中国邮轮游艇协会各年度的《中国邮轮发展报告》、国际邮轮协会组织（CLIA）的年度报告、上海港国际客运中心开发有限公司创办的行业内刊《邮轮志》以及其他内刊。同时也博采众长，参考和引用了诸多学者汇集、整理和分析的材料及著作，尤其是郑炜航会长、肖宝家校长、程爵浩教授、徐珏慧总经理、叶欣梁教授、孙晓东教授、谢燮研究员、苏枫教授、陈杨乐教授等在邮轮方面务实的创新和研究，给予了本书诸多启示。本书也得到了诸多业界人士，如林捷豪（Jack Lim）、杨胜利、刘富东等人的建议和箴言，对此，编者对所有相关学者及给予本书大力支持的业界人士，也对那些对本书编写做出指导和帮助的专家、领导表示深深的敬意与谢意。

　　本书主编单位是海南热带海洋学院，主编为宋丹瑛，副主编有金海龙、黄颖、黄丽华。宋丹瑛负责第一章的编写；宋丹瑛、陈梦月参与第二章编写；贾东雨、宋丹瑛、金海龙参与第三章编写；黄丽华负责第四章编写；黄颖负责第五章编写；宋丹瑛、鲁晓丽、郭虹玲参与第六章编写；周扬、乔淑英参与第七章编写；宋丹瑛、钟雪参与第八章编写；宋丹瑛、黄丽华、邱文茜参与第九章编写；郭虹玲负责附录整理；最终由宋丹瑛、金海龙、周子涵统稿。在此对所有参编人员表示感谢。

　　由于时间和水平的限制，错误在所难免。希望邮轮业界人士、全国高校师生和专家学者提出宝贵意见，以便后期修改及完善。

宋丹瑛

2021 年 8 月于三亚

目　录

第一章　邮轮与邮轮旅游 ……………………………………………… 1

　第一节　邮　轮 …………………………………………………… 2

　　一、邮轮的定义 ………………………………………………… 2

　　二、邮轮是什么 ………………………………………………… 3

　　三、邮轮的起源与分类 ………………………………………… 3

　第二节　邮轮旅游 ………………………………………………… 6

　　一、邮轮旅游的定义 …………………………………………… 6

　　二、邮轮旅游的特点 …………………………………………… 6

　第三节　邮轮旅游的发展与分类 ………………………………… 8

　　一、全球邮轮旅游发展历程 …………………………………… 8

　　二、邮轮的类型 ………………………………………………… 12

第二章　全球邮轮旅游现状与趋势 ……………………………… 19

　第一节　北美邮轮产业发展现状 ………………………………… 19

　　一、北美邮轮产业发展现状 …………………………………… 19

　　二、美国邮轮产业对经济的影响 ……………………………… 21

　　三、美国邮轮业发展成功经验分析 …………………………… 22

　第二节　欧洲邮轮产业发展现状 ………………………………… 23

　　一、欧洲邮轮产业发展现状 …………………………………… 23

　　二、欧洲邮轮产业对经济的影响 ……………………………… 26

　　三、欧洲邮轮产业发展预测 …………………………………… 26

　第三节　亚洲邮轮产业发展现状 ………………………………… 27

　　一、亚洲邮轮产业发展现状 …………………………………… 27

　　二、亚洲邮轮产业发展预测 …………………………………… 31

　　三、韩国邮轮产业发展状况 …………………………………… 33

　　四、中国邮轮产业发展状况 …………………………………… 39

　第四节　全球邮轮产业发展趋势 ………………………………… 51

　　一、全球邮轮产业发展历程 …………………………………… 51

二、全球邮轮市场发展现状 ……………………………………52

三、国际邮轮公司的运营 ………………………………………59

四、全球邮轮产业对经济的影响 ………………………………67

五、全球邮轮旅游产业未来前景预测及分析 …………………69

第三章　全球邮轮品牌和特色 ……………………………………72

第一节　全球三大邮轮集团公司 ………………………………72

一、嘉年华邮轮集团 ……………………………………………72

二、皇家加勒比邮轮有限公司 …………………………………73

三、云顶香港集团（原丽星邮轮集团公司） …………………74

第二节　主要邮轮品牌及特色 …………………………………75

第四章　邮轮旅游航线 ……………………………………………86

第一节　东南亚海域邮轮航线 …………………………………88

第二节　阿拉伯海邮轮航线 ……………………………………92

第三节　地中海邮轮航线 ………………………………………93

第四节　北海邮轮航线 …………………………………………94

第五节　东北亚海域邮轮航线 …………………………………94

第六节　加勒比海邮轮航线 ……………………………………94

第七节　美洲邮轮航线 …………………………………………96

第八节　中南美洲邮轮航线 ……………………………………97

第九节　欧洲邮轮航线及港口 …………………………………98

第十节　极地邮轮航线 …………………………………………98

第十一节　环球邮轮航线 ………………………………………98

第五章　中国邮轮旅游现状与趋势 ……………………………100

第一节　中国邮轮旅游发展趋势 ……………………………100

第二节　环渤海经济区邮轮旅游发展现状 …………………106

一、天津国际邮轮母港 ………………………………………106

二、青岛邮轮母港 ……………………………………………109

三、大连国际邮轮中心 ………………………………………112

四、烟台邮轮母港 ……………………………………………115

第三节　长三角经济区邮轮旅游发展现状 …………………116

一、上海吴淞口国际邮轮港 …………………………………116

二、上海国际客运中心 ………………………………………119

三、舟山邮轮港 ………………………………………………119

　　四、温州国际邮轮港 ·· 122

第四节　珠三角经济区邮轮旅游发展现状 ································ 123

　　一、广州港国际邮轮母港 ·· 123

　　二、深圳蛇口太子湾邮轮母港 ·· 127

　　三、厦门港国际邮轮中心 ·· 130

第五节　海南省邮轮旅游发展现状 ·· 133

　　一、海口 ·· 134

　　二、三亚 ·· 136

　　三、西沙邮轮航线及旅游产品现状 ·· 145

第六章　邮轮运营与管理 ·· 149

第一节　邮轮运营管理 ·· 149

　　一、邮轮运营管理的定义 ·· 149

　　二、邮轮公司运营管理 ·· 149

第二节　邮轮港口分类及功能 ·· 153

第三节　邮轮客户服务 ·· 156

　　一、邮轮服务管理 ··· 156

　　二、邮轮产品供应商 ··· 157

　　三、邮轮服务人员 ··· 157

　　四、其他部门 ··· 158

第四节　邮轮餐饮管理 ·· 160

　　一、餐饮部门 ··· 160

　　二、餐饮供应管理 ··· 161

　　三、餐饮生产管理 ··· 161

　　四、餐饮服务管理 ··· 161

第五节　卫生、健康与安全管理 ·· 162

　　一、邮轮安全管理 ··· 162

　　二、邮轮常见安全问题 ·· 162

　　三、邮轮安全政策 ··· 164

第六节　邮轮人力资源管理 ·· 165

　　一、邮轮人力资源管理 ·· 165

　　二、全产业链人才需求 ·· 166

　　三、行业人才需求 ··· 166

　　四、邮轮各部门岗位职责 ·· 167

五、邮轮人才能力标准 ……………………………………………………… 168

六、中国邮轮人才发展战略 ………………………………………………… 169

第七节 邮轮旅游服务注意事项 …………………………………………… 170

一、产品方面 ………………………………………………………………… 170

二、服务方面 ………………………………………………………………… 170

第七章 邮轮旅游营销 ………………………………………………………… 172

第一节 邮轮旅游消费者与购买行为分析 ………………………………… 172

一、旅游需求与影响旅游需求的因素 ……………………………………… 172

二、邮轮旅游需求与消费 …………………………………………………… 173

三、邮轮旅游消费者主要类型划分 ………………………………………… 175

四、邮轮市场的划分 ………………………………………………………… 177

五、目前我国邮轮旅游消费者特征与消费行为分析 ……………………… 178

六、邮轮旅游产品的购买动机分析 ………………………………………… 179

第二节 邮轮旅游产品构成 ………………………………………………… 183

一、邮轮旅游产品 …………………………………………………………… 183

二、邮轮旅游产品的整体含义 ……………………………………………… 183

三、邮轮旅游产品的构成要素 ……………………………………………… 184

四、邮轮旅游产品设施介绍 ………………………………………………… 184

五、邮轮旅游产品的特点 …………………………………………………… 187

第三节 邮轮旅游产品开发 ………………………………………………… 188

一、邮轮旅游消费特点 ……………………………………………………… 188

二、开发原则 ………………………………………………………………… 190

三、中国邮轮旅游市场产品消费中存在的问题 …………………………… 190

四、邮轮旅游产品开发方向 ………………………………………………… 192

第四节 邮轮旅游 4P 营销策略 …………………………………………… 200

一、邮轮旅游产品（Product） …………………………………………… 200

二、邮轮旅游产品价格（Price） ………………………………………… 201

三、邮轮旅游产品分销渠道（Place） …………………………………… 205

四、邮轮旅游促销（Promotion） ………………………………………… 207

第八章 邮轮产业政策 ………………………………………………………… 210

第一节 国际邮轮产业政策及规范 ………………………………………… 210

一、船籍注册 ………………………………………………………………… 210

二、海域划分 ………………………………………………………………… 211

三、邮轮废物管理及标准 ·············· 211

四、海上安全（MARSEC） ·············· 213

五、组织与协会 ·············· 214

第二节 中国邮轮产业政策 ·············· 215

一、旅游产业政策 ·············· 215

二、国家层面的邮轮政策法规 ·············· 216

三、地方层面的邮轮政策法规 ·············· 219

第三节 我国邮轮产业发展存在的法律障碍 ·············· 224

一、市场准入制度存在的问题 ·············· 224

二、邮轮制造业存在的问题 ·············· 224

三、邮轮服务业存在的问题 ·············· 225

四、邮轮运输业存在的问题 ·············· 226

五、邮轮税收障碍问题 ·············· 227

第九章 邮轮人才需求及培养 ·············· 228

第一节 邮轮人才需求 ·············· 228

一、全球邮轮人才需求现状 ·············· 228

二、邮轮岗位 ·············· 230

三、薪酬 ·············· 231

四、邮轮工作岗位要求 ·············· 232

第二节 邮轮人才培养 ·············· 233

一、中国高校邮轮人才培养现状 ·············· 233

二、邮轮人才就业前培训市场：以天津海运职业学院与皇家
加勒比邮轮集团人才培养项目为例 ·············· 236

三、我国邮轮人才培养面临的问题 ·············· 239

四、校企合作 ·············· 242

附录一 全球邮轮公司运营数据 ·············· 244

附录二 全球邮轮游客数量与地域分布 ·············· 246

附录三 全球主要邮轮码头与泊位 ·············· 247

附录四 邮轮旅游手册 ·············· 249

附录五 全国开设邮轮相关专业高校 ·············· 255

第一章　邮轮与邮轮旅游

【学习目标】
- 为什么要关注邮轮产业？
- 什么是邮轮旅游？
- 简述邮轮的发展史。
- 用自己的语言描述邮轮旅游的特点。

【知识要点】
- 邮轮旅游的定义
- 邮轮的分类
- 邮轮旅游的特点

　　从最初的客船问世开始，邮轮产业不断进化、演变，时至今日已经发生了翻天覆地的变化，这种变化极大地促进了乘船游览、海上旅游、洲际旅行。战后经济繁荣和现代邮轮旅游业的产生，同时也加速了传统客船的衰落。全球现代邮轮产业的发展从 20 世纪末开始出现了新一轮的快速增长，尤其在 2000 年以后发展更加迅猛（如图 1-1）。《世界旅游经济趋势报告（2017）》指出，全球旅游经济增速高于全球经济发展的平均增速，而在旅游业中邮轮旅游异军突起。以美国数据为例，2008 年至 2014 年期间，邮轮旅游的增长率超过整体旅游 22%。2009 年全球邮轮游客约 1800 万人，2016 年约 2516 万人，2018 年达到 2852 万人，邮轮乘客数量 9 年内增长了 58%。全球邮轮产业 2017 年经济贡献值超过1260 亿美元，领跑旅游业的整体发展。邮轮产业作为新兴产业已经产生巨大的经济效益，根据国际邮轮协会（Cruise Lines International Association, CLIA)的统计，每接待一位邮轮游客获得的收入是接待普通国际游客的 2 倍，邮轮母港的经济带动效应是接待港的 10 倍。

　　随着亚太地区经济的崛起和邮轮旅游重心的东移，中国邮轮旅游成为世界关注的焦点。2017 年，亚洲邮轮旅客的增长率达到 20.5%，超出全球增长率的3 倍。

图 1-1　全球邮轮年增长率

2018 年，亚洲市场洲际旅行的邮轮游客再创新高，达到了 424 万人，占全球邮轮游客总数的 14.8%，已成为全球邮轮市场不可忽视的新兴力量。其中，中国大陆游客数量占据亚洲客源市场的半数以上，稳居第一（55.8%），超过其他亚洲地区市场总和，其后为中国台湾地区（9.3%）、新加坡（8.8%）、日本（6.3%）、中国香港地区（5.9%）、印度（5.2%）和马来西亚（3.6%）。

邮轮产业是典型的资本密集型、技术密集型、劳动密集型三大特征兼备的特殊尖端产业。邮轮强大的经济拉动能力和吸附能力已成为带动我国港口、码头、沿海旅游目的地经济增长的新亮点。我国已经步入发展邮轮经济轨道，逐步将邮轮产业作为国家重点产业，提升至战略层面。同时，作为发展海洋经济、拓展"海上丝绸之路"、建设中国特色自由贸易港的重要组成部分，邮轮旅游逐渐受到产业界与学界的关注。

第一节　邮　轮

一、邮轮的定义

邮轮的原意是指海洋上的定线、定期航行的大型客运轮船，其核心功能是将旅客送往大洋彼岸的交通工具。

"邮"字本身具有交通的含义，而且过去跨洋邮件总是由这种大型快速客轮运载，故此得名。第二次世界大战后多数军用工业向民用工业转型，航空业随之出现并飞速发展。原来的跨洋型邮轮与航空运输相比，速度慢、消耗时间长，逐渐退出了历史舞台。

现代意义上的邮轮，实际是指在海洋中航行的旅游客轮。第二次世界大战后技术的进步主要是民航客机的出现，远洋邮轮开始失去其载客、载货的竞争力，后来逐步演变为只供游乐的"游轮"，核心功能从远洋交通转变为旅游载体。现代邮轮配有较为齐全的生活与娱乐设施，是集交通、娱乐休闲和住宿、餐饮、健身于一体的综合性产品，是专门用于旅游休闲度假的豪华船舶。

二、邮轮是什么

很多人对于现代的邮轮进行了解释，并对它的现代功能进行了归纳总结。其最主要的特征是为游客提供了"食、住、行、游、购、娱"各种游乐、休闲设施一应俱全的全方位海上度假体验。同时，它还为游客提供了岸上观光休闲的活动项目。

现代邮轮发展的巨型化、高科技化、现代化和文化性趋势日益明显。所以，有人称邮轮是"浮动的度假村""海上酒店""移动的旅游目的地"，甚至是"消费性海上城市"。

另外，"游轮"这一词语非常常见，容易与"邮轮"混淆。"游轮"用于搭载乘客从事旅行、参观、游览活动的各类客运机动船只的统称，又称"游船""旅游船"。它是指普通客轮，兼用于旅游或改装后，专用于旅游的船舶均可以称之为"游轮"。

虽然游轮旅游已成为国际旅游业的一个重要部分，但跟远洋邮轮不同的是，游轮通常不会横渡海洋，而是以最普遍的绕圈方式行驶，起点和终点港口通常亦是同一港口，旅程通常较短，少至1—2天，多至1—2星期。

目前对于邮轮、邮轮旅游的统称仍使用"邮轮"这一专有名词，而非"游轮"。有些邮轮公司特意将运营的邮轮称之为"游轮"，是以此为特色，凸显自身邮轮品牌的休闲、娱乐等特点。例如，皇家加勒比国际邮轮公司就将自己公司及船队称之为"游轮"。

三、邮轮的起源与分类

学术界的大多学者认为邮轮产生于19世纪早期。英国铁行渣华公司（P&O）是在1837年创办的海上客运兼邮件运输公司，它标志着国际邮轮的诞生。邮轮的发展期间，邮轮的功能和特征也在发生着变化，业务也曾一度陷入低迷状态。自20世纪80年代以来，邮轮进入了"黄金发展期"。到了21世纪，更是有豪华邮轮相继出现，生活、休闲、娱乐与度假各方面的设施更加完善，邮轮发展也更加成熟。

1. 邮轮的起源

早在1516年，英国皇家邮政（the British Royal Mail）在开展洲际邮递服务的初期，主要依靠"邮务轮船"（Postal ship）将信件和包裹即邮包（registered parcels，postbag）由此岸送到彼岸，这些英国轮船往往需要悬挂英国皇家邮政的（商船用）信号旗（code flag）。

殖民主义时代，英国统治下的领土横跨七大洲，有大量邮件需要从英国发往海外。这些邮件一度都是由英国皇家海军的舰船送往各地。直到1837年，逐渐有民营船社与英国海军部签订合同，承担这些邮件的运送。

1839年，美裔加拿大人塞缪尔·库纳德（Samuel Cunard，如图1-2）赢得了英国皇家海军部的招标，获得了第一个横跨大西洋与北美互通邮件业务的合同，并于1840年成立了"英国—北美皇家邮政汽船公司"，主要承运英国至北美的邮件运输业务。1840年7月4日，当时最先进的蒸汽轮船"不列颠号"首次离开利物浦开往美国。1879年，这家私人合伙公司重组为股份公司，改名为库纳德汽船公司（Cunard），即今天被大家所熟知的冠达邮轮。所以，塞缪尔·库纳德爵士是冠达邮轮创始人。此后的140年，冠达邮轮始终维持着大西洋航线的通航，经历了两次世界大战期间战火的残酷，以及大西洋邮轮航线落寞后的孤独。

1850年以后，英国皇家邮政（the British Royal Mail）允许私营船务公司以合约形式，帮助他们运载信件和包裹。这个转变，令一些原本只是载客船务公司旗下的载客远洋轮船，摇身一变，成为悬挂信号旗的载客远洋邮务轮船。

由于邮务轮船（Mail Ship，Postal ship，Cruise）是邮政部门专门用来运输洲际远距离邮件的重要交通工具之一，所以也可以称之为"远洋邮轮"（Ocean liner）。这段历史就是现在邮轮仍然姓"邮"的原因。

当时，许多人开始登上邮轮（邮务轮船）漂洋过海，邮轮旅行开始发展，但是邮务轮船（Postal ship，Cruise）最重要的功能还是运载移民、货物及邮件。

后来，由于喷气式民航客机投入航空客运，"邮务轮船"（Postal ship，Cruise）或称"远洋邮轮"（Ocean liner）的长距离载客、载货

图1-2　塞缪尔·库纳德爵士（1787—1865）

功能渐渐削弱，远洋邮轮的角色也从运输演变为供游乐的邮轮。

1985 年，法国的"法兰西号"（S.S. France）邮轮退出大西洋航线，远洋邮轮（ocean liner）退出历史舞台，标志着一个伟大的航海时代的结束。

2. 邮轮的分类

从宏观到微观，邮轮的分类有很多维度。首先邮轮属于船舶大类。船舶的种类繁多，按不同的使用要求而具有不同的技术性能、装备和结构类型。有各种各样的船舶分类方法，因分类方式的不同，同一条船舶可有不同的称呼。船舶可按照船舶用途、船舶材料（造船材料）、船舶推进动力（装置）、（使用权船舶的）航行区域、航行方式、航行状态、船舶客货等进行粗略的分类，有时也根据需要按不同的要求进行区分。

（1）用途分类

多数船舶是按船舶的用途进行分类。按照船舶用途，船舶可划分为军用船舶（Military Ship）和民用船舶（Civil Ship）两大类。邮轮属于民用船舶。

①军用船舶（Military Ship）

军用船舶（Military Ship）包括（军用）舰船、舰艇、战舰、战船或船艇。大型军用船称为"舰"，小型军用船称为"艇"或"舟"。

②民用船舶（Civil Ship）

民用船舶（Civil Ship/Vessel, Civilian Ship/Vessel）一般称为"船"。民用（运输）船舶种类很多，大体可分为：客船、货船、客货船、普通货船、多用途货船、杂货船、渡船、（载）驳船/子母船、渔（业）船舶、运输船、特种货物运输船、木材（运输）船、冷藏货物运输船、集装箱船、滚装船、固体散货船、散粮船、煤船、矿石船、液体散货船、油船、兼用船、工程船、港务船、（海洋）科考船等类型。

其中，客轮又称"（载）客船"，是指专门用于运送旅客及其携带的行李和邮件，也装运少量货物的船舶。邮轮从大类上属于该种类型。

（2）船舶航行区域类型

船舶按照（承载船体的）水体或航行区域可将船舶大体分为内河船（River boat）和海船（Sea-going vessel）两大类，又可细分为海（洋）船或远洋船（Ocean going ship）、沿海船或港湾船舶（Coastal vessel）、极区船（Arctic ship）和内河船舶（Inland waterways vessel）四种。航行在湖泊上的船舶一般也归入内河船舶类。

内河船（River boat，Inland waterways vessel）是指航行于内陆江、（江）河、湖泊、水库的船。内河船一般不在海上行驶。内河船与海船相比，船体尺度小、吃水浅、设备简单。海船（Sea-going vessel，Ship，Seacraft，Seagoing vessel，

Sea boat，Ocean ships，Marine vessel）是指从事海上航行的船舶。海船是相对于在内河航行的内河船而言的。由于海上环境与内河环境相比更加恶劣，危险更大，因此在建造规范和适航标准上，海船都比内河船更严格。

因此，在邮轮业界中，邮轮主要划分为两大类型，即海洋邮轮（Ocean Cruise）和内河邮轮（River Cruise）。有部分邮轮航线会前往极地旅行，因此这些航线的邮轮多是带有特殊功能的极地船舶（如破冰船）。

第二节　邮轮旅游

一、邮轮旅游的定义

邮轮旅游的定义张芳芳在 2006 年指出，邮轮旅游就是旅游者乘坐邮轮所做的假期旅行，其真正内涵就是游客对美妙时光的渴望和一种全身心放松、娱乐的休闲度假浪漫经历。

陈梅于 2011 年提出，邮轮旅游是一种以大型豪华游船为载体，以海上巡游为主要形式，以船上活动和岸上休闲旅游为主要内容的高端旅游活动。这是我国学者首次提出：邮轮本身虽然是海上交通运输的工具载体，但是邮轮已经不再仅仅具有交通功能，而是一个旅游目的地。

2016 年，《上海市邮轮旅游经营规范》中定义了邮轮旅游，它是指以海上船舶为交通工具和目的地，为旅游者提供海上游览、住宿、交通、餐饮、娱乐或到岸观光等多种服务，以沿线港口为陆上目的地和中转站的出境旅游方式。

总结以上内容，本书的邮轮旅游指以海上船舶为交通工具和目的地，以海上和内河巡游为主要形式，并为旅游者提供"食、住、行、游、购、娱"于一体的服务或到岸观光服务等，以沿线港口为岸上目的地和中转站的出入境旅游方式。目前邮轮旅游大致分为海上巡游和内河巡游。巡游方式亦可分为出入境旅游、无目的地巡游、公海游、沿海挂靠邮轮游等多种方式。

二、邮轮旅游的特点

根据邮轮旅游的内涵和构成，邮轮旅游除了和其他旅游活动相同的特点外，还具备一些其他的特征。

1. 国际性

邮轮旅游属于国际性的旅游活动，其活动范围和常规的旅游活动相比，并不局限于单一的陆地或海洋，而是将七大洲的海洋作为活动场所。邮轮旅游的始发港和停靠港往往也是不同国家地区的港口。

　　随着全球邮轮旅游产业的发展，各大邮轮公司纷纷在全球重要城市、港口布局，邮轮旅游产品逐渐多样化，吸引了来自全球几十个国家和地区的游客。为满足邮轮旅游者的需求，邮轮公司招聘的船员和服务人员往往也来自不同的国家和地区。

　　2. 区域性

　　全球邮轮旅游目的地可以划分为五大区域：北美洲、中南美洲、欧洲、非洲和亚太地区。由于不同区域拥有的地理环境和资源条件不同，不同区域的邮轮旅游发展水平也存在差异。目前，邮轮旅游活动的主要区域集中在北美和欧洲，但随着全球邮轮经济的发展，亚太地区的吸引力也在不断增强，逐渐成为邮轮旅游的重要客源国和目的地。

　　3. 移动性

　　邮轮通常被称作"移动的海上度假村"。和其他旅游方式从单一的出发地前往目的地不同，邮轮旅游除了在港口的短暂停留外，大多数的旅游行程都是在海上巡游，因此邮轮旅游目的地具有移动性。

　　4. 消耗性

　　邮轮的载客量通常多达几百上千人，为满足众多旅游者的需求，邮轮上需要配备的船员数量也相对较多。邮轮旅游的行程时间少则2—5天，多则10天以上，不少环球邮轮航线行程时间需要一至两年。旅游者会在邮轮上进行一系列的活动，由此产生的集中物资消耗比常规的旅游活动更为频繁。此外，邮轮每到港口进行补给和废弃物处理时，所需要的人力和物力及对环境的消耗巨大。

　　5. 综合性

　　邮轮旅游具有很强的综合性，旅游者在邮轮上可以得到和其他旅游方式一样的各种体验。邮轮集餐饮、住宿、交通、娱乐、购物为一体，旅游者的各类需求也能够得到很好的满足。

　　邮轮即目的地，邮轮旅游需要各个产业和部门的配合，在邮轮上的所有部门和人员也需要高度的协作，使整个旅游行程达到预期的目标和旅游者的期待。

　　6. 产业链长

　　邮轮产业链从邮轮的设计、建造、维修和配套产业体系，到船队的运营、航线的规划设计、品牌的竞争，以及邮轮港口的商业配套和经营管理，不论是上游、中游、下游哪个环节，都支撑着邮轮产业的发展。各个部分的责任单位也在加快拓展邮轮产业链。

　　随着邮轮旅游产业经济发展，邮轮产业链越来越往上游、下游延伸。船舶建造企业签订的邮轮建造订单增多，设计建造环节的技术也在不断增强；邮轮港口也在不断地发展，配套设施和经营管理日益完善。邮轮全产业链正在向系统化、智能化方向发展。

第三节　邮轮旅游的发展与分类

一、全球邮轮旅游发展历程

纵观全球邮轮发展历史，邮轮业的发展大致分为三个阶段。首先是 19 世纪中叶开始的越洋客运时期，服务于跨洋的移民迁移。其次是 20 世纪初开始的奢华邮轮时期，主要服务于富商巨贾的邮轮度假旅行。最后是第二次世界大战结束之后的超级巨轮时期，这一时期的邮轮已具有现代化邮轮的特征。

1. 越洋客运时期

（1）速度为王的蓝飘带之争

19 世纪中叶以来，因为加州淘金热、美国独立战争后的宅地法以及农业经济的迅速发展等原因，大量欧洲移民通过邮轮由欧洲迁往北美。在这个阶段由于邮轮还是以运送移民和邮件为主，所以邮轮问世初期，速度是邮轮公司的主要追求和竞争领域。

各大邮轮公司纷纷在速度上相互竞争，使得在 19 世纪 60 年代出现了一条惯例：效仿赛马的习俗，如果有船只能以当时最快的平均速度横跨大西洋，就可以在主桅杆上升起一条代表着最快速度的蓝色飘带（Blue Riband）。1909—1929 年，蓝飘带的拥有者是冠达旗下的邮轮——"毛里塔尼亚号"（如图 1-3）。在当时，大西洋两岸的邮轮公司和船长们都在尽可能地争取蓝飘带的荣誉，这不但代表着船只速度和航行技艺最高水平的完美结合，同时象征着最快的蓝飘带也是最具有乘客号召力的标志物。在这种疯狂却具有极强现实意义的竞争中，蓝带邮轮的速度甚至一度超越世界上所有的军舰。

（2）"浮动酒店"的舒适性升级

图 1-3　"毛里塔尼亚号"

邮轮问世之初就以运送乘客和邮件为主，并未真正地考虑舒适性，邮轮上仅仅提供非常基础的服务。由于冷冻冰柜尚未发明，船上没有任何新鲜肉类可以食用。船上空间非常狭小，对此，大文学家狄更斯曾经尖刻地写道："船舱里什么也没有，除了棺材，没有什么再比这里更小了。"

为了更好地吸引客户，在速度竞争

之余，邮轮公司也纷纷在舒适度上展开竞争，邮轮公司不断在舒适度上刷新业界标准。19 世纪 70 年代，白星邮轮逐渐以舒适豪华走进了客户的视野。白星邮轮公司的五艘巨型邮轮依次亮相，被称为"浮动酒店"，其中包括 1871 年亮相的 1.7 万吨"大洋号"（RMS Oceanic，如图 1-4），巨大的空间预算使其能够提供更舒适的环境和更多服务项目。"大洋号"配置了浴缸、中央供暖设施和专门的卫生间，远超了当时的竞争者所仅能提供的浴盆、火炉和夜壶。

白星的竞争者们自然也不甘人后。冠达随后在邮轮上装配无线电，使得邮轮上的客人可以提前和岸上联系预订酒店，进行商业交流。而作为另一巨头的英曼则打造了"SS 纽约市号"和"SS 巴黎市号"（SS 为 Steamship，蒸汽船），采用了三联式引擎提供更高的燃油效率提供更优质的动力来源，同时使用了双螺旋桨系统。这两种先进的推进技术首次在海上

图 1-4　舒适性代表——白星旗下的"大洋号"

邮轮中亮相。双螺旋桨的设计不但提供了更强的动力帮助其提速，使"SS 巴黎市号"多次赢得蓝丝带奖。而且双螺旋桨的机制也意味着如果一个螺旋桨损坏，还有另一个螺旋桨提供动力，因此使其能够放弃辅助的风帆，释放更多的甲板空间，能够提供给客人更多的活动空间并且建设更多的设施。

2. 奢华邮轮时期

随着邮轮竞争的白热化，20 世纪初以来各大邮轮公司纷纷推出更加完备的设施，更加奢华的装饰。如德国邮轮"美洲号"在船上开设了可以自由点餐的餐厅。冠达在邮轮上开设了和岸上同一标准的健身房。不甘示弱的白星公司则于 1908 年起陆续推出了"奥林匹亚三姐妹"，即"奥林匹克号"（Olympic）、"泰坦尼克号"（Titanic）、"巨人号"（Gigantic），以"世界上最豪华的邮轮"为追求目标，开启了以奢华设施招徕顾客的先例。各种一掷千金的大手笔纷至沓来，如"泰坦尼克号"中的舾装之豪华在当时举世无双（如图 1-5），富丽堂皇的大楼梯、土耳其浴室等奢侈豪华的装饰和设施在"泰坦尼克号"上一应俱全。白星旗下的"泰坦尼克号"是当时世界上最豪华的邮轮，曾拥有"永不沉没"的美誉，但处女航即葬身大西洋。

图1-5　白星旗下的"泰坦尼克号"

　　在这种奢华之下，邮轮吸引了越来越多的富商巨贾，他们仅仅是乘坐邮轮度假旅行。邮轮公司也针对性地开发了更多精品的旅游度假航线，如整合了希腊、西亚和埃及三大文明古国的地中海航线，以及为美洲游客提供的加勒比海航线。

　　第一次世界大战期间，在战争中诸多科技水平迅速发展，其成果也逐渐应用到民用市场。20世纪30年代，由于各国将建造大型邮轮视作国力昌盛的象征，邮轮公司可以顺利得到政府的资金支持，于是欧洲再次兴起了建造邮轮的浪潮。在这一时期由于技术上和设计上的发展，邮轮的建造和舾装更加精益求精。

　　但是由于美国1924年反移民法案的颁布使得跨大西洋的移民乘客的减少，以及同时期的禁酒令使得更多的美国富商巨贾来到邮轮上畅饮度假。奢华邮轮时期的邮轮大都以中老年富商巨贾为主要客群。邮轮因其拥有完备奢华的设施和舾装而有别于其他各式交通运输工具，也成为百年来邮轮产业持续发展的一大特色。

　　3. 超级巨轮时期

　　随着第二次世界大战结束和喷气机技术的发展，20世纪六七十年代，在高运营成本和飞行旅行的盛行之下横跨大西洋的航道逐渐变得萧条。然而随着邮轮公司转变思路，逐渐将航线设计从客运角度转变为度假角度，邮轮产业又开始逐渐蓬勃，形成了以休闲旅行为目的邮轮消费的主旋律。航线也由跨洋航线逐渐变为以加勒比海和地中海为主。加勒比海航线在大西洋航线落寞后，成为邮轮航线主力军。

为了满足更多的功能要求，如建立剧院、酒吧、商店、泳池、运动场和各种新型娱乐项目的空间需求，以及考虑到使船体更加平稳，满足更豪华舒适的舾装和自由的设计等多方面要求，邮轮的体型不断巨大化。21世纪以来，不断有14万吨以上的邮轮下水，并且吨位不断升级。各家邮轮船队新造加入营运的船舶数字增长惊人，更有甚者，各家邮轮船队竞相订造所谓"史上最大超级巨轮"，并且几乎每年都会有一艘破最高吨位纪录的邮轮面世。在此期间，皇家加勒比国际邮轮与冠达邮轮如吨位竞赛一般，不断取代对手运营世界上吨位最大的邮轮。皇家加勒比旗下的海洋航海家系列邮轮和冠达旗下的"玛丽皇后2号"都是在这一时期推出的超过140000吨的邮轮。如今皇家加勒比更是推出了三艘超过225000吨的"巨无霸"："海洋和悦号""海洋魅力号"和"海洋绿洲号"（如图1-6）。

图1-6　"海洋绿洲号"上的甲板篮球场

其中，"海洋绿洲号"最多可容纳6296名游客和2000名船员，载客量比已运营的最大邮轮多出近5成，是名副其实的"巨无霸"，也是世界最大且造价最昂贵的邮轮。该邮轮历经3年时间建造，于2009年12月1日开始处女航。"海洋绿洲号"造价大约14亿美元，长360米，宽47米，吃水线上高65米。邮轮大小为"泰坦尼克号"的5倍，连美国军方"尼米兹级"航空母舰都相形见绌。

并且这艘巨轮设计别出心裁，带有剧院、赌场、商店、游泳池、露天公园和攀岩场地。同样出身自海洋绿洲系列的"海洋和悦号"，同"海洋绿洲号"和"海洋魅力号"一样，有着18层客用甲板，但是"和悦号"能提供的假期体验则远超"绿洲号"和"魅力号"。它不仅拥有227000吨的排水量且再次让皇家加勒比刷新世界最大邮轮纪录，更是酷炫的量子级邮轮科技的再复制。它长达361米，竖起来比324米的埃菲尔铁塔更高；宽达66.4米，比一架63.7米的波音777-200型客机还长；重达227000吨，比10625头成年大象的体重还重；它还是由500000余块不同的组件组装而成。

在该时期出现的超级巨轮还有嘉年华"光荣号"（Carnival Glory）和丽星邮轮"处女星号"（SuperstarVirgo）。嘉年华"光荣号"以卡那维尔港为母港，排水量11万吨，总长度约290米（952英尺），甲板楼层14层，可以容纳2974位乘客。在1487间客船舱中大约60%为海景舱，其中带私人阳台的占60%。丽星邮轮"处女星号"是五星级的豪华海上欢乐城，拥有20多个餐厅、酒吧、娱乐和活动场所，总排水量为76800吨，载客人数1804人，13层高。"处女星号"是丽星邮轮家族中最为耀眼的邮轮明星，展现着亚洲人的好客热忱，遨游在安达曼海和马六甲海峡。经过多年的激烈竞争，国际邮轮市场出现细化的趋势。除了加勒比海、地中海和亚太地区这三大热门航线之外，还开辟出许多新的航线，比如波罗的海、中美洲、南非、印度和中东巡游，阿拉斯加冰川游，南极游等。此外，维京邮轮（Viking）和寰宇邮轮（Uniworld）等公司还在埃及、欧洲等地开辟了多条内河精品旅游航线，邮轮的发展方兴未艾。

二、邮轮的类型

传统客货运输的远洋客轮和现代的邮轮在航线途经的港口，乘客的登船下船是有些区别的。相比之下，面向运输的远洋客轮通常将乘客从一个港口运送到另一个港口，而不是像现代邮轮那样进行（航线的）往返旅行或（邮轮）旅游。

1. 邮轮航线类型

航线邮轮是指按照相关规定维护海上交通秩序，保证航行安全，在航海交通线（许可海域、通行航道、经停航点等）上，执行航海客运任务的邮轮。

邮轮公司根据自己的船队邮轮类型、许可海域、航季、（有效潜在）客源等要素，策划和推广不同的旅游产品即邮轮线路，分别安排适合各条邮轮航线的邮轮来执行航海客运任务。

游客在选择邮轮航线时，一般会考虑邮轮的大小、船舱的等级、（航行）天数的长短、靠岸港口多少、岸上观光接待、抵离邮轮前后的安排等，但不同的时间段却有着不小的价差。

本书所表述的"邮轮旅行航线"是指邮轮将一个或多个泊靠的港口联系起来的邮轮(航行)行程,通常很少安排乘客下船"登岸观光"——即"邮轮风景航线"。而"邮轮旅游航线"是邮轮将两个或多个泊靠的港口及其岸上旅游目的地(通过步行或使用其他交通工具)"登岸观光"联系起来的邮轮旅游行程——即"邮轮游埠航线"。

换言之,从邮轮旅行或旅游航线来划分,一般可将邮轮分为风景航线邮轮和游埠航线邮轮。

①风景航线邮轮

通常,风景航线邮轮所营运航线的两岸风光奇特,以邮轮巡航时间较长、乘客在船上观光为主、登岸观光机会较少、有一定风险为主要特点。邮轮船体本身具有探险适航性,在开展极地旅游时不同抗冰级(Ice class)的邮轮有着自己的航行线路范围以保证航程安全,如(旅游)极地抗冰船(Anti ice breakers)邮轮。例如,"海洋诺娃号"(Ocean Nova)邮轮的"南极探险之旅"和"夸克海钻石号"(Quark Expeditions-Ocean Diamond)邮轮的南极风景航线。

②游埠航线邮轮

多数邮轮旅游的航线都属于该类型。游埠航线邮轮运营的航线会经停一个或多个港口,并安排岸上观光。例如,在全球著名的地中海区域,以意大利半岛为中心的西地中海、东地中海、环地中海的邮轮航线行程,多半停靠大城市或大港口。该类型邮轮具有航程时间短、停靠城市或港口数量较多的特点。

[案例]

● 东地中海邮轮航线

由于这片海域可供选择邮轮泊靠的港口及其岸上景区(点)很多,结合古埃及、爱琴海、希腊、罗马的古文明精华元素,各家邮轮公司推出一周到两周时间的邮轮航程,可以根据航季推出多元组合的邮轮航线。

● 日韩航线

目前,针对中国市场的邮轮航线,为迎合中国乘客的爱好,在产品设计时,歌诗达"新经典号"(Costa neoClassica)、歌诗达"新浪漫号"(Costa neoRomantica)等邮轮在营运"(中)日韩航线"中就增加了不少港口城市,如日本的福冈、长崎、熊本、鹿儿岛,韩国的济州岛、釜山等。通常,岸上游览需在邮轮上就提前购买登岸游览(观光)团体票才能下船登陆(登岸)。

2. 邮轮服务人员类型

邮轮旅游的所有活动均在船上,因此船上服务的优劣对于整个假期有极大的影响。在邮轮日益平民化的现代，邮轮上的乘客一律被奉为上宾，没有阶级上的差别。邮轮的服务质量可以从服务人员/乘客比例、服务人员的素质、宣传手册是否翔实及其他细节来评估。

①服务人员/乘客比例

邮轮上的服务没有等级之分，每位乘客在船上都可以平等地使用所有的设施，都能平等地享受到相同的服务，比如餐食、饮料、娱乐。服务品质绝对不会视舱房的价格而有所区别。

由于一般邮轮讲究高质量的服务，服务人员与乘客比例是评价邮轮的一个很重要的参考依据。现代邮轮上，服务人员与乘客比例通常的情况是 1:3 至 1:5 之间，有些特别讲究精致的邮轮可达 1:2，即 1 位工作人员平均服务 2 位旅客。

②服务人员素质

邮轮的载客量大、航行时间长，故而对于航行时安全问题的掌握一点也不能马虎。一艘船的关键人物——船长及其他船员的航行经验及应变能力很重要，必须能够应付各种航行中的突发状况。一般服务人员的服务态度和专业素养也是评估服务质量的项目之一。

③多种语言广播和多种文字信息

参加邮轮行程的旅客可能来自世界各地，应注意邮轮上的广播及倡导手册或其他提供给乘客的数据是否备有各种语音的版本，内容是否详尽、简单易懂以方便所有乘客了解，这一点对于旅程也有一定程度的影响。

3. 邮轮服务设施类型

邮轮行程中，游客在船上的时间较长，因此邮轮上必须能提供充足的食物、足够的活动空间及娱乐设备，并满足不同层次及族群的娱乐喜好，适时安排一些特别活动，让乘客能度过一个充满欢乐气氛的假期。邮轮上良好休闲空间的必要性不言而喻，所以邮轮评比时便不能忽略掉邮轮上的公共活动空间及娱乐设施，能满足乘客需求的邮轮，就是好邮轮。

①餐饮供应

邮轮上的餐饮供应，应考虑以下几点要求：邮轮上提供的餐饮是否精致美味？餐饮的供应量及供应时间限制为何？是否提供多样化的餐饮选择？对于有特殊需求之人，如茹素者、患有高血压等疾病者，能否供应符合其需求的饮食？

②娱乐设施

在邮轮上的娱乐设施必须多元化，才能同时满足各种乘客的需求，不管是游泳池、桑拿、健身房、电影院、图书馆、表演秀场、购物精品店、美容沙龙、礼服出租等，皆一应具全并符合现代人的需要。

4. 按载客量分类

按照载客量分类可将邮轮分为大型邮轮、中型邮轮和小型邮轮（如表 1-1）。大型邮轮载客量为 2000 人以上，优点是如水上的移动城市一般庞大，有充足的空间使其能够配备高级的健身房，有来自全球各地各具特色和风味的高级餐厅与甲板上的体育设施和娱乐设施等。但由于吨位问题，吃水线较大，无法驶入浅水区和内河；由于船身较高，也无法通过桥梁。因此大型邮轮很难驶入内河观览两岸风光。中型邮轮的载客量为 1000—2000 人，优点是邮轮的体型适中，既可以有传统邮轮所拥有的各项设施，同时又可以驶入老港口进行观光，感受人文气息与两岸绝美风光。但相对于大型邮轮，娱乐设施不够完善和豪华。小型邮轮载客量为 1000 人以下，优点是船型多样，小型邮轮和帆船等都可以体验，而且可停靠港口多，行程航线更加自由，可以进行更具有冒险性和更具有特色的旅行。但由于空间限制，缺少中大型邮轮上丰富多彩的集体性娱乐设施和娱乐活动。

表 1-1　按载客量分类的三种类型的邮轮及其优缺点

载客量	大型邮轮 2000 人以上	中型邮轮 1000—2000 人	小型邮轮 1000 人以下
优点	空间大；娱乐设施丰富	设施完备；可以驶入老港口观光	船型多样；可停靠港口多；行程航线自由；可以进冒险性旅行
缺点	无法驶入浅水区内河；无法通过桥梁	娱乐设施不完善不豪华	缺少娱乐设施和娱乐活动

5. 按航行区域划分

国家标准：1995 年，原国家旅游局《内河旅游船星级的划分与评定》标准定义中，邮轮是在江河水域上航行，有 24 小时（含 24 小时）连续航行能力，以经营旅游者为主，并为旅游者提供娱乐、食宿和导游服务的客船。

国际标准：根据邮轮航行的区域，把邮轮分为环球邮轮（Global Cruise）、区域邮轮（Regional Cruise）和海岸线邮轮（Coastal Cruise）。在国内，一般习惯将在海上航行的客轮称为"邮轮"，而把江河中航行的客轮称为"内河邮轮"（River Cruise），小型的客轮则称为"游船"。但是由于具体的邮轮航线并非一成不变，其类型也可能随着具体执行的航线的不同而发生变化。例如，公主邮轮旗下"珊瑚公主号"航线路径为温哥华（加拿大）—阿斯托利亚（美国）—洛杉矶（美国）。该邮轮执行此航线时，即为海岸线邮轮。

6. 按综合因素划分

国际邮轮协会（Cruise Lines International Association，CLIA）将邮轮产品分为时尚型、经济型、尊贵型、豪华型、专门型和探索型。不同类型的邮轮产品面向的目标顾客、航程、日均消费和特色也各有不同（如表1-2）。

表1-2 不同类型的邮轮产品特征

类型	特色	航程	日均消费	目标客户
时尚型	小型或中型，一般为新船	7天或以下	低于300美元	初次体验者，年轻人
经济型	小型，装饰少，娱乐设施少	7天或以下	低于300美元	中低收入消费群体
尊贵型	中型或大型，多为新船	14天左右	200—400美元	回头客，年龄较大，富有
豪华型	中型或大型，设施齐全，多新船	7天以上	300—600美元	高端顾客，高收入顾客
专门型	新船或旧船	7—14天	200—400美元	共同爱好群体
探索型	较少装饰	10天或以上	300—600美元	猎奇，追求特殊经历群体

7. 按照豪华程度划分

按照豪华程度可以将邮轮划分为超豪华型（5+星）、赛豪华型（4+或5星）、豪华型（4星）、标准型（3或3+星）、经济型（3星以下）。例如，世朋旗下"奥德赛号"拥有船员225人，满载客数450人，属于超豪华型邮轮（如图1-7）。

图1-7 世朋旗下"奥德赛号"超豪华型邮轮

[案例]

在邮轮的评价中，伯利兹邮轮评价体系是全球认可度最高的邮轮评级体系。该评估体系的评估和测评，完全是客观数据，不接受任何形式的广告或赞助，是最具有权威性的邮轮指南。根据航行体验和上船参观审查等，将船体、住宿、餐饮、服务、娱乐及船上体验六大方面细分为20条计分标准，每一项100分，每艘船舶的满分为 2000 分并以星级表示总体评级（如表 1-3）。

表 1-3　伯利兹邮轮计分公式

各项	满分
船体	500
住宿	200
餐饮	400
服务	400
娱乐	100
船上体验	400
总分	2000

在这个计分标准的测评下，2019 年亚洲豪华邮轮品牌旗下的第一艘邮轮"云顶梦号"在船体方面获得 416 分，住宿方面获得 153 分，餐饮方面获得 313 分，服务方面获得 290 分，娱乐方面获得 86 分，船上体验方面获得 311 分，以 1569 分占据"世界十大最佳大型邮轮"第七位。

8. 按邮轮功能划分

①远洋奢华型邮轮

远洋奢华型邮轮的特征基本为尺寸和吨位大，流线型船体，抗风能力强，航行速度快，且基础设施和服务好，如"玛丽皇后 2 号"（Queen Mary 2）就是这类邮轮的典型代表。该邮轮够接待 2600 多名乘客，容纳 1250 多名船员，船上还有可以容纳千人的剧院、舞厅和健身房等设施，并配备了宠物旅社、游泳池及多个餐厅酒吧。

②现代海上度假邮轮

现代海上度假邮轮的规模从中等到巨型不等，船上还配备具有现代气息的设施设备，如高尔夫球场和攀岩墙等，且船上的总体氛围较为轻松自在。

③专业型邮轮

该邮轮是针对邮轮某一特定需求而开发出来的独特邮轮产品。这一类型的邮轮，对于满足特定市场的需求很有开发价值。例如，针对目的地而开发出来的近海邮轮，它们只在近海绕圈行驶，其特征是体积小、载客量不多、缺少丰富的娱乐活动，但灵活自由。

④经济型邮轮

经济型邮轮通常是中等规模、经过翻新的较旧邮轮，并且设施和员工少。因为投入成本低，所以价格便宜，对中等收入群体吸引力较大。

【思考题】

1. 简述邮轮旅行的起源。
2. 邮轮与酒店有什么区别？
3. 邮轮旅游与普通旅游有什么区别？

第二章 全球邮轮旅游现状与趋势

【学习目标】

- 欧美邮轮产业发展现状。
- 主要邮轮市场有哪些？
- 亚洲邮轮市场的发展状况。

【知识要点】：

- 欧美重要邮轮港口、邮轮市场
- 中国邮轮旅游发展现状

第一节 北美邮轮产业发展现状

一、北美邮轮产业发展现状

1. 从邮轮港口来看

（1）邮轮港口的分类

邮轮港口包括起始港、母港和挂靠港，其中母港一般配套设施健全，多为邮轮公司母公司或分支机构所在地，邮轮停靠时间较长，是邮轮物资补充的重要场所和游客的主要集散地。邮轮母港对经济的带动能力最强，经济效益往往能达到停靠港的 10—14 倍。邮轮母港大部分在美国、欧洲、东南亚地区，目前多集聚在北美地区。在美国，以佛罗里达为中心，母港每年发送的游客占全球75%以上。

（2）以迈阿密邮轮港口为例

邮轮经济发达的港口城市一般具有岸线长、水港深、景区多的特点，本身多为国际著名的旅游热点城市，同时周边高质量景区密集，主要景点距离多为半日行程。以迈阿密为例，迈阿密港口邮轮接待量居世界首位。迈阿密港依托迈阿密市，是美国南部最大的贸易中心，而港口位于市中心海滩的黄金地段，附近有两大国际机场，陆上交通四通八达。港口始建于 1960 年，目前有超过8.7 公里的泊位，其中 2.6 公里的泊位供邮轮使用；拥有 12 个超级码头，可同时停泊 20 艘邮轮；还有 2 个邮轮客运站，拥有世界上最先进的管理设施系统，可同时服务 8400 名游客；共有 12 家邮轮公司的 33 艘邮轮以迈阿密港作为母港。依托加勒比海、加州、百慕大海域及辐射欧洲和南美的旅游资源，行程从 2 天到 48 天不等。同时，母港设有天然海边浴场，距邮轮出入口仅 10 分钟路程。港口年均接待邮轮游客超过 400 万人，游客在迈阿密消费超过 200 亿元。

2. 从航线分布情况来看

大部分集中于加勒比海、地中海、西北欧、阿拉斯加、东南亚及日本海域。欧洲及北美地区仍是邮轮航线最集中的地区，占到全球总航线的 70% 以上。其中，加勒比海航线上的运力占全球运力的 37.6%，其次是地中海地区，占比 18.6%。阿拉斯加地区航线虽然只在夏季的 3—5 个月内开放，但由于其景观和风貌的特殊性也吸引了 4.5% 的游客。

3. 从客源市场分布来看

从客源市场来看，2017 年北美地区邮轮乘客 92% 来自美国，约 1194 万；加拿大乘客占了 7%，约 92 万；而北美其他地区的乘客只占了 1% 左右，主要来自墨西哥、巴拿马、巴巴多斯和百慕大地区（如图 2-1）。

北美地区除了是最大的邮轮客源地，同样也是最大的邮轮旅游目的地。2017 年，2663 万名乘客的邮轮航次穿越北美地区，从北美地区上船的游客数量占全球的一半，总人数为 1301 万人。

美国不仅是全球最大的客源地，同样也是全球最大的邮轮目的地。2014 年仅从美国邮轮港口登轮乘客达到 1106 万人。2014 年近 748 万名乘客从美国五个最大的邮轮港口（迈阿密、埃弗格雷斯、卡纳斯拉尔、加尔维斯顿和纽约）登船，占到美国登船乘客总数的 68%。

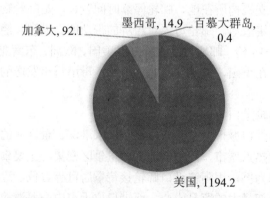

加拿大, 92.1　　墨西哥, 14.9　百慕大群岛,
　　　　　　　　　　　　　　　　0.4

美国, 1194.2

图 2-1　2017 年北美地区邮轮客源市场分布图（万人）

数据来源：CLIAS CIN、Cruise Market Watch

4. 从邮轮运力分布来看

从运力分布来看，北美加勒比地区提供了 5590 万床位天数，占了整个北美市场的 78%。北美西海岸地区提供了 1180 万床位天数，占了整个北美市场的 17%。北美东海岸地区提供了 380 万床位天数，占了整个北美市场的 5%（如图 2-2）。

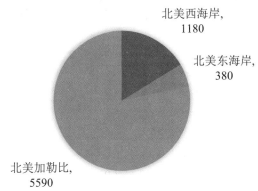

北美西海岸，1180

北美东海岸，380

北美加勒比，5590

图 2-2 2014 年北美地区邮轮运力分布（万床天数）

数据来源：CLIA

5. 从市场规模来看

现代意义上的豪华邮轮旅游是从 20 世纪 60 年代初开始在传统邮轮业基础上重新兴起的，在其发源地北美和欧洲地区发展得非常成熟，北美市场占据了整个邮轮市场 55% 以上的份额。全球八大邮轮公司占有全球邮轮旅游市场约 85% 的市场份额，其中 6 家邮轮公司总部在美国。欧洲则是世界第二大邮轮旅游客源市场，垄断了邮轮的设计与制造产业。

6. 从消费群体来看

美国是邮轮旅游业大国，每年约有 1130 万人坐邮轮出游。根据 CLIA 2014 年北美邮轮市场研究报告，北美市场的主要消费群体平均年龄 49 岁，年龄分布于 30—39 岁、50—59 岁、60—74 岁。超过 1/3 的游客年收入在 100000—199000 美元之间，28% 的游客年收入在 60000—69000 美元之间，样本总体平均家庭年收入为 114000 美元。这部分消费者通常与伴侣或其他家庭成员一起出游，或组团出游，以满足社交需求。

二、美国邮轮产业对经济的影响

美国邮轮产业发展如表 2-1 所示。

表 2-1　美国邮轮产业发展情况

美国邮轮市场情况（百万）	2011	2012	2013	2014	年增长率（%）	2011	2012	2013	2014
接待全球乘客数量	11.44	11.64	11.82	12.16		4.0	1.7	1.5	2.9
来自美国的客源	10.45	10.67	10.71	11.33		3.5	2.2	0.3	5.8
美国商船	9.84	10.09	9.96	11.06		1.5	2.5	-1.3	11.0
美国邮轮消费（十亿美元）	17.59	18.29	18.72	19.59		4.6	4.0	2.4	4.6
邮轮公司消费	14.07	14.63	15.09	115.63		5.0	4.0	3.1	3.6
商品和服务	12.15	12.66	13.13	13.65		5.3	4.2	3.7	4.0
资本支出	1.92	1.97	1.96	1.98		3.4	2.5	-0.4	1.1
乘客和船员	3.52	3.66	3.63	3.96		3.2	4.0	-0.7	8.9
工资和税	1.29	1.34	1.38	1.43		7.9	3.8	3.2	3.1
总计	18.88	19.63	20.10	21.02		4.8	4.0	2.4	4.6

数据来源：CLIA

　　根据调查显示，2014 年美国邮轮产业总体特征可总结如下：（1）约 1133 万美国居民选择乘坐邮轮。（2）约有 1106 万的邮轮乘客从美国的港口上船。佛罗里达州接待了 689 万乘客从当地上船，占整个美国邮轮乘客的 62%。（3）邮轮公司、邮轮乘客及邮轮船上工作人员在商品和服务的消费支出为 210 亿美元，比 2010 年增长了 11.3%，比 2013 年增长了 4.6%。邮轮公司的消费支出近 170.6 亿美元，而邮轮乘客和邮轮员工消费约 39.6 亿美元。（4）在美国，邮轮公司直接向供应商采购的耗费从 2013 年的 1071 万美元上升到 2014 年的 1077 万美元。（5）包括间接经济贡献在内，邮轮公司、邮轮乘客及邮轮船上工作人员的消费创造了 373738 个工作岗位，这个数字比 2013 年的提高了 2.9%。（6）美国邮轮产业直接创造了 152272 个工作岗位，共支付给工人的薪酬为 70.2 亿美元。（7）包括间接经济贡献在内，邮轮公司、邮轮乘客及邮轮船上工作人员的消费带动了美国总计 460.9 亿美元的消费，这个数字比 2013 年的提高了 4.5%。

三、美国邮轮业发展成功经验分析

1. 航运方面

　　美国邮轮业在发展之初便利用欧洲—美洲之间的航运便利，借助强大的资本力量迅速扩张，形成了产业力量。目前已形成产业化、多元化、日常化发展，邮轮业的旅游消费者多是平民。

2. 设施方面

建立了完善的基础配套设施，包括母港码头、停靠码头和小码头。美国邮轮母港数量世界排名第一，佛罗里达州是美国的邮轮中心，佛罗里达州发送游客数量占美国的 56%。美国最大的三个邮轮母港迈阿密、卡纳维拉尔港、埃弗格雷斯港都在佛罗里达州。

3. 交通方面

由于邮轮码头只是旅客上下船的节点，一般需要发达的内陆交通实现游客快速集散，美国发达的城市综合交通枢纽及对外交通设施为其提供有效保障。

4. 文化方面

美国邮轮经济发达的城市较多都是著名旅游目的地，集中了历史人文古迹或者大都市的经济文化景观。

5. 政策方面

美国政府为发展邮轮产业制定了积极鼓励政策，旅游、交通、港口、海关、口岸等多个职能部门相互配合，形成了国际化的运作机制。

第二节　欧洲邮轮产业发展现状

一、欧洲邮轮产业发展现状

1. 从邮轮港口来看

地中海地区的国家和港口城市集中密集，因此既作为客运地又作为目的地，既作为出发港又作为停靠港。其中，主要的母港有巴塞罗那、奇维塔韦基亚、威尼斯、瑞典等；主要的停靠港有马赛、那不勒斯、拉布罗夫尼克等。北欧地区主要的母港有南安普敦、哥本哈根、汉堡、基尔和阿姆斯特丹等，主要停靠港则有圣彼得堡、罗斯托克、里斯本、塔林等。邮轮乘客到访的地区主要涉及地中海、波罗的海和欧洲其他地区的 250 个港口，到访量达到 2900 万人。

2. 从市场规模来看

自 2009 年到 2014 年，欧洲客源市场的邮轮乘客增长了 29.2%（如表 2-2）。5 年间，从欧洲港口登船的邮轮乘客自 2010 年的 528 万增加到了 2014 年的 585 万，增长率为 21.1%。但 2014 年相比于 2013 年从欧洲港口登船的邮轮乘客数量有所减少，主要原因为受到南欧地区经济及政治的影响，欧洲供给能力缩减。欧洲地区挂靠港的邮轮乘客数量从 2010 的 2518 万人增加到 2014 年的 2896 万人，增长了 15%。

表 2-2　2010—2014 年欧洲邮轮乘客统计表

类别	2010	2011	2012	2013	2014	2009—2014 变动率（%）
欧洲客源市场乘客（百万人）	5.57	6.07	6.14	6.36	6.39	29.2
变动百分比	12.6%	9.0%	1.2%	3.6%	0.5%	—
从欧洲港口登船（百万人）	5.28	5.59	5.77	6.07	5.85	21.1
变动百分比	9.3%	5.9%	3.2%	5.2%	-3.60%	—
挂靠港乘客（百万人）	25.18	27.5	28.69	31.19	28.96	21.9
变动百分比	6.00%	9.20%	4.30%	8.70%	-7.10%	—

资料来源：CLIA

　　欧洲邮轮理事会在比利时布鲁塞尔发布 2010 年邮轮旅游贡献年度报告称：2010 年，欧洲邮轮产业从欧洲港口出发的乘客人数呈现增长趋势，达到了 520 万人，增幅为 7.2%。欧盟各国乘坐邮轮旅游的游客较多的为：英国 160 万人，德国 120 万人，意大利约 89 万人，西班牙 64.5 万人。

　　欧洲邮轮产业给欧洲整个经济带来了 352 亿欧元（直接和间接）收入，其中 140 亿欧元为直接收入。

　　乘坐邮轮旅游的游客给意大利创造的收入最多（达到了 45 亿欧元），为英国创收大约 26 亿欧元，为德国创收 23 亿欧元。

　　在扩大邮轮船队方面，欧洲造船厂将继续发挥重要的作用。2011 年到 2014 年，欧洲船厂将建造 23 艘新邮轮，总投资将近 110 亿欧元。邮轮产业经济对就业产生了非常大的影响，为欧洲带来 30 万人的就业岗位。歌诗达邮轮公司 2010 年游客达到了 200 万，仅在意大利，该公司就获得了 22 亿欧元的直接和间接收入。

　　3. 从客源市场分布来看

　　国际邮轮协会（CLIA）调查发现，欧洲海洋邮轮市场已经增长到 690 多万人，比 2016 年增加了 2.5%。在德国、英国和爱尔兰市场的带动下，欧洲邮轮市场在过去 10 年里一直稳步增长。德国增长最为强劲，达到 8.5%，创下近 220 万人的纪录。英国和爱尔兰的游客数量超过 195 万人，增长 0.5%。意大利增至近 77 万人，增长 2.5%。西班牙连续两年增长，增幅为 6.4%。2017 年，有 694.1

万的欧洲人乘坐过邮轮，平均停留时间为 8 晚（如图 2-3、表 2-3）。

图 2-3 2017 年欧洲邮轮客源市场分布图（万人）

资料来源：CLIAS CIN、Cruise Market Watch

4/5 的欧洲人都选择了欧洲邮轮。地中海仍然是最受欢迎的目的地，但北欧地区也越来越受欢迎，2017 年增长了 8%。邮轮乘客的平均年龄在 42 岁（意大利）和 57 岁（英国）之间。巡游时间因市场而异，英国平均巡游时间为 10.4 天，意大利为 7.3 天。2017 年德国巡游时间没有变化，平均为 8.8 天。

其他欧洲市场，如瑞士、奥地利、荷兰和比利时等，均呈现出积极增长态势，增长率从 3.1% 上升至 5.9%。随着其持续扩张，邮轮业将在欧洲就业和整体经济参与方面做出更大的经济贡献。

表 2-3 2012—2017 年欧洲邮轮乘客统计表

类别	2012	2013	2014	2015	2016	2017	2012—2017 变动率（%）
欧洲客源市场乘客 （千人）	6139	6357	6387	6457	6674	6941	13.1
变动百分比	1.20%	3.60%	0.50%	1.10%	3.36%	4.0%	—

资料来源：CLIA CIN、Cruise Market Watch

4. 从欧洲邮轮部署趋势来看

欧洲邮轮品牌的主要客源集中于欧洲市场，对其邮轮部署也向本土倾斜，但是这一情况正在发生改变。歌诗达邮轮 2017 年将在亚洲市场部署更多船舶以增加运力，地中海邮轮亦削减了其在欧洲的运力，转投加勒比地区。2017 年，歌诗达在亚洲地区（尤其是中国市场）部署了 44% 运力，在欧洲 41.2%，在加勒比地区 5.1%，剩余分布在其他地区。2012 年，歌诗达在亚洲市场仅部署了 6.2% 的运力，而在欧洲市场则超过 64%。地中海邮轮 2012 年前其在欧洲部署近 7 成运力，2017 年则不足 5 成；与此同时，2012 年其在加勒比地区部署运力不足 4%，而时至 2017 年已超 20%。目前两个邮轮公司均在南美地区保持一定曝光度，但仍小于其五年前在这一地区的运力。

爱达邮轮和 P&O 邮轮英国公司都在欧洲市场增加了邮轮部署，汤姆逊邮轮和普尔曼邮轮同时撤出欧洲市场，途易邮轮则继续保持其在欧洲市场的运力。

二、欧洲邮轮产业对经济的影响

1. 邮轮产业运营方面

2014 年欧洲邮轮业的直接消费达到 166 亿美元，比 2013 年增长了 2.8%。在经济影响方面主要表现为：（1）402 亿美元的总体支出；（2）邮轮公司、船员以及邮轮乘客直接消费 166 亿美元；（3）邮轮产业提供了 348930 个工作岗位；（4）工资薪酬共计 107.5 亿美元。一般而言，欧洲邮轮业中每 100 万欧元的直接消费将产生 242 万欧元的商业收益和 19 个工作岗位及人均 33700 欧元的年收入。

2. 船舶制造方面

在豪华邮轮等附加值高、专门技术强的船舶制造方面，欧洲占据大部分的市场份额。借助领先的设计和造船技术，欧洲将船舶制造业务集中于高价值和高附加值的邮轮行业，年建造能力为 10—12 艘。全球 80% 以上豪华邮轮均由欧洲制造，成为该地区船舶建造领域最后的壁垒。据统计，2010—2014 年，全球 31 个远洋邮轮（Ocean-going Cruise Vessels）订单中的 28 个被具有先进船舶制造技术和丰富船舶制造经验的欧洲四国（意大利、德国、芬兰、法国）垄断，其份额分别达到 47.6%、30.9%、13.2% 和 7.3%，邮轮造价总计高达 13.88 亿欧元。

三、欧洲邮轮产业发展预测

根据 Cruise Industry News 2017—2018 年度报告显示，未来 10 年，欧洲的邮轮运力预计会提高 60% 以上。基于新船订单和部署情况，2017 年欧洲品牌邮轮的运力将为 680 万人，而 2027 年将为 1110 万人，其中不包括北美邮轮品牌在欧洲分布的运力。

2017 年，地中海邮轮是欧洲最大的单个品牌，该品牌在欧洲的运力为 160 万人。其次是歌诗达邮轮，运力为 110 万人。爱达邮轮运力约为 95 万人，P&O

邮轮运力超过 55 万人。

综合来看，2017 年，嘉年华邮轮公司旗下品牌的运力估计会达到 290 万左右，地中海邮轮将为 160 万，途易集团为 87.2 万。到 2027 年，地中海邮轮的运力将激增到约 410 万，嘉年华旗下各品牌为 420 万，途易集团为 120 万。

第三节　亚洲邮轮产业发展现状

一、亚洲邮轮产业发展现状

1. 亚洲邮轮市场规模

随着近年来北美邮轮市场的饱和趋势，许多大公司都开始将发展重点转移到欧洲和亚洲。亚洲不再仅仅是世界邮轮版图中的巡游目的地，越来越多的邮轮集团也将其视为重要的客源市场和值得配置重要定班邮轮的地方。由于起步较晚，亚洲邮轮市场虽然正在成长中，但规模仍然很小。歌诗达的数据显示，亚洲市场在全球邮轮市场中所占份额仅有 5%。目前亚太地区的载客量占比不到 10%，其渗透率也仅有不到 0.1% 的水平，与前两大地区差距较大，但其增速表现迅猛。据伦敦海运研究机构远洋航运咨询公司统计，2007 年上半年在亚洲之外运营的船只上，来自亚洲的乘客数量比上年同期增长了 66%。2010 年，亚洲邮轮乘客增至 150 万人（2005 年时大约为 110 万人）。根据 CLIA 统计，2012 年到 2014 年亚洲邮轮游客数每年增长 34%，增速远远超过欧美地区。日本豪华邮轮公司水晶邮轮的顾客中至少有 11% 来自亚洲。2012—2014 年，中国邮轮游客以年均 79% 的速度不断增长，亚洲邮轮游客的 77 万名中就有 69.7 万是中国游客。2015 年在亚洲地区运行的邮轮达到 52 艘，比 2010 年增长了 10%。按照亚洲邮轮协会（ACA）的说法，2020 年亚洲邮轮市场规模预计能增加到约 394 万名游客，其中中国市场的规模约占 42.6%。中国地跨东北亚和东南亚两个大区，不仅是亚洲夏季邮轮航线的重要的起始点和目的地，也是冬季邮轮航线的重要停靠点，同时还是全球环游世界航线的必经之地。未来，在北美等邮轮产业较为成熟的市场客流增速相对钝化的情况下，亚太地区特别是中国市场有望成为世界邮轮经济增长的主推动力。

2. 亚洲邮轮市场巨头

从亚洲运营商市场规模和邮轮乘客运力来看，皇家加勒比和歌诗达邮轮在亚洲市场占据重要地位。由于皇家加勒比隶属于加勒比邮轮集团，歌诗达隶属于嘉年华邮轮集团，两大邮轮集团大力投入亚洲市场，说明亚洲市场的地位越来越高（如图 2-4、图 2-5）。

3. 亚洲市场供给能力

亚洲地区的可停靠港口数量在 2015 年达到 980 个以上，相比 2013 年增加了 34%。国际邮轮公司在布局亚洲市场时有明显倾斜，2014 年亚洲地区邮轮公司部署的邮轮数量年增长 10%，邮轮班次和航线数量增加 11%。2015 年末，亚洲市场有 26 个邮轮公司品牌布局运营邮轮数量达到 52 艘，其中吨位在 7 万以上的巨型邮轮 1 艘，吨位在 5 万到 7 万大型邮轮 10 艘，吨位在 2 万到 5 万的中型邮轮 22 艘，吨位在 1 万到 2 万的小型邮轮 14 艘，总体承运能力达到 217 万人。从实际运营情况来看，亚洲地区总体运营期间延长了 16%，载客能力增加了 20%。总体运营时间从 4307 天上升到 5284 天，承运能力从 150 万人上升到 217 万人。

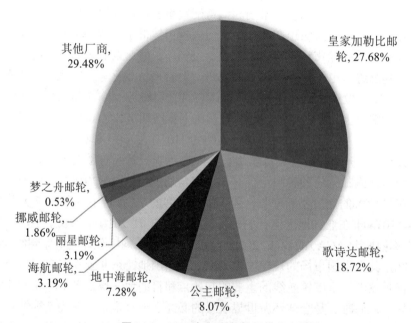

图 2-4　2015 年亚洲邮轮规模分布统计

数据来源：CLIA

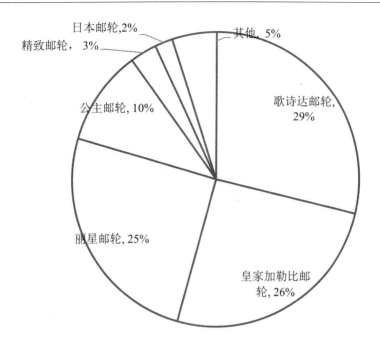

图 2-5　2015 年亚洲邮轮总乘客运力占比

数据来源：CLIA

4. 亚洲邮轮航线分布

亚洲邮轮市场分为大东南亚航区（线）和东北亚航区，上海航线的中国、韩国、日本三国，以及新加坡航线的马来西亚、泰国停泊的东南亚，还有从中国香港开往越南的航线。东南亚地区的主要邮轮停泊地是越南、缅甸、柬埔寨、泰国、马来西亚、文莱、新加坡、印尼、菲律宾等，东北亚的代表性邮轮停泊地主要包括中国的香港、澳门、台湾地区和韩国、日本。

5. 目的地的选择

亚洲地区拥有大量具有吸引力的邮轮目的地和港口城市，其中许多知名度高的港口城市都是邮轮旅游者期望游览的地方，一些港口城市也拥有自己的独特优势即便捷的交通和服务。2015 年亚洲区域接待邮轮 3909 航次，与 2013 年相比增长 34%。其中，亚洲区域内接待邮轮航次最大的国家依次为日本（626 航次）、马来西亚（505 航次）、韩国（417 航次）、中国（390 航次）。

从目的地选择偏好来看，东亚成为亚洲区域内主导的邮轮目的地，占据一半以上的市场份额，而以新加坡为中心的东南亚地区位列第二。南亚地区份额最少，但拓展速度最快。

6. 客源市场状况

（1）客源地分布

自 2012 年以来，亚洲邮轮旅游者以 34%的年增长率快速攀升，在过去 3 年间，从亚洲港口登船的邮轮旅游者由 2012 年的 77 万人增加到 2014 年的 140 万人，增长率为 81.8%。这一增长的主要原因是邮轮旅游不断被广大游客接受，以及各大邮轮公司对该市场部署的不断加大。从客源市场来看，近几年才开始兴起邮轮度假方式的中国大陆，已成为亚洲最大的邮轮客源地，以 67.9 万人的游客数量占据亚洲邮轮游客数量的近 50%。由此可见，中国的邮轮旅游市场发展速度相当迅猛。而新加坡、中国台湾地区、日本、印度依次位列第二至第五位。

（2）邮轮游客航程

与成熟的欧美地区相比，新兴的亚洲邮轮航程时间一般较短，平均时间为 4.8 天。48%邮轮旅游者每次邮轮旅行更愿意选择 4—6 天的航程，38%的旅游者选择 2—3 天的航程，12%的旅游者选择 7—13 天的航程，而选择 14 天以上航程的旅游者不足 2%。产生亚洲邮轮航游短途化的原因基于以下因素：首先，亚洲地区某些国家现有的消费水平和假期时间决定了邮轮航线时间的短途化；其次，相比长线航程，短程航线因为费用低、时间短、风险小的特点更容易被新兴市场的游客所接受。

作为全球邮轮旅游的一个客源市场，亚太地区的邮轮游客数自 2012 年以来高速增长，客运量的年增长率超过 40%。而中国大陆作为亚太地区市场增长的主要驱动力，年增长率达到了惊人的 76%。亚太地区其他四个主要市场（中国台湾、日本、中国香港、印度）的年增长率也达到两位数。2016 年，在来自亚洲的 310 万邮轮游客中，中国大陆占了 2/3。210 万来自中国大陆，而来自亚洲其他地区的仅 100 万。其他主要客源市场包括中国台湾、日本、新加坡、印度和中国香港，亚太地区邮轮乘客主要在该地区进行短途航行。2016 年，94%的航线均在亚太境内，而欧洲有 55%的长航航线。4—6 晚的航线最受亚太地区游客欢迎（69%），其次是 2—3 晚（22%）和 7—13 晚（8%）。从航程上看，2017 年总体趋势相同。2017 年亚太地区邮轮航线航程如图 2-6。

（3）邮轮游客年龄结构

从年龄特征上看亚洲客源市场年轻化趋势明显。2014 年亚洲地区邮轮旅游者平均年龄为 46 岁，低于北美市场的平均年龄（49 岁）。其中，印度是亚洲区域内最年轻的市场，游客平均年龄仅 36 岁；中国、菲律宾和越南市场平均年龄均为 42 岁；而日本邮轮客源市场平均年龄为 60 岁，远高于亚洲区域内其他国家。

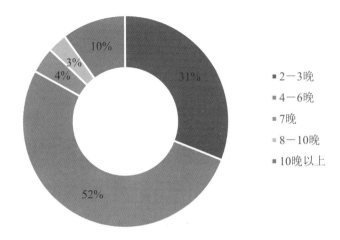

图 2-6　2017 年亚太地区邮轮航线航程分布

资料来源：2017 Asia Cruise Tends

二、亚洲邮轮产业发展预测

全球邮轮市场的高速发展主要得益于亚洲邮轮市场发展，亚洲地区是世界邮轮旅游市场中成长最快的新兴市场，也是发展最快的地区。2016 年，亚洲地区邮轮载客量达到 227.24 万人，占全球邮轮市场份额的 9.2%，比 2015 年增长了 38.1%，比 2012 年增长了 193.6%。近年来的增长速度分别为：2013 年比 2012 年增长了 55.7%，2014 年比 2013 年增长了 16.0%，2015 年比 2014 年增长了 17.7%。

随着邮轮运力的扩大，亚太地区邮轮旅游的人数也不断扩大。在 2017 年，亚太地区共进行了 7196 个访问港航次运营，比 2016 年增加 1622 个航次。从这一趋势中受益的目的地有三个：日本，比 2016 年多出 852 个航次；中国大陆，增加 306 个航次；中国香港，增加 78 个航次。位于东南亚的泰国有良好的增长，有 218 个访问航次。2017 年，亚太地区共有 294 个不同的目的地接收邮轮。随着更多更大的船只、更多的巡航和多次停靠港口的到来，邮轮旅游给整个旅游产业和目的地带来巨大影响。2017 年访问航次最多的国家是日本，其次是中国和韩国（如图 2-7）。韩国由于 2017 年初的"萨德事件"影响，其访问航次大大降低。2017 年最大的访问港城市为中国上海，其次是济州岛和新加坡。

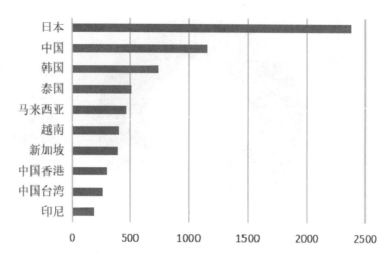

图 2-7　2017 亚太地区前十访问港航次

资料来源：2017 Asia Cruise Tends

　　亚洲将在未来五年内成为全球第二大邮轮客源地市场。新加坡旅游局发布信息称，2016 年新加坡邮轮游客年接待人同比增长 16.5％，靠港邮轮数较 2015 年增长 6.8％。作为马来西亚历史悠久的贸易枢纽及被联合国教科文组织列入世界遗产名录的州，马六甲在海峡两岸拥有多个邮轮目的地港，距离新加坡与普吉岛两地均只有一夜航程。4 至 6 天的短途邮轮航线仍将是亚洲地区邮轮市场主力军。

　　亚太地区尤其是东北亚的邮轮市场拥有巨大的开发潜力。东北亚邮轮观光开发潜力表现在产业推进条件与外部环境条件上。首先从韩国方面来说，仁川港、釜山港、济州港等目前虽不尽如人意，但是其为改善现状而修缮的邮轮总站已完成或仍在施工。中国的邮轮旅游市场现在处于初始发展阶段，以后会逐步进入高速发展阶段。从外部环境条件来说，包括韩国在内的东北亚国家，具有作为半岛与海洋国家的地理优势，太平洋横断的连接支点、旅游吸引力的互补性等条件，使其有潜力发展成为今后世界性的邮轮旅游观光地。尤其是东北亚地区优异的历史性与文化性相衔接，还有散落在周边的多样的各具魅力的港湾，邮轮业可以开发东北亚地区独特的主题套餐。

三、韩国邮轮产业发展状况

1. 韩国邮轮的相关政策

韩国在邮轮观光培养政策中提出了"东北亚邮轮构想"。初期邮轮观光产业因为邮轮专用码头或停泊目的地观光项目不理想，未能大范围开展。邮轮观光培养政策根据海洋水产部、文化体育观光部、法务部和规划财政部等多个关联部署的安排，特定部门的政策推进出现了限制海洋水产部，希望通过邮轮产业进行地区经济活动，创造就业岗位。由此，外国邮轮更频繁地在国内泊航，培养国内邮轮线路。韩国意识到邮轮观光产业的重要性，为了推进邮轮观光产业的发展，韩国政府不断改进产业制度。2013 年 7 月有关部门一起开始推行"邮轮产业活动综合对策"。2015 年出于邮轮产业活动的制度考虑，关于邮轮产业培养与支援的法律在 2 月初制定出台，并在 8 月开始实行。2015 年 2 月制定的《邮轮产业培养与支援法律》根据邮轮产业的培养与支援的必要事项规定，努力把邮轮产业的基础设施建设与增强竞争力的健全发展相结合。该项法律规定了10 项基本计划和必须实行的规定，但内容规定的是邮轮产业培养的基本方向、邮轮产业的动向分析、邮轮产业活动的基本构成、邮轮产业的竞争力强化、邮轮产业专门人才的养成、邮轮产业的培养投资扩大、邮轮产业相关的国际活动等的招商、国外船只的泊航扩大、国家间邮轮产业的合作，以及除此之外邮轮产业培养需要等事项。

2. 韩国的邮轮观光现状

（1）韩国邮轮产业的市场规模

韩国邮轮观光业尚不成熟，是以依存海外游客为主的邮轮目的地市场。2010 年访问韩国的邮轮游客有 15.4 万名，占所有访问韩国游客量 2% 以上（如表 2-4）。2012 年以后，韩国邮轮重心转移到济州岛地区，主要得益于从中国出发的邮轮数量增加。另一方面，由于当时的国际环境，从中国上海、天津出发的邮轮游客靠泊韩国的数量大幅度上升。2016 年韩国各港共接待邮轮 791 航次，邮轮旅客吞吐量达到 195 万人，同比增长 120%，创历史新高。

表 2-4　各年份韩国邮轮进航次次数及游客数

年份	2010	2011	2012	2013	2014
进航次数（航次）	147	149	223	433	462
游客数（名）	154479	153193	278369	698945	954685

数据来源：韩国文化部公开数据

　　韩国主要起航地是济州港、仁川港、釜山港，至 2016 年为止，游客专用总站码头建设等与游客相关的基础设施产业在不断推进。东北亚邮轮主要的路线大部分是从济州、仁川、釜山等地出发开往上海港，其中济州、釜山、仁川港分别为 507、209、62 航次。

　　在韩国允许入航的总计 12 个邮轮港口中济州入航邮轮的增加量最大，从中国出发的途经韩国的邮轮也是济州港占比最高。邮轮游客从 2010 年的 49 航次、5.5 万名增加到 2014 年的 242 航次、59 万名。2014 年以后的 4 年间邮轮游客数量增长了 10 倍以上，济州从 2013 年开始占据亚洲起航地的第一位。这种状态一直在持续，同时济州邮轮运行几乎达到极限状态，船位扩充与西归浦位置的民军综合港开放后，是否可以保障稳定起航还有待观察。

　　（2）影响消费者选择因素

　　根据 2014 年亚洲邮轮协会（ACA）的材料，以到访韩国的中国（上海）邮轮游客对象的满意度调查中，比起岸上项目，船上项目的满意度更高，因此韩国有必要提高岸上旅游项目的质量水准。韩国旅游公司在 2014 年进行的外来邮轮游客实况调查显示，中国与日本旅游市场基于旅游的目标需求，邮轮旅游本身的独特性，旅游经验的认知在不断提高的同时，发现对起航地的旅游项目的关心度相比较而言有所下降。中国游客因为邮轮市场处于起步阶段，会根据经历过邮轮旅游的人们得出的评价作为判断。据调查，访问韩国的外来邮轮游客中，邮轮商品的主要信息来自家人与朋友的最多，占 51%，通过旅行社途径的占 46%。

　　购买商品时考虑到的最重要的因素即出入境的便利性占 27.7%。在旅游类型与起航地方面，将船上项目与独特冒险项目作为邮轮旅游目的的人数占 52.9%，起航地停留时间平均有 8.9 小时。在岸上的体验旅游中，商场与免税店购物最多，达到 59%，传统和历史教育的旅游占 37.2%。每人平均支出费用中购物为 1035 美元，其他费用为 22 美元。购物清单中第一的是化妆品与香水，占 39.9%。

　　（3）韩国邮轮产业对经济的影响

　　根据《2014 年外来邮轮游客实况调查》，通过邮轮观光去韩国旅游的中国游客平均购物费用为每人 1625 美元，是过去三年以来的最大金额。国内邮轮提供以商品免税店为主的购物游，中国游客邮轮观光中重视购物。邮轮与飞机不同，游客的包裹重量或个数没有限制，对于购物游的游客来说也是一种吸引。2016 年邮轮游不仅创造 2.4 万个就业岗位，还拉动消费 2 万亿韩元，拉动产值 3.4 万亿韩元，经济效益合计 5.4 万亿韩元（约合人民币 311 亿元）。

　　各港 2016 年运载邮轮旅客的 40 座旅游巴士共运行 5.2 万班次，旅客人均消费 102 万韩元。邮轮游还促进食品、客舱用品、免税品的供应，拉动出口 103 亿韩元。

（4）韩国主要港口的市场规模

①济洲港

由图 2-8 可知，2014 年济州港邮轮进港次数为 242 次，2015 年上升为 285 次，同比增长 17.8%。2016 年达到 574 次，同比增长 101.4%，首破 100% 大关。

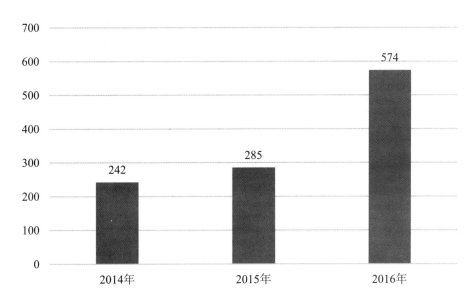

图 2-8　济州港进港次数

数据来源：韩国文化部公开数据

2014 年济州港邮轮游客数量为 590400 人，2015 年上升为 620000 人，同比增长 5%。2016 年达到 1000000 人，同比增长 61.3%（如图 2-9）。

① 仁川港

作为韩国的门户，仁川现已成为东北亚的枢纽城市，继仁川国际机场开启"天路"之后，邮轮枢纽港又为它打开了雄伟的"海路"。新国际客运港口在 2016 和 2017 年陆续投入使用，拥有对邮轮的便利性和安全性进行了最优化的邮轮专用码头，通过不受水深影响、可根据邮轮的高度上下浮动的浮动码头停靠台等先进的设施和最优服务，以提高游客的满意度。该港口还伴有世界海洋中心、会议酒店、主题酒店、豪华私人公寓、综合购物中心、城市娱乐中心、水上乐园、韩流演出场等配套设施。仁川港进港次数如图 2-10。

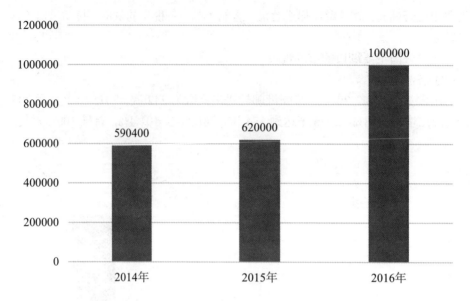

图 2-9　济洲港邮轮游客数

数据来源：韩国文化部公开数据

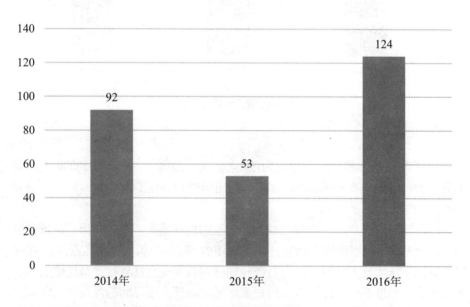

图 2-10　仁川港进港次数

数据来源：韩国文化部公开数据

　　由图 2-10 可知，2014 年仁川港邮轮进港次数为 92 次，2015 年进港次数
53 次，同比下降源于中东呼吸综合征的影响。2016 年市场热度恢复，达到 124
次，同比增长 134%。

　　由图 2-11 可知，2014 年仁川港邮轮游客数量为 183909 人，2015 年下降为
88061 人，2016 年上升为 240000 人。

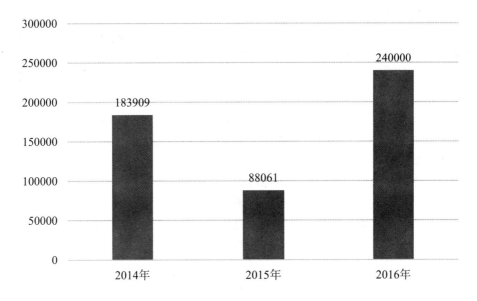

图 2-11　2014 年仁川港邮轮游客数量

数据来源：韩国文化部公开数据

（5）韩国邮轮促进计划

　　海洋水产部在 2020 年将邮轮游客增至 20 万名，同时还计划为本国邮轮公
司的筹建提供一条龙服务，并大力培养邮轮乘务员等专业人才。

　　（6）不足之处

　　①在停泊地停留的时间较短，对于想体验多种旅游活动的游客来说有限制。
韩国国内大部分停泊地是从邮轮总站到观光地，移动所需时间很长，游客需要
缩短行程。

　　②人们意识到岸上为主的旅游观光对地区经济没有实质性的帮助。中国游
客首选免税店购物游，因此出于需求，游客会流入地域商圈成为潜在市场。

　　③中国邮轮游客激增，使韩国岸上旅行社之间为了争夺资源而出现过度竞
争，导致抛价旅游、低价旅游等乱象，造成韩国岸上旅游的满意度下降，也会

导致国家形象受损。

（7）改进之处

①人才培养

游客观光活动的前提条件是服务，提供者需具备较高专业素养。为了巩固邮轮旅游产业的国家发展战略，首先需要培养具有服务资质的专业人才。邮轮航海地区、船舶的大小、邮轮的性质、邮轮抵达目的地等都不尽相同，从业人员需要对邮轮的特征与船内项目等知识非常熟悉。特别是邮轮游客的出境游和外来游客的入境游对从业者的语言能力要求非常高，在意外情况下要具有应对能力等。

②培养品牌

要想邮轮旅游成功，首先必须具备邮轮路线、行程、港口、市场四个要素，其次是附加的与航空、地上交通衔接所形成的能够招揽大规模游客的能力。并且，港口周围需要有能让游客享受风光的旅游地。

从需求方面来看，韩国经济条件现在并不成熟。邮轮市场现在多数并不是以大众为对象的大众市场，而是目标市场，符合这一点的品牌培养是发展市场必需的条件。邮轮观光体验并不常有，因此游客们很期待特别的服务。培养品牌对各顾客来说，可以体验不同寻常的差别化体验。

③新商品开发

邮轮的评价标准分为船舶（25%）、服务（20%）、活动与经验（17.5%）、其他（15%）、客房（15%）、娱乐（7.5%）等。邮轮等级的决定性因素是乘客与乘务员数量、人力与船舱数、硬件设施、船上活动项目与餐厅服务等软件设施。邮轮商品是由船舶的安全度、知名度、船舶构造、日程停泊处、旅行时长、航海期间服务、乘务员亲切度、饮食服务活动、起航地活动、船上活动设施、船内设施、餐厅设施、乘客便利设施等基础商品构成的。以这些基础构成要素为基本的邮轮新商品开发，可提升潜在顾客的好感度与培养邮轮吸引力。

④减免税收

邮轮观光产业除了游客的直接消费获得收益之外，还通过其所供给的各种物品与服务等获得税收、扩大就业，创造额外的经济社会效益。此外，亚洲地区作为世界邮轮市场的主要目的地在迅速增长。在国际大型邮轮公司推进新规划路线改善的情况下，韩国能够为国际船舶提供必需的基础设施。从这方面来说，国内港口作为出发港或者作为常规的靠泊邮轮港，将成为现行邮轮观光产业运营中负担费用最大的部分，因此对出入港手续相关的税收等邮轮运营相关的航税进行免除的问题是需要探讨的。

⑤促进邮轮相关产业增长

海洋水产部与产业通商资源部需要逐步推进建立日用品流通中心,并支援相关产业的培育。另外,船舶的修理与邮轮建造产业需要扩大。为此,需要培养修理邮轮的专门人才,设立器材供给等邮轮修理支援计划。为了给停滞的造船业增加活力并为中长期国内造船厂创造新增长动力,要确保阶段性邮轮建造的力量。

⑥支援国家邮轮通航

环东海圈的韩国、俄罗斯、日本需要提供在主要景点城市起航的韩国航线与港口,需要开发与提供邮轮特色市场等,与国外形成邮轮文化差异化。

四、中国邮轮产业发展状况

1. 中国邮轮产业发展现状

(1)港口的发展现状

中国接待母港与访问港邮轮航次如图 2-12 所示。

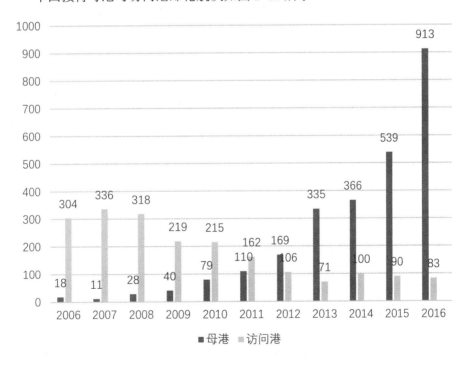

图 2-12 中国接待母港与访问港邮轮航次

数据来源:公开资料整理

对于中国邮轮市场，普遍的观点就是增长迅速，2013—2017 年更为迅猛。此外，2012 年起，中国接待的母港邮轮与访问港邮轮航次之间出现逆转，母港邮轮航次开始高于访问港邮轮航次。母港邮轮与访问港邮轮在经济效益上不可同日而语，母港的经济收益一般为访问港的 10—14 倍。

（2）邮轮港口的分布

2016 年，中国大连、天津、烟台、青岛、上海、舟山、厦门、广州、海口、三亚十大港口城市共接待邮轮 996 航次，同比增长 58%。其中，母港航次 913 航次，同比增长 69%；访问港航次 83 航次，同比下降 8%。十大港口中，排名前三的市场份额为：上海总航次 509 航次，占中国的 51%，中外旅客 1472438 人（2944876 人次），占中国的 65%；天津总航次 128 航次，占中国的 14.25%，中外旅客 357831 人（715662 人次），占中国的 16.3%；广州总航次 104 航次，占中国的 10.4%，中外旅客 162984 人（325967 人次），占中国的 7.2%。2015 年 4 月，交通运输部公布《全国沿海邮轮港口布局规划方案》，发布国内沿海邮轮港口布局方案：辽宁省沿海重点发展大连港；津冀沿海以天津港为始发港；山东省沿海以青岛港和烟台港为始发港；长江三角洲以上海港为始发港，相应发展宁波舟山港；东南沿海以厦门港为始发港，珠江三角洲重点发展深圳港，相应发展广州港；西南沿海以三亚港为始发港，相应发展海口港和北海港。

2. 中国邮轮产业市场现状

十大港口城市接待邮轮出入境中外邮轮旅客 2261405 人（4522810 人次），同比增长 82%。其中，出境中国旅客 2122610 人（4245220 人次），首次突破 200 万人，同比增长 91%；入境境外旅客 138715 人（277430 人次），同比增加 8%。越来越多的豪华邮轮进驻中国的背后是中国游客数量的疯狂增长。据国际邮轮协会报告显示，2016 年全球邮轮乘客数量达 2470 万人次，同比增长近 6.5%；中国出境乘客数量达近 210 万人次，是 2015 年的两倍。游客人数暴涨暗示着邮轮产业在中国具有巨大的经济前景。

3. 中国邮轮旅游消费特征分析

（1）邮轮游客选择因素

欧美成熟市场中，邮轮更多的是面向老年消费者的旅游活动。老年游客在选择旅游产品时更偏好于美丽的自然风光或独特的人文风貌，他们对于旅游过程中的舒适、安全和品质要求更高，因此要求途中时间短、景点时间长、行程安排节奏舒缓，同时需要配置健全的医疗安全设备和服务体系。邮轮作为一种移动的游览目的地，兼顾了景点和行程的舒适，同时其完善的医疗安全设施配置和专业的服务团队也能满足老年游客对旅游过程中的安全和健康的要求。全球邮轮市场，60 岁以上消费者占总体消费市场的 26%，50 岁以上消费者达到总体消费构成的 48%。在亚洲市场上，由于邮轮行业起步较晚，相对比较新鲜，因此尝试邮轮旅游的人口年龄相较于欧美市场更加年轻，但随着邮轮市场逐渐发展，邮轮被更多的老年消费者了解并接受。近年来亚洲市场的老年人所占比重也日益提升，2014 年亚洲 60 岁以上邮轮乘客占总体市场的 25%，较 2012 年增加了 2 个百分点。

（2）邮轮游客年龄结构

邮轮出游群体中，40—60 岁的中老年人最多，这类人群是中端价位邮轮消费的绝对主力。一方面，他们具有不错的经济购买力、较充裕的游玩时间；另一方面，虽然中老年人是出游主力，但他们在购买决策中并非绝对主导，而是由子女代为购买。邮轮省去了长途飞行和行车的劳累，同时其完善的医疗安全设施配置和专业的服务团队也能满足中老年游客对旅游过程中安全和健康的要求。因此，较多子女愿意为父母预订邮轮产品，既表达了孝心，又让父母开了眼界。

除了中老年人，由于邮轮本来就是老少皆宜的旅游方式，因此不少年轻人越来越倾向于选择邮轮出游，借以放松身心。此外，不少家庭选择带着孩子一起出游，18 岁以下用户占比达 12%，这背后蕴含了一个庞大的家庭亲子游市场。

专家认为，在中国邮轮市场中，主要消费群体还是中青年人。他们在经济上相对独立自主，在生活上追求更高的品质，是当下和将来社会群体的中坚力量。与此相比，中国现阶段的老年群体经济实力远不如国外同龄群体，在生活方面更趋于恬淡安适，充满怀旧气息，对变革性新事物的接受能力较弱。但若以家庭的形式参与，也许可以让这一群体成为邮轮消费的第二大力量。综合旅行社从事邮轮产品销售的信息，国内邮轮旅游消费群体主要集中在四大类：一是热爱社交的白领。二是家庭旅游。三是蜜月旅游的情侣。四是接受海上会议的商务人士。

（3）邮轮游客地域分布

据歌诗达邮轮公司不完全统计，在中国乘坐邮轮出海的游客，大多来自苏浙沪、京津、珠三角等沿海地区的中心城市。

目前，中国初步形成了三大港口群：华东华北邮轮港口群、华南邮轮港口群和海峡两岸邮轮港口群。

在邮轮客源地分布上，上海游客、天津母港辐射的北京游客及上海母港辐射的南京游客，邮轮旅游热情高涨，占邮轮出游总人次近六成。长三角和环渤海地区经济发达，休闲游市场发展迅速，节奏慢、体验程度深的邮轮游成为这两大区域消费者越来越青睐的出游方式。与此同时，一些二三线城市有较强消费能力的用户也开始加入邮轮旅游的行列，从出游人次同比增长最快角度看邮轮旅游客源地，江西赣州和山东济宁是 2015 年邮轮出游人次上升最快客源地冠亚军。

邮轮旅游消费人群的这一区域变化，使得关注中国邮轮市场的国际邮轮公司在战略布局上有所调整。例如，公主邮轮将在中国的市场定位为聚焦一线城市，逐步向二、三线城市拓展，在上海、广州、北京、成都、天津开设了五个办事处，覆盖南北方的一线以及二、三线城市。同时，歌诗达邮轮也表示将继续深入中国二、三线城市，增开办公室，并结合路演等活动，为二、三线城市客户提供邮轮旅游服务。

（4）邮轮游客目的地的选择及行程周期

根据数据显示，2015 年邮轮旅游热门目的地有福冈、济州、长崎、釜山、仁川、鹿儿岛等。这些热门目的地从一定程度上表明了日韩港口在 2015 年本可以大放异彩。但因韩国遭遇中东呼吸综合征突袭，2015 年暑期大部分邮轮公司更改航线，避开韩国本土的港口，加上日本针对邮轮游客新实施的免签政策，使得赴日邮轮产品呈现出空前的丰富度。

随着韩国中东呼吸综合征疫情逐渐远离，赴韩邮轮出游人数有了明显提升。相比于经停日本一地，更多用户愿意选择日韩连线产品，一次饱览日韩风情，日韩连线邮轮出游人数占比超过 9 成。

除了日韩等中短途航线，也有不少用户选择了中长航线产品。邮轮旅游行程为 3—5 天的游客占比接近 53%，6—8 天的游客占比近 44%。

4. 线上分销成为邮轮的主要渠道

2012 起，各在线旅游分销商对邮轮市场极其重视，纷纷于 2013 年开始组建邮轮事业部，推进了邮轮市场的在线渗透化，2016 年邮轮市场的互联网渗透率达到 60%，由于邮轮产品标准化程度较高，未来邮轮产品将成为在线旅游领域重点产品之一（如图 2-13）。

5. 中国邮轮企业经营现状

（1）远洋邮轮接待方面

目前中国还只是处在以国际邮轮到港服务为主体的起步发展阶段，虽然世界排名靠前的几大邮轮公司均在中国运营，但仍采用挂靠为主的经营模式。在远洋邮轮接待上，目前基本上大型旅行社进行组团、负责接待，由中国外轮代理公司进行相关的一系列业务操作，2009 年中国外轮代理公司共接待国际邮轮156 航次。

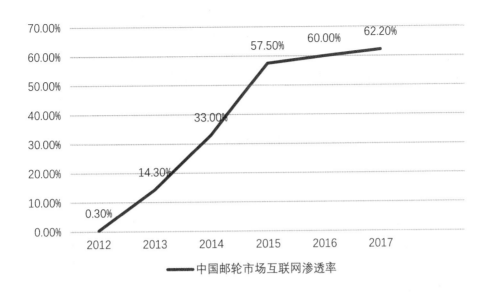

图 2-13　中国邮轮市场互联网渗透率情况

数据来源：CLIA

（2）合作经营邮轮模式

近年来，中国的企业已经开始经营邮轮，2011 年 6 月 9 日，厦门环球邮轮有限公司成立，成为中国大陆第一家邮轮公司。中国邮轮有限公司的"中华之星号"、太平洋邮轮公司的"明辉公主号"、深圳万邦企业集团的"假日号"、香港海洋公主豪华邮轮有限公司的"海洋公主号"等邮轮和北海茗花豪华邮轮服务公司的"茗花女王号"及"茗花女王 2 号"邮轮已经投入运营。

目前，中国邮轮企业主要采用与旅行社、邮轮港口合作经营的模式，国内的许多旅行社如锦江旅游有限公司、中国国际旅行社有限公司、广之旅国际旅行社等都开设了邮轮业务部门。此外，邮轮公司与邮轮港口企业也根据业务需要设立了专门的邮轮旅行社，如 2010 年上海国际港务集团投资成立了上海港国际邮轮旅行社。

（3）在航线布局方面

中国邮轮企业的经营模式主要是母港邮轮（Homeport Cruise）模式，母港邮轮一般是游客直接从国内相对较近的港口城市出发搭乘邮轮的旅行方式。国内运营的母港邮轮产品均以中低端定位，航线多为 7 天以内的短途航线。在北线，多以天津、青岛、上海为母港的日韩航线，航程在 7 天左右；在南线，多以上海、厦门为母港的赴台航线和以三亚、香港为母港的东南亚航线。

长线邮轮（Fly+Cruise）一般是乘客需要通过衔接长距离飞机搭乘邮轮的旅游方式。一般选择长线邮轮产品的乘客均有一定丰富的出境旅游经验，目的地选择方面主要集中在世界上最成熟的两大邮轮旅游目的地——加勒比海和地中海地区，多以豪华邮轮为主。2010年中国大陆的长线邮轮乘客数约为5000人，相较于出境游市场，规模非常小。限于我国邮轮游客的消费文化及企业的实力，目前我国邮轮企业运营这种长线邮轮模式的非常少，但随着游客对高端邮轮体验需求的增加，未来这种模式将会迅速推广。

6. 中国邮轮产业对经济的影响

（1）中国邮轮市场对经济的贡献

从图 2-14 中可以看出，邮轮市场的收入规模近年来呈现出直线上升的趋势，2010—2017 年增长了 35%，《2016—2022 年中国邮轮市场深度调查及行业前景预测报告》做出预测，未来 5 年，中国邮轮市场依旧具有巨大前景，增速有望保持在 30% 以上。

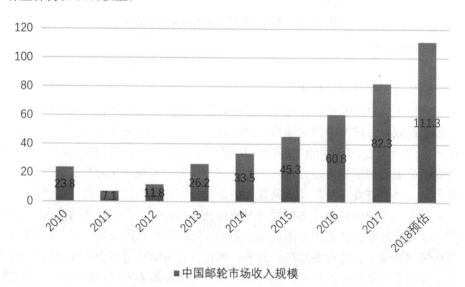

图 2-14　中国邮轮市场收入规模（亿美元）

数据来源：CLIA

中国的邮轮产业除了自身在快速发展以外，同时也带动着建材、保险、餐饮、娱乐、航线开发、码头建设等周边产业的发展。以港口建设为例，渤海、长三角、东南沿海四大港口集群已渐渐显出势态。上海、天津两大国际邮轮母港更是高速发展。2016 年，天津母港共接待邮轮 142 航次，游客 71.5 万人次，同比增长 65%。多家邮轮公司将上海作为其亚洲总部，而上海邮轮母港将发展成为世界超级邮轮母港。

（2）船舶建造方面

中国在运营邮轮方面最大的缺点是没有自主研发的大型豪华邮轮。全球最大的三家邮轮建造企业分别是意大利芬坎蒂尼集团、德国迈尔造船厂和法国大西洋造船厂，均与三大邮轮运营商有着密不可分的关系。国内邮轮运营商的选择一般是购买国外的二手邮轮。然而随着国际邮轮运营企业不断将船只进驻到中国，国内的建造领域也受到了冲击。2017 年 2 月，中船工业集团与美国嘉年华集团、意大利芬坎蒂尼集团签署了中国首艘国产大型邮轮建造备忘录协议。邮轮并不是在意大利建造，而是在中船旗下的外高桥建造，这是中国首次进入邮轮建造领域。

7. 中国邮轮旅游的市场痛点分析

（1）邮轮信息化程度低，邮轮供应商效率低

目前，国内包船商的销售手段还停留在表格、电话等原始阶段，缺少像酒店和机票行业 GDS、PMS 这样的信息系统来为包船商与邮轮公司做到库存的实时对接，从而来提高包船商的工作效率及工作准确率。

（2）邮轮产品航线单一

国际上知名的邮轮公司将近 70 家，其中包括邮轮航线八千多条，邮轮产品更是多达两万多种，而针对国内市场的邮轮航线仅有 500 条左右。一方面是因为国内邮轮市场还处在培育期，对于丰富的邮轮产品类别不具备消化能力。另一方面是由于缺乏与邮轮商的数据对接能力，造成现在邮轮产品航线单一。各大分销商只挂卖短线航线产品，以及相对标准化可控的邮轮产品。

（3）同业 B2B 交易效率低

邮轮既然是包船代理的销售模式，就会有切舱交易。从一级代理（包船商）到二级代理、三级代理，同时还有同业之间互相采购来扩充自身邮轮产品品类，其中会有大量交易需求。然而，第三方电子化交易服务的缺位降低了交易效率，同时还提高了成本。

（4）邮轮产品的非标准化

邮轮产品标准化低，全球知名邮轮有 62 家，而产品达到两万多种，每一个邮轮公司不一样，邮轮之间也不一样，每个邮轮上的各舱之间也不一样，所以造成了一艘邮轮仅房型就有数十种。其中面积的大小、所处的舱位和层高等具体的产品要素很难实现标准化。这样就在信息的收集到展示再到售卖过程中，

增加了产品整合难度。

（5）中国游客的邮轮消费习惯与西方迥异

中国整体上是一个大陆国家，所以游客在出境游上选择邮轮出行的还相对较少。邮轮上的产品消费大多还是偏西式的，对于中国游客来说，也是一个考验。中国游客在选择邮轮时最关注三类问题：一是对邮轮上的餐饮、服务是否习惯；二是海岸观光景点如何；三是是否有购物等附加服务。一些国际邮轮产品对于目的地观光一带而过，邮轮上的免税店和国际大牌的旗舰店相比陆地还是存在差距，吸引力不足。

（6）预订习惯差异巨大

欧美游客喜欢提前数月来预定邮轮产品，所以快到出行时期对部分产品进行甩货销售；而中国游客喜欢在出行前几日开始预定，所以就造成了邮轮 GDS 分销定价系统不适用于中国市场，需要建立适合中国预订习惯的分销系统。

（7）航线相对单一，有价格战隐忧

中国海岸线虽然很长，但沿海旅游资源开发不成熟，航线设计较为单一，中国港口靠港的运营航线大多集中在日韩航线。在市场淡季，包船公司为保证满舱率不得不降低价格，竞争十分激烈，船票分销存在价格战隐忧。

（8）邮轮旅游接受度仍不高

邮轮在中国依然是一个新生事物，市场接受度还不高，甚至很多人对邮轮的认识还停留在"泰坦尼克号"的阶段，认为邮轮是上流社会的奢侈享受，或者由于担心海上风浪等安全问题而拒绝乘坐邮轮。此外，邮轮公司在中国的舱位销售大多采取旅行社分包的方式，因而这几百万的出游人数中大多还是旅行团的成员，与欧美国家自由享受的出游方式不同，这在一定程度上弱化了邮轮公司的品牌影响，不利于邮轮产业的推广和发展。

8. 中国邮轮市场发展的机遇与挑战

（1）面临的机遇

亚洲邮轮市场逐步崛起，中国市场地位逐渐提高。随着近年来北美邮轮市场的饱和趋势，许多大公司都开始将发展重点转移到欧洲和亚洲。亚洲不再仅仅是世界邮轮版图中的巡游目的地，越来越多的邮轮集团也将其视为重要的客源市场和值得配置重要定班邮轮的地方。亚洲邮轮市场虽然正在成长中，但规模仍然很小。歌诗达的数据显示，亚洲市场在全球邮轮市场中所占份额仅有 5%。

中国地跨东北亚和东南亚两个大区，不仅是亚洲夏季邮轮航线的重要的起始点和目的地，也是冬季邮轮航线的重要停靠点，同时还是全球环游世界航线的必经之地，近年来受到越来越多的邮轮公司的关注。中国邮轮旅游的发展主要体现在三个方面：沿海邮轮港口的不断兴建、母港邮轮航线的逐年增加和到访外籍邮轮航次的逐年增加。

现今中国上海、三亚、厦门、天津等地的邮轮港口已经建成投用，另有大连、青岛、海口等地的邮轮港口即将动工。目前全球主要邮轮公司都在中国港口投放新的邮轮，开辟了母港航线。中国邮轮市场呈现快速增长的态势，预计2030年将超过美国，成为全球最大邮轮旅游市场。

（2）面临的挑战：缺乏本土邮轮品牌

①尚不具备大规模制造邮轮的技术实力

中国企业不缺少资本，但缺少邮轮，主要原因是一些关键技术不易突破。目前世界上只有四个国家能造邮轮，都集中在欧洲，包括德国、芬兰、意大利和法国。中国要真正生产自己的邮轮，技术上还不够成熟，时间上也可能还需要几年，所以企业要组建邮轮船队眼下最现实的做法是买船。但现在可能不是最好的买船时机，世界邮轮产量本就极为有限，而且自2008年以来，世界邮轮市场一直处于复苏之中，西方国家本来就没有太多现成的、较为理想的二手邮轮待售。而且邮轮要形成符合中国特点的设计，在改造时也要花费更多的时间与资金。

②严重缺乏邮轮方面的专业人才

邮轮是高资本、高技术、高人才、高管理的行业，中国企业虽然不缺少资本，但缺少高级人才。邮轮是一个移动的海上度假村和星级酒店。中国企业可能有管理酒店的人才，也可能有运营船舶的人才，但邮轮需要同时具备这两种管理才能的人才。学习西方需要较长的时间，权宜之计也往往是从西方市场挖掘现成的团队。

③邮轮政策环境需要完善优化

现有政策对发展邮轮业的民族品牌存在一定制约。近几年，邮轮在中国大步发展，但相关法律法规的制定明显滞后，主要表现为对中资本土邮轮还有诸多的限制，如标准严苛、税收较高、通关条件不如西方等。并且，在目的地的建设、配套的服务、海况与航线等方面，也还存在明显不足。

● 买船的限制：中国目前的政策规定，如果是买二手船，只能买10年以内船龄的船只。

● 针对船员的限制：一艘邮轮上面有几十个国家的游客，所以需要配备二三十个国家的海乘人员，包括客房、餐厅、酒吧的服务员，而我国对船员国籍的比例有严格要求。

● 经营项目上限制：我国对博彩等项目严格控制，只要是挂中国国旗的邮轮，就必须遵守中国法律，即使这艘邮轮在公海上，也不允许有博彩项目。

● 邮轮上免税店的限制：免税店在邮轮上很常见，但是在我国开设免税店都需要经过严格的审批。关于邮轮上免税店的审批，我国还没有出台相关的办法。

④包船分销风险大，邮轮旅游体验有待提高

目前国内的线上 OTA 和线下旅行社大多采用包船包舱的模式销售邮轮产品（大多采用代理模式）：一方面，线上线下旅行社企业利用包船模式可以从邮轮公司获取更好的船期（例如暑期旺季保证舱位），获取冲量的机会；另一方面，如果分销能力不够强大或者遇到突发事件（例如恶劣天气、疫情等），都会导致分销受挫、库存积压，造成亏损。在邮轮体验方面，目前国内出发的邮轮航线主要集中为日韩及少量东南亚航线，长航线则要到国外登船，受到价格因素和休假制度的影响，日韩短途航线是大多数游客的选择；在岸上活动方面，观光、购物是目前国内游客的主要项目，与传统观光团旅游类似。

9. 中国邮轮产业发展趋势

（1）邮轮市场的爆发式增长，吸引各路资本争相布局。

国际邮轮巨头纷纷加大在中国市场的投入。2015 年，嘉年华集团为中国市场配备了第三艘歌诗达邮轮，并追加订造 9 艘邮轮。2015 年 6 月，巨型豪华邮轮"海洋量子号"登陆中国。2016 年 4 月，十万吨级以上的豪华邮轮歌诗达"幸运号"也来到中国。中资企业也加快进入邮轮市场。2014 年 9 月，携程与皇家加勒比合作组建天海邮轮公司，第一艘邮轮天海"新世纪号"于 2015 年 5 月顺利首航。渤海轮渡的"中华泰山号"邮轮在 2014 年 8 月首航，2015 年在上海—日韩、舟山—台湾等航线上的运营取得较大成功。海航旅业 2011 年底从美国嘉年华邮轮集团引入"海娜号"邮轮。中船集团 2014 年 10 月联手嘉年华宣布建造中国首艘豪华邮轮，大量资本进入邮轮公司或者邮轮运营。进入邮轮市场的公司具有复合性的背景，包括旅游公司、资本投资公司、传统造船企业转型，还有地方政府以港口为主力，希望通过购买邮轮带动区域经济效益。投资的领域包括码头、船队，也可能是船厂和邮轮服务业。

（2）适合中国邮轮旅游消费者的邮轮航线、邮轮船型将出现，中国游客对邮轮的需求得到有效激发。

邮轮旅行市场严格说是一个由"供给"拉动的市场，而不是一个纯粹由"需求"拉动的市场。它不是一个自发的需求，更多的是由邮轮公司带来的产品引导和产生的"需求"。在这种"创造"出来的需求下，消费者基本处于接受和适应的过程。由于中国游客对于邮轮的消费偏好与现有欧美邮轮旅游产品有巨大差异，随着国内邮轮旅游行业发展和消费者消费习惯的养成，专门满足中国游客的邮轮旅游产品将会不断开发出来。

由于邮轮旅行自身的特点使其不同于岸上的自由行方式，中国游客对邮轮的需求已经被有效激发，具体表现在：

①需求从一线城市向二线甚至三线城市传导，从北（天津）上广（香港）沿海城市向内陆城市迅速传导。

②对邮轮产品、目的地和邮轮服务的期望多元化，市场细分慢慢显现。整个邮轮市场由于邮轮产品供给量的增加而变得更加丰富多彩，游客各取所需。

③对海外邮轮路线和产品（长线邮轮产品），甚至环球邮轮产品的需求与日俱增。

④将邮轮与海外目的地结合起来旅行的自由行客人数量逐步增加，客源相对母港航次客人明显呈年轻化倾向。

（3）邮轮旅游领域的信息对接平台将出现，提升邮轮分销产业链效率。

邮轮旅游领域销售的核心产品是船票，船票是根据舱位所处的甲板层、朝向、等级等因素来确定价格，非标准程度高。目前邮轮公司的舱位管理系统很难做到跟国内的 OTA 分销平台进行直连，二者的库存信息还无法实现同步。未来致力于实现邮轮公司库存与分销渠道企业直连的 switch 工具或平台将应运而生，并将成为一些创业企业新的掘金之地。

（4）邮轮法规政策迎来密集出台期。

在邮轮产业快速发展的形势下，政府出台了一系列法规政策，为各地制定配套规划提供了总体依据，避免各地重复建设、浪费资源、盲目发展、恶性竞争等情况的出现。2006 年 9 月份，原交通部、发改委出台的《全国沿海港口布局规划》中就对我国邮轮业的基础设施建设进行了总体布局；2008 年 6 月，国家发改委出台《关于促进我国邮轮业发展的指导意见》，这是第一份关于邮轮产业的国家指导文件。随着国内休闲旅游市场的发展，进入 2010 年以来，国务院、国家发改委、原国家旅游局和交通运输部都曾出台文件，鼓励、支持、积极培育我国邮轮旅游市场。2015 年 4 月交通运输部又出台了《全国沿海邮轮港口布局规划方案》，明确到 2030 年前我国沿海将形成 2—3 个邮轮母港，使我国成为全球三大邮轮运输市场之一。在港口布局方面，明确由北向南重点发展大连港、天津港、青岛港、烟台港、上海港、厦门港、深圳港、三亚港八大邮轮母港。

10. 中国邮轮产业发展预测

（1）中国邮轮旅游仍处于培育期，未来空间巨大

未来 10 年，中国邮轮产业发展将处于爆发期和市场细分的快速发展阶段，将迎来黄金 10 年。邮轮旅游在欧美发达国家已经发展了 50 年，而中国邮轮新兴产业 2006 年才开始起步。按照国际邮轮发展经验，人均 GDP 达 5000 美元时，邮轮经济开始起步；邮轮旅游在人均 GDP 达到 6000 至 8000 美元时，邮轮

经济进入快速发展期。目前，我国人均 GDP 已超过 7000 美元，部分沿海省市超过 10000 美元，具备了邮轮旅游快速发展的条件。

（2）运力发展趋势

根据 Cruise Industry News 2017—2018 年度报告显示，2017 年有 20 艘邮轮在中国市场运营，将新进的"盛世公主号"（Majestic Princess）和诺唯真"喜悦号"（Norwegian Joy）计算在内，本土客源和其他客源共计近 300 万乘客。2017年的运力比 2016 年同期增长 33.8%。2018 年，"盛世公主号"和地中海"辉煌号"（MSC Splendida）在中国运营季节性航线，此前两船已宣布在中国运营全年航线。另外两艘来自嘉年华邮轮和爱达邮轮的船之前宣布在此期间进入中国市场，但现在已部署到其他市场。2019 年下半年引入歌诗达两艘新建邮轮中的第一艘船和诺唯真邮轮为中国定制的第二艘船，设计运力提高 1.1%，能承载 340万乘客。2020 年的运力部署带来第一次的大幅增长，歌诗达两艘新建邮轮中的第一艘于 2019 年开始运营全年航线，另外一艘歌诗达新船和丽星两艘新建邮轮中的第一艘也会加入运营团队，运力将提升 11.5%，承载量超过 370 万乘客。丽星邮轮新建的第二艘邮轮在 2021 年运营，嘉年华邮轮为中国新建的两艘邮轮分别于 2023 年和 2024 年投入运营，到 2025 年的总运力将达到 550 万乘客。

（3）船舶建造方面

中国船舶工业集团公司旗下的上海外高桥造船有限公司将为嘉年华中国建造两艘 13.5 万吨、载客量 4200 人的邮轮，预计下水时间为 2023 年和 2024 年，并且这两艘邮轮将投入中国市场运营，将具有更多的中国元素。过去 10 年中国邮轮产业发展处于培育期和粗放式的起步发展阶段，发展力量主要集中在邮轮政策制定、邮轮码头建设、邮轮船队引进、邮轮旅游观光和接待等方面，在邮轮管理、邮轮产业规划、邮轮制造、邮轮服务体系、邮轮市场机制、邮轮消费理念等方面还存在一定空白和不足。未来 10 年，中国邮轮产业发展将处于爆发期和市场细分的快速发展阶段，全产业链快速发展，制造业与旅游业同步推进。2015 年 5 月，国务院发布的《中国制造 2025》中明确提出要"突破豪华邮轮设计建造技术"。此次在中国建造邮轮，不仅是遵循《中国制造 2025》的精神，在邮轮建造领域踏入坚实的一步，还有助于中国邮轮产业结构的深化发展。

根据《2015 年邮轮产业对欧洲经济影响报告》的统计数据，包括船舶修理在内的船舶制造业占邮轮产业直接支出的 47%、直接工作岗位的 25% 和直接薪金支出的 33%，在邮轮产业中具有举足轻重的地位。中国船厂的加入，不仅将完善中国邮轮产业的全产业链布局，而且有可能利用中国船厂在货船建造领域内累积的口碑和更低的人力成本，打造"中国制造"品牌，使邮轮建造中心也像邮轮市场一样逐步东移，最终提升中国邮轮产业在全球邮轮产业中的地位和影响力。而对于中国的船舶建造业而言，建造达到国际水平、满足最新规范规则要求和国际邮轮发展趋势的大型邮轮是海洋强国和制造强国综合实力的显著标志，是促进国家经济转型和推动船舶产业升级的一项世纪工程。同时，在中国船厂建造针对中国市场的邮轮，将有利于进一步增强中国邮轮产业的"本土化"，提升中国船厂的设计建造能力、资源整合能力、项目管理能力、系统集成能力和安全质量控制能力；有利于中国企业累积经验打造"本土化"邮轮船队，全面提升在全球邮轮产业的话语权，争取更大的市场份额；有利于推动我国船舶工业从中低端向高端发展，促进我国船舶工业供给侧结构性改革进程，最终提升我国船舶工业的整体实力。随着中国船厂正式涉足邮轮制造业，将进一步助推中国邮轮产业的跨越式发展，促进中国邮轮产业全产业链的协调发展，并为中国邮轮产业的持续健康发展提供一个良好的契机。邮轮建造毫无疑问将成为我国船舶工业供给侧结构性改革和"稳增长、调结构、促转型"的重点方向。

第四节　全球邮轮产业发展趋势

一、全球邮轮产业发展历程

自 20 世纪末以来，邮轮旅游一直保持平均每年 8% 的增长速度，成为世界旅游市场发展最为迅速的一个板块。

从交通工具到休闲目的地，邮轮的产生最早可以追溯至 1837 年，但在 20 世纪 60 年代之前，邮轮更多的是作为一种交通工具用于商务邮件运输及客运业务。20 世纪 60 年代之后，飞机作为民用交通工具开始被广泛运用，感受到巨大经营压力的邮轮公司开始转变发展思路，逐步将邮轮业务由以客运为目的转为以休闲度假为主要目的进行发展。1966 年，当时的挪威加勒比公司的首艘完全以休闲度假为主要功能的"向日号"邮轮的下水成为现代邮轮业务正式开展的标志。2008 年，全球共有约 1700 万游客参加了邮轮旅游，尽管受金融危机的影响，北美邮轮客源市场比上年缩减了 1.5%，但全球的邮轮游客仍然比上年增长了 4%。截至 2008 年底，全球现役邮轮约 240 艘，提供的舱位总量 354000个。2009 年至 2012 年有 34 艘新邮轮投入使用，共增加 86000 个舱位，体现出邮轮旅游的强大活力。产业信息网发布的《2015—2022 年中国邮轮投资分析及前景预测报告》显示，自 20 世纪 60 年代以来，世界现代邮轮在经历了 50 余年的发展后，目前已经逐步演变成为一个庞大而成熟的产业。世界各大邮轮公司不断推出新产品，以满足逐年增长的市场需要。

二、全球邮轮市场发展现状

1. 全球邮轮市场发展规模

根据国际邮轮协会（CLIA）的最新数据，邮轮产业在最近 30 年内飞速成长，2016 年邮轮旅游游客数量达到 2516 万人，2017 年达到 2672 万人，2018年达到 2852 万人。

2. 全球邮轮旅游行业地域结构

（1）全球邮轮航线分布

在邮轮航线分布上，北美和欧洲是稳固的主要区域，亚洲是最重要的新兴区域。全球邮轮航线集中在加勒比海、地中海、西北欧、阿拉斯加、东南亚及日本海域。其中，欧洲及北美地区仍是邮轮航线最集中的地区，占到全球总航线的 70%以上。

邮轮旅游受季节因素影响明显：夏季，地中海、西北欧、阿拉斯加航线占全球邮轮运力的 2/3；冬季，加勒比地区航线占全球邮轮运力的 50%以上。而亚洲地区作为邮轮航线新兴区域，市场占比从 2010 年的 1%上升到目前的 5%，增速高，发展潜力巨大。

（2）全球邮轮旅游客源国

表 2-5 为 2014 年全球邮轮十大客源国。

表 2-5   2014 全球邮轮十大客源国排名

国别	美国	德国	英国	澳大利亚	意大利	加拿大	中国	法国	西班牙	挪威
游客数量（百万）	11.21	1.77	1.61	1.00	0.84	0.80	0.74	0.59	0.45	0.15

资料来源：G.P.Wild（International）Limited from CLIA，IRN and other source

从上表中可以看出美国是全球最大的邮轮客源国，以 1121 万游客数量占据全球邮轮游客数量的 51%，而英国和德国则占了 15%，约 338 万游客；澳大利亚、意大利和加拿大邮轮游客数量均超过 80 万，其总量占全球市场的 12%；最后四个国家为中国、法国、西班牙和挪威，总计为 193 万邮轮游客，约占全球需求市场的 10%。2014 年，中国邮轮市场持续升温，游客数量达到 74 万人左右，赶超到全球第七名。

近年来，世界邮轮巨头纷纷把重点目标瞄向亚洲市场，尤其是中国市场。邮轮市场"东移"特征凸显，亚洲和大洋洲的邮轮游客人数增速远超欧美地区。2010—2015 年，欧美地区邮轮游客数占全球市场的份额由 80%下降到 75%，而亚太地区的占比则由原来的 1.2%增长到 7%，邮轮行业的发展最初是受北美地区的需求推动，中期则是欧洲地区发展的促进，而目前，整个邮轮市场"东移"特征明显，亚洲和大洋洲的邮轮游客人数的增速已远超欧美地区。邮轮产业获得空前发展，很大程度上归功于亚洲邮轮市场的持续增长。2016 年亚洲地区邮轮载客量较 2015 年增长 38%，占全球邮轮市场份额 9.2%。随着亚洲地区游客对于短途游和更频繁的邮轮旅行接受度的提高，亚洲已然屹立于全球新兴邮轮市场的"金字塔尖"。

3. 邮轮市场渗透率情况

图 2-15 为邮轮市场渗透情况。

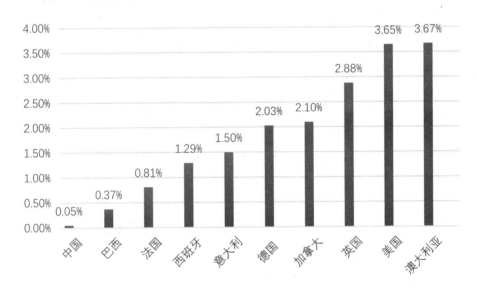

图 2-15　邮轮市场渗透情况

数据来源：上海邮轮中心

相较于美国邮轮旅游的市场渗透率 3.6%，中国的渗透率目前仅达到 0.05%，市场需求空间非常大。尤其是中国邮轮旅游游客数，年均增长率达 30%以上，远高于世界平均增长率 8%。根据 2017 年 1 月 18 日中国交通运输协会邮轮游艇分会统计快报数据显示，2016 年中国邮轮出境游客达 212.26 万人次，首次突破 200 万人次，同比增长 91%，而邮轮入境境外游客 13.87 万人次，同比增长 8%。以中国为代表的亚太地区邮轮市场需求激增，推动以大型豪华邮轮为代表的邮轮产业进入"黄金时期"。

4. 全球供给状况

根据国际邮轮公司协会（CLIA）的统计，按照可提供床位天数（Available bed days）的统计，全球邮轮可提供的床位天数从 2004 年的 7720 万增加到了 2014 年的 1.42 亿，总体增长了 83.9%。2014 年，全球邮轮运力增加情况比 2013 年提高了 5.6%。从表 2-6 中可以看出，2014 年北美地区提供了 50.4%共计 7150 万床位天数，欧洲地区则提供了 32.7%共计 4640 万床位天数，两个地区共提供全球邮轮供给 83.1%的运力。

表 2-6 全球供给状况（百万床位天数）

地区	2004	2009	2010	2011	2012	2013	2014	10 年增长率（%）
加勒比	36.1	39.1	46.2	45.5	48.0	48.1	55.9	54.8
北美其他地区	14.9	17.7	16.5	16.6	16.0	15.0	15.6	4.7
北美地区	51.0	56.8	62.7	62.1	64.0	63.1	71.5	40.2
北欧	4.9	10.2	9.7	11.4	13.2	13.9	13.5	175.5
地中海	15.5	29.4	31.7	38.1	35.5	35.7	32.9	112.3
欧洲地区	20.4	39.6	41.4	49.5	48.7	49.6	46.4	127.5
北美+欧洲	71.4	96.4	104.1	111.6	112.7	112.7	117.9	65.1
世界其他地区	5.8	13.2	13.8	15.1	20.7	21.8	24.1	315.5
总计	77.2	109.6	117.9	126.7	133.4	134.5	142.0	83.9

资料来源：CLIA

5. 全球邮轮旅游消费特征分析

邮轮旅游属于西方发达国家的中高端旅游消费产品。邮轮旅游宽松闲适，活动空间相对固定，家庭、亲子、蜜月、朋友之间结伴同游成为邮轮游客的主要形式，也有一部分公司用中短途邮轮线路来奖励员工或召开销售会议等。总之，邮轮消费群体非常庞大。在世界范围内，邮轮游客的一般标准是：25 岁以上，平均年收入超过 4 万美元。有关研究显示，2008 年全球邮轮游客的平均年龄已经从 10 年前的 65 岁下降为 49 岁，平均年收入超过 10 万美元，57%的邮轮旅客接受过大学教育，而且拥有正式工作，属于典型的中产阶层。

国际邮轮公司协会（CLIA）对参加邮轮游的游客情况调查表明：

● 所有邮轮旅游游客中有 27%的游客年龄在 40 岁以下，有 45%的人在 40—59 岁之间，有 28%的人超过 60 岁，这表明邮轮游客以中年人为主，打破了"邮轮旅游适合老年人"的传统说法。

● 平均看来，目前有大约 40%的船上游客是第一次参加邮轮旅游。

● 有 3/4 的邮轮旅游游客已婚。

● 邮轮旅游游客的家庭年收入比非邮轮旅游游客大约高 20%，一般来说，他们外出旅行的次数也更多。

● 有 10%左右的邮轮旅游游客携带孩子。

● 只有 1%左右的游客是自己单独出游。

（1）邮轮游客消费水平

邮轮游客消费水平如图 2-16 所示。

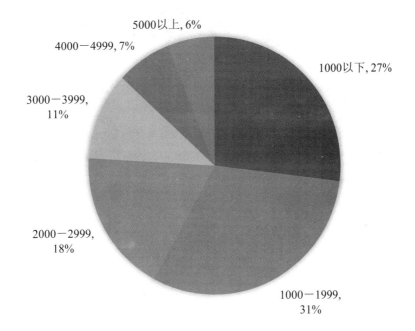

图 2-16　邮轮游客消费水平的构成

数据来源：公开资料整理

参考国际经验，当人均 GDP 达到 5000 美元是观光旅游与休闲旅游的分水岭，也是邮轮旅游的起步阶段；人均 GDP 在 6000—8000 美元时，邮轮旅游进入快速发展期；当人均 GDP 超过 1 万美元时，邮轮旅游高速发展。2015 年世界人均 GDP 为 1.01 万美元，因此邮轮旅游正处于爆发窗口期。

邮轮乘客的人均花费为 2200 美元，是整体旅游行业人均消费的 1.8 倍。并且，20%的消费者会选择与 5 个人以上的团体一起出游。80%的游客与配偶一起出游，25%的游客选择带自己的孩子一起参加邮轮项目。

（2）邮轮游客年龄结构

邮轮消费的目标人群为 25 岁以上人群，且在 40 岁以上的人群占了 81%。这个年龄阶段的消费者是有一定的经济实力的人群，是邮轮旅游的重要消费人群，符合邮轮产业所定位的中高端休闲市场（如图 2-17）。

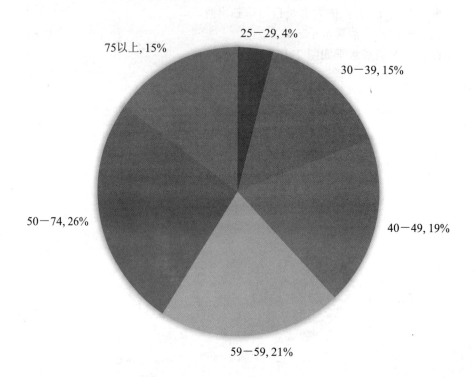

图 2-17　全球邮轮游客各年龄占比情况

数据来源：公开资料整理

在全球邮轮市场中，60 岁以上消费者占总体消费市场的 26%，50 岁以上消费者达到总体消费构成的 48%。目前，北美市场上的邮轮旅游的消费主力是出生于 1946 年至 1964 年"婴儿潮世代"的人，年龄在 50 岁到 70 岁之间，拥有财富和地位，家庭稳定，并衍生了 2 到 3 代家庭成员。这部分消费者基本不会独自参加邮轮旅游，往往是与伴侣或其他家庭成员一起，或者借由旅行社组成"老年团"或者"社区团"组团出游，以满足社交和人际需求。据国外旅行社统计，这种老年人团占总体组团旅游的 50%—60%。在亚洲市场上，由于邮轮行业起步较晚，相对比较新鲜，因此尝试邮轮旅游的人口年龄相较于欧美市场更加年轻，但随着邮轮市场逐渐发展，邮轮被更多的老年消费者了解并接受，近年来亚洲市场的老年人所占比重也日益提升，2014 年亚洲 60 岁以上邮轮乘客占总体市场的 25%，较 2012 年增加了 2 个百分点。

（3）全球邮轮产品按航线周期的需求分布

图 2-18 表现了邮轮产品的航线周期分布。

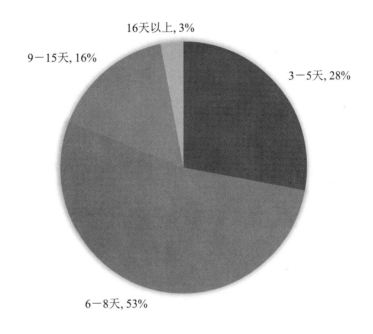

图 2-18　全球邮轮产品按航线周期分布

数据来源：公开资料整理

一般根据邮轮的航行区域将其分为：环球邮轮、远洋邮轮、区域邮轮和近岸线邮轮四大类。现有邮轮航线的平均周期为 7.3 天。以美国市场为例，美国法定假日为平均每年 10.25 天，搭配较为完善的带薪休假制度，感恩节假期、圣诞节假期和春节是美国游客较为集中的旺季，配合年休，有 1—3 个星期的休假时间。

（4）邮轮游客再次搭乘间隔周期

游客再次搭乘邮轮的间隔时间如图 2-19 所示。

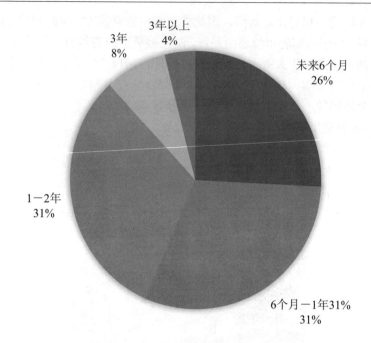

图 2-19　游客再次搭乘邮轮间隔时间

数据来源：公开资料整理

　　邮轮消费具有较高的消费黏性。根据 CLIA 的行业分析报告，参加过邮轮旅游的游客 57%会在游览结束后 1 年内再次参加，而 89%则会在未来两年内再次参加邮轮旅游，97%会在未来三年内再次参加邮轮旅游。据另一项市场调研数据，已经参加过邮轮旅游的游客中，18%的游客对于邮轮旅游比其他出游方式有更显著的偏好，69%觉得邮轮旅游比陆上旅游性价比更高。

　　（5）邮轮游客选择因素

　　可以看出，在邮轮旅游的选择上，花费与目的地因素占了一半以上。这些邮轮运营公司的收入主要来源为船票的销售收入，根据国外成熟邮轮运营公司财务数据显示，该部分收入约占整体的七成以上，此外约两成的收入来自船上游客二次消费收入，主要包括高端餐饮、休闲娱乐、博彩、免税品销售等。除此之外，在邮轮停靠港，邮轮运营商通常也与目的地接公司合作提供更为丰富的目的地观光以及休闲服务（包括免税店购物、演艺、海岛游项目等）。在欧美成熟市场中，邮轮更多是面向老年消费者的旅游活动。老年游客在选择旅游产品时更偏好于选择美丽的自然风光或独特的人文风貌，他们对于旅游过程中的舒适、安全和品质要求更高，因此要求途中时间短、景点时间长、行程安排节奏舒缓，同时需要配置健全的医疗安全设备和服务体系。邮轮作为一种移动的游览目的地，兼顾了景点邮轮和行程的舒适，同时其完善的医疗安全设施配置和专业的服务团队也能满足老年游客对旅游产生过程中的安全和健康的要求（如图 2-20）。

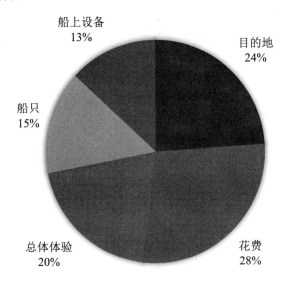

图 2-20　邮轮游客的需求和影响其选择的因素

数据来源：公开资料整理

三、国际邮轮公司的运营

1. 世界邮轮公司发展现状

仅世界四大邮轮公司就有 170 个船舶在运营，占有世界邮轮市场 83.9%的比例。可以说，世界四大邮轮公司在左右着世界邮轮市场，其中嘉年华邮轮公司（Carnival Corporation）占整个邮轮市场 45.8%的份额。美国的嘉年华及皇家加勒比邮轮公司牢牢控制着世界邮轮市场约 75%的份额，且由于邮轮产业对资金要求及产业链上下游资源掌控程度较高，短期内世界邮轮市场格局将不会有太大变化。自 20 世纪 60 年代起，现代邮轮产业在世界范围内已有超过 50 年的发展历程，在这期间通过不断整合兼并，集中度得以不断提升，所产生出的几家龙头企业在全球范围内具有较高的市场占有率。纵观它们的发展历程，由于邮轮产业重资产的特性，在发展初期都离不开低成本抢占市场策略，以及在登陆资本市场后的快速收购、完善全球布局的过程。

亚太地区的邮轮以 2013 年为基准，共有 28 艘，占总船只数的 9.5%，占邮轮游客数的 9.3%，占邮轮营业额的 9.1%。全世界邮轮市场中需求量最高的地区是北美地区，2013 年占全球邮轮市场的 61.2%，欧洲为 29.9%，亚太地区为 8.9%。北美地区已经形成比较成熟的邮轮市场，增长率停留在 2%，但邮轮市场主要在亚洲与其他地域扩大，增长率约为 5%（Cruise Industry News，2014）。这就形成了世界最大邮轮市场的北美地区增长钝化，而其他地区不断增长，有向包括亚洲地区在内的其他地区扩大的倾向。因此，东北亚地区今后将成为邮轮发展的主要地域。

2. 国际邮轮公司的经营特征

（1）通过兼并合作，追求垄断地位

从世界三大邮轮公司的发展历程中看，收购兼并是邮轮公司发展壮大的必经之路。邮轮公司通过收购兼并达到扩大规模的目的，并实行标准化管理，在采购、销售、员工培训等方面采取统一管理，以降低邮轮经营成本。嘉年华通过合作兼并的方式，先后收购公主邮轮、荷美邮轮、铁行邮轮、阿依达邮轮等世界著名邮轮品牌，使其成为全球邮轮业的巨头；而皇家加勒比收购名声（人）邮轮，提升其在全球豪华邮轮业的名声；丽星邮轮收购挪威邮轮（现已独立）、东方邮轮，使自己的邮轮航线走出亚洲，向北美、加勒比海、欧洲等其他地区延伸。这三大邮轮公司通过不断的兼并收购及与其他邮轮公司的合作投资，扩展本公司在全球各地的邮轮经营业务及与邮轮旅游相关的其他旅游业务，同时也确保了本公司在行业内的竞争优势。

（2）注重旅行社代理销售

①邮轮销售高度依赖于旅行社

在邮轮旅游的销售过程中，旅行社和邮轮旅游销售是密不可分的。对于游客来说，选择合适的邮轮航线是一项复杂的任务，由具备专业资质的旅行社销售代表为其进行分析，提供建议，引导其做出选择。旅行社的分析建议，会使游客的旅行更方便、快捷，而且也更实惠。对于邮轮公司来说，通过给旅行社大约 10% 的代理费，可以节约拓展市场的人力成本，提高邮轮旅游产品的销售效率，邮轮公司可以专心于邮轮旅游产品的开发及对各项业务的管理。

②将邮轮旅游产品与陆上游览行程相结合

邮轮旅游产品往往是多个岸上景点与航线的组合，45% 的邮轮游客会选择以港口城市为中心拓展行程。除此之外，34% 的游客在预定邮轮行程时偏好将邮轮行程与陆上游览行程结合起来以充实度假期间的安排，因此邮轮旅游的计划时间长，相对比较复杂，通常需要借助线下或线上旅行社的平台完成。

③线上销售

目前全球有 50000 家旅行社有邮轮产品销售业务，占整体邮轮产品销售的 70%。欧美市场 67%的邮轮游客通过旅行社计划和安排出游，70%通过旅行社购买邮轮产品（其中 70%通过 OTA 在线预定，30%借助传统线下旅行社）。并且根据事后回评，64%的邮轮游客对旅行社的服务方式表示满意，成为日后旅行社邮轮业务的潜在客户，因此邮轮公司重视与旅行社保持长期紧密的合作。大型邮轮公司常常会定期举办体验或推广项目，加深旅行社对邮轮项目的了解和体验。

例如，Expedia 旗下的 Cruise Ship Center 主营邮轮度假产品的销售，公司配置了 4000 位专业邮轮度假咨询师，通过其在北美设置的 180 个特许经营网点，向邮轮游客提供超值服务或行程建议，同时其在线数据库下有 200000 个舱位的销售能力。

（3）批发、代理模式并存，返佣率高

目前邮轮公司一般都采取以旅行社代理销售为主、自行销售为辅的经营模式。这种经营模式的好处是：一方面，旅行社可以在游客选择出游目的地及出游方式的时候推荐邮轮旅游产品；另一方面，旅行社可以为邮轮公司提供游客对邮轮旅游产品的反馈意见。

旅行社代理的收入占整体邮轮经济收入的 15.75%，主要模式包括船票代理和批发。欧美旅行社邮轮产品的销售模式比较成熟，以船票代理为主，也存在批发或在部分市场进行区域销售的方式。批发模式下，邮轮公司制定销售价格并提前一年公布销售指导价格，旅行社通过买断舱或零散订舱的方式销售，偶尔因为某些重大事件包下部分或整条船只。在代理模式下，邮轮公司掌握定价权，邮轮公司在整个销售期间内都可以根据销售情况调整产品定价。旅行社取得回报来源于邮轮公司向旅行社支付的佣金，和基于预先约定的销售量完成情况的奖金。邮轮公司旅行社费用支出一般占邮轮收入的 15%，而其中船票收入占 75%，而通过旅行社销售的船票以 70%计，佣金占船票销售收入的 20%—25%。

（4）降低票价，提高邮轮载客率

现代国际邮轮旅游服务的对象正在向普通旅游者转移，而且有价格下降、航线行程缩短的趋势，越来越贴近大众消费水平和短期度假人群。随着邮轮业的发展，邮轮大型化将成为发展趋势，这为邮轮设施的多样化提供了条件，邮轮载客率成为邮轮经营赢利的关键。通过降低票价的方式，为邮轮公司提高邮轮载客率的同时，也为其培育邮轮市场起到了积极的促进作用。

（5）邮轮航线主题多样化

随着全球经济的发展，人们生活水平不断提高，休闲旅游意识不断增强，人们的旅游方式从初期的观光游览型，逐步转变为休闲度假型。与此同时，邮轮公司越来越注重邮轮设施的改善、开发与设计新的娱乐旅游服务项目，根据游客的需求、当地文化的特点为游客设计不同的邮轮航线主题。例如，美国迪士尼公司经营的"迪士尼号"邮轮将迪士尼的文化带到邮轮上，按照迪士尼主题公园的模式与思路开展邮轮经营，专为举家出游的游客提供富有迪士尼特色的服务。

3. 邮轮公司的收入、成本构成

排名靠前的邮轮公司的收入构成如下：船票收入占总收入的80%，甲板增值收入占20%；而营业成本占收入的80%；邮轮公司的净利润弹性主要来自船上的增值服务，主要组成部分为邮轮公司向第三方收取的特许经营权收入。2014年，嘉年华收取的特许经营权收入为11亿美元，皇家加勒比特许经营权收入3.2亿美元，分别占总体甲板增值服务收入的29%和15%。邮轮公司的成本主要包括支付给旅行社的佣金、燃料、人工，分别占营业收入的12%、12%和16%。其中佣金主要来自船票代理的费用，占船票收入的比例约15%。

北美市场的邮轮上游客人均花费为2200美元，其中船票价格为1635美元，甲板及岸上花费为565美元，另外人均支付524美元作为到达港口的交通费用。其中，船票价格包含船上食宿，船上便利设施如游泳池、健身房、图书馆等，以及船上娱乐设施如歌剧院、酒吧、表演秀等；甲板消费包括船上提供的增值消费如酒水、赌场、礼品店、免税店、通信费、水疗中心、主题餐厅、艺术品销售等。经营方式包括邮轮公司自营或外包给第三方公司，邮轮公司向第三方收取固定费用或按销售收入的一定比例收取费用。

4. 邮轮三大巨头集团运营现状

（1）嘉年华邮轮

①发展现状

嘉年华邮轮集团是全球最大的休闲旅游公司，也是邮轮和度假行业中盈利能力最强，财务实力最强的公司之一，拥有10个充满活力的品牌，其中包括9个世界领先的邮轮公司。同时也是最大的邮轮公司，承载着将近一半的全球邮轮游客人，并为全球所有主要邮轮目的地提供度假业务运营服务。

该公司的邮轮共运营103艘船舶，拥有232000个泊位，在世界各地的700多个港口进行访问，并且计划于2018年至2022年间交付18艘新船。嘉年华邮轮集团还经营荷美公主阿拉斯加旅游公司。在纽约和伦敦证券交易所交易的嘉年华公司是世界上唯一被纳入标准普尔500指数和富时100指数的集团。嘉年华邮轮运营数据和经营业绩如表 2-7、表 2-8 所示。

表 2-7　嘉年华邮轮集团邮轮运营相关数据（1）　　　单位：百万美元

项目		2017	2016	2015
收入	船票	12944	12090	11601
	船上收入和其他收入	4330	4068	3887
	观光收入和其他收入	236	231	226
	收入总计	17510	16389	15714
运营成本和费用	佣金、交通和其他	2359	2240	2161
	船上成本和其他成本	587	553	526
	薪资及相关	2107	1993	1859
	燃油费用	1244	915	1249
	食物成本	1031	1005	981
	其他船舶运营成本	2445	2589	2233
	观光和其他成本	163	152	155
	成本总计	10501	9383	9447
	销售和行政费用	2265	2197	2067
	折旧和摊销	1846	1738	1626
	商誉商标减损费用	89	——	——
	费用总计	14701	13318	13140

资料来源：Carnival Corporation & pic .2017 Annual Report

表 2-8　嘉年华邮轮经营业绩　　　单位：亿美元、%

项目		2016 年	2015 年	2014 年
经营数据	总收入	163.89	157.14	158.84
	营业收入	30.71	25.74	17.72
	净收入	27.79	17.59	12.16
	调整后净收入	25.80	21.06	15.04
资产负债表	总收入	389.36	392.37	394.48
	总负债	94.54	87.87	90.88
	股东权益	225.97	237.71	242.04
投资回报	调整后每股净收益（美元/股）	3.45	2.70	1.93
	投资回报率	9	——	——

数据来源：企业年报

嘉年华邮轮在 2016 年经营业绩亮眼，净收入达到创纪录的 28 亿美元，更重要的是投资回报率达到 9%，较 2013 年翻番，正在向两位数的投资回报率迈进。经营产生的现金流达到 50 亿美元的顶峰，同比增长 13%；投资为 33 亿美元，因此还剩下 18 亿美元的净现金流。

2016 年，嘉年华邮轮有 4 艘新邮轮投入运营：3286 张床位的"AIDA Prima 号"、3900 张床位的"嘉年华远景号"、2650 张床位的"荷皇丹号"和 600 张床位的"世邦号"邮轮。全球前两大公司加权床位如表 2-9 所示。

嘉年华邮轮发布了 2016 年年报。作为行业领袖，嘉年华邮轮不仅经营业绩如期增长，且率先启动全球首艘 LNG 动力邮轮——"AIDA prima 号"投入运营，为环保做出表率。值得一提的是，嘉年华邮轮非常看重中国市场，将在中国市场部署其所有邮轮床位的 6%。

表 2-9　全球前两大公司加权床位对比　　　　　单位：万张、%

年份	全球床位	嘉年华邮轮		皇家加勒比	
		床位	占比	床位	占比
2014 年	42.8	21	49.07	10.68	24.72
2015 年	44.5	21.5	48.31	11.27	26.33
2016 年	46.6	22.1	47.42	12.33	26.46

数据来源：企业年报

皇家加勒比也发布了 2016 年年报，称其"双双计划"预计将如期实现，但在如火如荼的中国市场份额争夺战中，皇家加勒比的预期目标却并没有实现。

②未来前景

2017—2022 年，嘉年华邮轮还将有 19 艘新邮轮陆续投入运营，其中大部分用于更替原有运力。自 2006 年起，嘉年华邮轮已经淘汰 18 艘邮轮。

嘉年华邮轮相信全球还有很多邮轮没有渗透到的地方，包括北美及亚洲的新兴市场，其中尤其确信在中国将拥有巨大的市场。因为中国拥有大量的中产阶级，这是邮轮游客的主要来源，同时中国政府非常重视和支持邮轮产业发展。而后，嘉年华邮轮将其所有邮轮床位中的 6%部署在中国市场。2020 年前，嘉年华邮轮的净载客量每年都将增长 3%—4%，北美、欧洲和澳大利亚增长率均在 3%及以下。嘉年华邮轮经营收入和运营相关数据如表 2-10、表 2-11 所示。

表 2-10　嘉年华邮轮各区域经营收入　　　　单位：亿美元

区域	2016 年	2015 年	2014 年
北美	83.27	80.15	77.62
欧洲	52.54	51.33	56.76
澳大利亚和亚洲	25.06	22.56	20.97
其他	3.02	3.10	3.49
总计	163.89	157.14	158.84

表 2-11　嘉年华邮轮集团邮轮运营相关数据（2）　　　　单位：百万美元

项目	2017	2016	2015	2014	2013
载客量（以千人计算）	12100	11500	10800	10600	10100
供给量（b）	232000	226000	216000	212000	208000
船数量	103	102	99	100	101

资料来源：Carnival Corporation & pic .2017 Annual Report

（2）皇家加勒比：两市场拖累整体业绩

①发展现状

皇家加勒比是世界上第二大邮轮公司。该公司拥有并经营着三个全球邮轮品牌：皇家加勒比国际、名人邮轮和精钻邮轮。还拥有德国品牌途易邮轮 50% 的合资权益，持有西班牙品牌普尔曼邮轮 49% 的权益，持有中国品牌天海邮轮 36% 的权益（合称为"合作品牌"）。截至 2017 年 12 月 31 日，皇家加勒比的全球品牌和合作品牌在邮轮度假行业共运营 49 艘船舶，总泊位容量约为 124070 个。

皇家加勒比的船只在世界各地的航线上运行，这些航线覆盖了七大洲的 540 个目的地。除了在佛罗里达州迈阿密的总部，还在世界各地设有办事处和国际代表网络，主要致力于销售和市场开发。

2016 年是皇家加勒比"双双计划"执行的倒数第二年，该计划设定两项多年财务目标：一是在年底前使得调整后每股收益较 2014 年翻番；二是在 2017 年达到两位数的投资回报率。2014—2016 年，皇家加勒比的每股收益年增长率分别为 39%、42% 和 26%，投资回报率的年增长率分别为 16%、29% 和 17%。皇家加勒比邮轮运营数据和经营业绩如表 2-12、表 2-13 所示。

表 2-12　皇家加勒比集团邮轮运营相关数据　　　　单位：百万美元

项目	2017	2016	2015
船票收入	71.9%	72.4%	73.0%
船上收入和其他收入	28.1%	27.6%	27.0%
总收入	100.0%	100.0%	100.0%
邮轮营业费用			
佣金、交通费和其他	15.5%	15.9%	16.9%
船上费用和其他费用	5.6%	5.8%	6.7%
员工薪资等相关费用	9.7%	10.4%	10.4%
食物费用	5.6%	5.7%	5.8%
燃料费	7.8%	8.4%	9.6%
其他费用	11.5%	12.8%	12.1%
邮轮总的营业费用	55.8%	59.0%	61.4%
市场营销和行政费用	13.5%	13.0%	13.1%
折旧和摊销	10.8%	10.5%	10.0%
普尔曼减损费用	—	—	5.0%
营业收入	19.9%	17.4%	10.5%
其他费用	（1.4）%	（2.3）%	（2.5）%
净利润	18.5%	15.1%	8.0%

资料来源：RCCL 2017 Annual Report

表 2-13　皇家加勒比邮轮经营业绩　　　　单位：亿美元、%

项目		2016 年	2015 年	2014 年
经营数据	总收入	84.96	82.99	80.74
	营业收入	14.77	8.75	9.42
	净收入	12.83	6.66	7.64
	调整后净收入	13.15	10.65	7.56
资产负债表	总收入	233.10	207.82	205.24
	总负债	93.84	86.27	82.55
	股东权益	91.21	80.63	82.84
双双计划	调整后每股净收益（美元/股）	6.10	4.85	3.41
	投资回报率	8.0	6.8	5.9

数据来源：企业年报

2016 年，加勒比海、阿拉斯加和百慕大等北美地区对经营业绩增长贡献颇大，中国市场弱于预期、欧洲地区骚乱两个原因拖累了业绩增长。

②未来前景

2017 年，"海洋和谐号"和"名人春分号"邮轮将全年服务于加勒比海地区，不再于夏天服务欧洲。这样，加勒比海地区的床位将得以增加，欧洲地区床位将会减少。亚洲地区的床位将同比增长 5%，缘于"海洋欢呼号"邮轮将首次全年服务于亚洲地区。整个邮轮行业在亚洲地区的床位增长率则达到 17%，较之前 34%的增长率稍低。

（3）云顶香港

①发展现状

云顶香港有限公司（简称云顶香港），是全球休闲、娱乐和旅游及酒店服务业之领导企业。其核心业务涵盖陆地及海上旅游事业，包括云顶邮轮及其旗下的丽星邮轮、星梦邮轮及水晶邮轮，以及德国 MV 造船集团（MV Werften）和 Lloyd Werft 船厂、著名电音派对俱乐部品牌 Zouk 与联营综合度假项目马尼拉云顶世界。云顶香港集团主要从事经营载客邮轮业务。高级管理人员根据本集团的内部报告、审阅业务表现，厘定营运决策及资源分配。集团业务可分为邮轮旅游业务、造船厂业务及非邮轮旅游业务。因此，有三项可呈报分类项目，即邮轮旅游及邮轮旅游相关业务、造船厂业务和非邮轮旅游业务。

云顶香港发布业绩预警公告，表示其 2016 年业绩为亏损 5 亿—5.5 亿美元（2015 年为盈利 21 亿美元）。

②原因分析

2015 年之前，云顶香港位列世界邮轮集团公司三大巨头之一，旗下的丽星邮轮与挪威邮轮是邮轮业务的主力品牌。2016 年业绩亏损主要由云顶集团与挪威邮轮的"分家"导致。一是剥离了挪威邮轮品牌带来的会计收益 15.67 亿美元，以及 2015 年出售挪威邮轮的部分股权而产生的收益总额 6.59 亿美元；二是挪威邮轮普通股权益缩水，年底产生减值亏损约 3 亿美元；三是 2015 年为推出全新的星梦邮轮及水晶邮轮品牌和产品支付的一次性启动成本与市场推广成本；四是来自星梦邮轮和水晶邮轮及新收购德国船厂的额外折旧及摊销；五是船厂经营与新邮轮建造业务所产生的启动、重组及收购相关成本。

③未来预测

尽管经营业绩净额下降，但在扣除星梦邮轮及水晶邮轮的一次性启动成本后，云顶香港相关邮轮业务仍保持增长趋势。

四、全球邮轮产业对经济的影响

1. 邮轮产业链

邮轮的产业链条较长，经济拉动效应强。整体来看，邮轮产业链条较长，可以被视作一个多元化、多层次的产业结构群。主要把邮轮产业分为上游（船舶制造）、中游（邮轮运营）、下游（产品销售）三个层次。

邮轮经济具有需求稳定、产值高、行业带动能力强的特点。邮轮本身既是一种交通方式，又是旅行的目的地，具有较强的资源整合能力。邮轮产业依托母港、停靠港及港口所在城市资源，向上下游领域延伸，形成了覆盖船舶制造、港口服务、后勤保障、交通运输、游览观光、餐饮购物和银行保险等行业在内，跨区域跨行业、多领域多渠道的产业链。由于邮轮产业能以 1:10 的高比例带动多产业协同发展，因此也被称为"漂浮在海上的黄金产业"。

产业链上游包括邮轮设计与制造、船上物资的采购与配送、燃料补给，码头和港区的配套设施建设。中游则为各大邮轮公司对邮轮的运作和管理。产业链下游为邮轮产品的营销和市场拓展。从产值分布的角度看，在整个产业链中，邮轮设计与制造占据 20%，邮轮经营管理占 50%，码头配套服务占 30%。

邮轮产业被誉为"漂浮在海上的黄金产业"，对消费、制造及文化等产业具有巨大的拉动效应。特别是对邮轮母港地区，可以带来大量的就业岗位并促进消费力的提升。根据 CLIA 的统计，每接待一位邮轮游客获得收入是接待普通国际游客的两倍，邮轮母港的经济带动效应是接待港的十倍。

未来，国际邮轮产业仍然有着巨大的发展潜力。根据世界旅游组织统计，水上旅游收入占比不超过世界旅游总收入的 10%，而其增速则是国际旅游行业整体增速的近两倍。未来，在尚处于爆发式增长初期的亚太邮轮产业发展的带动下，国际邮轮产业仍有着巨大的发展空间。

2. 邮轮产业收入

邮轮产业收入如图 2-21 所示。

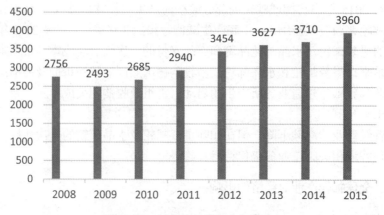

图 2-21　邮轮产业收入（亿美元）

数据来源：公开资料整理

　　这些统计数字显示了 2008 年至 2015 年全球邮轮行业的收入。尽管近年来出现了一些不幸的事件，如 2009 年全球经济衰退，但之后该行业的营业收入仍逐步增长。

　　3. 邮轮产业对经济的贡献

　　从表 2-14 中可以看出，全球邮轮产业发展创造了 939232 个工作岗位，邮轮船上员工的薪酬总计 393.4 亿美元。全球邮轮乘客平均每天在航程中的消费为 134.72 亿美元，邮轮产业经济贡献总计 1199 亿美元，其中邮轮公司消费总计 398.7 亿美元，邮轮乘客和船员消费总计 159 亿美元，邮轮产业间接贡献总计 641.3 亿美元。因此，邮轮产业对经济发展有着重要影响。2014 年，整个行业对世界经济的贡献超过 1200 亿美元。

表 2-14　2014 年邮轮产业对全球的经济贡献

类别	贡献价值
游客和邮轮员工岸上观光人数（百万）	118.03
直接消费总计（十亿美元）	55.77
产出贡献总计（十亿美元）	119.90
收入贡献总计（十亿美元）	39.34
劳动岗位贡献（个）	939232

资料来源：CLIA

　　根据 CLIA 的统计，2014 年，游客和邮轮员工共计有 1.18 亿人参加岸上观光，直接消费约 557.7 亿美元，其中包括邮轮公司用以购买使用的商品和货物的消费，这些消费总共产生了直接的、间接的和诱导的产出贡献高达 1199 亿美元。

五、全球邮轮旅游产业未来前景预测及分析

　　1. 邮轮市场规模

　　邮轮产业获得空前发展，很大程度上归功于亚洲邮轮市场的持续增长。2016 年亚洲地区邮轮载客量较 2015 年增长 38%，占全球邮轮市场份额 9.2%。随着亚洲地区旅客对于短途游和更频繁的邮轮旅行的接受度提高，亚洲已然屹立于全球新兴邮轮市场的"金字塔尖"。

　　2. 船舶建造

　　（1）船舶订单密集，2016—2020 年共有 50 艘新船订单

　　新船下水时间方面，根据 Cruise Industry News 的统计数据（截至 2017 年

4月），2017—2026 年全球在建邮轮订单为 83 艘。其中 2017 年下水邮轮 10 艘，2018 年下水邮轮 15 艘，2019 年下水邮轮 19 艘，2020 年下水邮轮 11 艘，2021 年下水邮轮 10 艘，2022 年下水邮轮 8 艘，2023 年下水邮轮 3 艘，2024 年下水邮轮 4 艘，2025 年下水邮轮 2 艘，2026 年下水邮轮 1 艘。总载客量达到 249228人，订单总价值达到 554.83 亿美元。需要指出的是，有 5 艘邮轮的造价尚未披露，但是考虑到船型大小，基本可以确定订单总金额将超过 600 亿美元。可见 50 艘新船在 2016 年—2020 年的 5 年间下水，平均每年 10 艘，全球邮轮船队扩张速度明显。

（2）船舶大型化趋势明显，平均载客量超过 3000 人

船舶吨位方面，新船建造市场基本延续了自 2014 年以来的船舶大型化趋势，新船平均吨位达到了约 12 万总吨。皇家加勒比国际、丽星邮轮（2 艘）和地中海邮轮（4 艘）均将建造 20 万总吨级别的邮轮，而嘉年华集团旗下的嘉年华邮轮、歌诗达邮轮、爱达邮轮和半岛东方邮轮则将总计建造 7 艘 18.4 万总吨的邮轮。大众型（contemporary）邮轮公司中，仅有专注于德国市场的途易邮轮在 2017 年下水的新船吨位在 10 万总吨以下，其他主流邮轮公司在建邮轮均在 12.5 万总吨以上。高端型（premium）邮轮公司中，精致邮轮将新建 4 艘 11.7 万总吨的邮轮，荷美邮轮将新建 2 艘 9.9 万总吨的邮轮，公主邮轮新建的 4 艘邮轮的吨位均为 14.1 万总吨。而由内河邮轮转向远洋邮轮的维京邮轮的 4 艘在建邮轮略小，均为 4.7 万总吨。值得注意的是，奢华（luxury）级别的邮轮品牌亦开始了试水大型邮轮。水晶邮轮虽然调整了订单，取消了 3 艘大型邮轮的订单，但是依旧将建造一艘 11.7 万总吨的奢华型邮轮，预计在 2022 年下水，这将是奢华型邮轮船队中首次出现的超过 10 万总吨的大型船舶。

载客量方面，除了银海邮轮、水晶邮轮、丽晶七海邮轮、世鹏邮轮、庞洛邮轮和赫伯罗特邮轮等奢华型邮轮品牌，以及维京邮轮和传奇邮轮这两家小众邮轮品牌的载客量在 1000 人以下外，其他邮轮的载客量均在 2500 人以上，83艘新船的平均载客量达到了 3003 人，其中载客量 4500 人以上的新船达到 21艘。各家大众型及高端型邮轮公司更加倾向于建造吨位更大、载客量更多的邮轮来分摊单位成本。当然更大的邮轮亦能提供更多的公共空间，向游客提供更多的服务设施以满足游客的不同需求。

（3）船舶造价攀升，奢华型邮轮造价创新高

船舶造价方面，新船平均单价已经接近 7 亿美元。而在区分邮轮档次的每标准床位造价方面，银海邮轮、水晶邮轮、丽晶七海邮轮、世鹏邮轮、庞洛邮轮和赫伯罗特邮轮的平均每标准床位造价达到了 67.36 万美元，较之前统计的数据有了明显的上升，水晶邮轮的 3 艘邮轮的平均每标准床位造价更是达到了

惊人的 90 万美元；大众型及高端型邮轮的平均每标准床位造价则为 22.25 万美元，较之前统计的数据略有下降。由上述数据我们不难发现，大众型邮轮和高端型邮轮的平均每标准床位造价仅为奢华型邮轮平均每标准床位造价的 33.03%，体现出奢华型邮轮和其他邮轮之间的巨大区别。

（4）邮轮建造重心依旧在欧洲

船厂方面，目前邮轮建造的重心依旧在欧洲，除中船集团和三菱重工将建造 3 艘邮轮外，其余 80 艘邮轮均将在欧洲船厂建造。其中意大利芬坎蒂尼船厂将建造 27 艘邮轮，德国迈尔船厂将建造 12 艘邮轮，迈尔图尔库船厂将建造 9 艘邮轮，STX 法国将建造 14 艘邮轮，云顶集团旗下的 MV 船厂将建造 6 艘邮轮，挪威 VARD 船厂将建造 7 艘奢华型邮轮，成为建造奢华邮轮的主力。目前，欧洲主要船厂基本均处于满负荷运转状态。

（5）LNG 取代传统燃油成为新能源

新技术运用方面，由于船用燃料在燃烧过程中会向大气排放硫氧化物（SOX）、氮氧化物（NOX）和颗粒物（PM），这些排放物将对生态系统造成严重影响，并对暴露人群的健康产生不利影响，由此一些国家和地区对排放量出台较为严格的标准。为了应对政策和相关法规累加的影响，邮轮公司开始选择建造以 LNG 为动力的邮轮，将有 11 艘新船选择以 LNG 为动力，并且这一趋势可能逐渐扩大。

【思考题】

1. 分析世界著名邮轮港口的特点。

2. 分别阐述欧洲、美国邮轮产业的特点及重心。

3. 未来五年全球邮轮竞争态势会是怎样？

第三章　全球邮轮品牌和特色

【学习目标】：

- 了解全球三大邮轮集团公司。
- 掌握主要邮轮品牌和特色。

【知识要点】：

- 全球三大邮轮集团公司介绍
- 全球主要邮轮品牌和特色概况

第一节　全球三大邮轮集团公司

一、嘉年华邮轮集团

嘉年华邮轮于 1972 年成立，总部设在迈阿密，航线广布巴哈马、加勒比海、墨西哥度假区、巴拿马运河、阿拉斯加、夏威夷、百慕大及加拿大等广泛的海域。岸上旅游目的地众多，拥有优质的餐饮及住宿服务，完善的休闲设施，以及丰富多彩的活动节目。船上营造欢笑喜悦的气氛，在邮轮界以 FUN SHIPS 著称。嘉年华邮轮集团现有 24 艘 8 万－12 万吨大型豪华邮轮（即将变为 25 艘），这也是现今为止最为庞大的豪华邮轮船队。

公司的创始人是特德·阿里森（Ted Arison），当时他用 1 美元和承担所有债务的形式买下了一艘船：Mardi Gras。公司的另外一位创始人鲍勃·迪金森（Bob Dickinson）在波士顿的美国国际旅行服务有限公司工作，他们共同创办嘉年华邮轮公司。嘉年华邮轮公司现在雇用了大约 3500 人在岸上工作，大部分员工在公司总部迈阿密工作。嘉年华邮轮公司为全球提供了 28000 个邮轮工作岗位。

嘉年华邮轮集团下属邮轮公司：公主邮轮（Princess Cruises），荷美邮轮（Holland America）、歌诗达邮轮（Costa Cruise Line）、冠达邮轮（Cunard Line，其前身是白星邮轮，拥有"泰坦尼克号"邮轮）、世邦邮轮和风之颂邮轮等（如图 3-1）。

图 3-1　嘉年华邮轮集团下属邮轮公司

二、皇家加勒比邮轮有限公司

皇家加勒比邮轮公司是目前世界上第二大邮轮公司，成立于 1969 年，总部位于美国迈阿密。在全球范围内经营邮轮度假产品，旗下拥有皇家加勒比国际邮轮（Royal Caribbean International）、精致邮轮（Celebrity Cruises）、精钻邮轮（Azamara Club Cruises）、普尔曼邮轮（Pullmantur）和 CDF（Croisieres de France）等邮轮品牌。2018 年，皇家加勒比邮轮公司宣布将收购银海邮轮，这次收购标志着皇家加勒比正式进入超豪华邮轮领域（如图 3-2）。

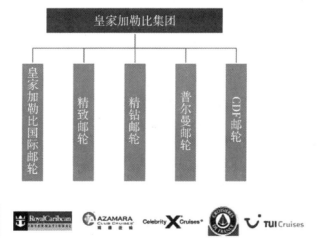

图 3-2　皇家加勒比集团旗下邮轮品牌

皇家加勒比目前拥有各品牌总共 41 艘豪华邮轮（另有 4 艘在建）。同时公司也在世界范围内运行多样化的航线，并提供覆盖七大洲约 460 个目的地的陆地游度假产品。

三、云顶香港集团（原丽星邮轮集团公司）

丽星邮轮——"亚太区的领导船队"——于 1993 年成立，以推动亚太区的国际邮轮旅游发展为目标，共 22 艘，有超过 35000 人的总载客量。云顶香港集团主要邮轮品牌有丽星邮轮、挪威邮轮（已分），主要航线区域为北美、英国、欧洲、南美和亚洲。丽星邮轮立足东南亚，了解亚洲市场，开始全力投资建设适合亚洲人的世界级豪华邮轮。

丽星邮轮最初成立时，亚洲游客对邮轮旅游非常陌生，丽星邮轮开始专门为亚洲游客设计海上旅游产品。丽星邮轮并没有引进美国或欧洲式的邮轮，其邮轮的设计迎合了亚洲人的需求，主要体现在饮食口味、习惯、娱乐、生活方式及邮轮上的游乐活动。

丽星邮轮为亚洲人提供了一个全新的邮轮旅游概念：船上设有丰富的饮食和娱乐设施、国际级的服务及短程的邮轮航线，包括充裕的观光时间、购物和地道美食。丽星邮轮的邮轮产品成功建立了"老少咸宜"的形象，改变了一般人认为邮轮旅游只适合老年人的错误观念。船上设有适合大人及小朋友的设施和活动，是家庭的度假新选择。丽星邮轮提供了完善的海陆空一体化服务，吸引世界各地的旅客到马来西亚、新加坡、泰国及中国香港和台湾地区旅游。

丽星邮轮的崭新的概念，不但刺激了亚太地区的邮轮旅游市场，更带动了东南亚一带的观光事业。亚洲的度假者视邮轮旅游为既刺激又经济的度假方式，同时吸引了来自北美、欧洲及澳大利亚的旅游者，参加丽星邮轮假期，了解亚洲不同景点及特色。

经过十几年运营，丽星邮轮已得到世界各地的认同。丽星邮轮是亚太区的领导船队，并迅速成为世界第三大联盟邮轮公司。

云顶集团为世界第三大联盟邮轮公司，旗下拥有星梦邮轮、水晶邮轮、NCL美国（NCL America）、东方邮轮及邮轮客运，集团营运邮轮共 22 艘，拥有超过 35000 人的总载客量，航线遍及亚太区、南北美洲、加勒比海、阿拉斯加、欧洲、地中海、百慕大和南极（如图 3-3）。

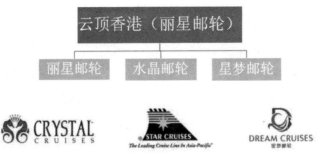

图 3-3　云顶香港集团旗下邮轮

第二节　主要邮轮品牌及特色

1. 嘉年华邮轮

嘉年华邮轮是嘉年华邮轮集团旗下最主要的一个品牌，品牌年轻化，是美国年轻人比较喜欢的邮轮，船上的活动比较丰富、刺激，娱乐性比较强，属于经济型的邮轮。嘉年华邮轮在 2016 年春天推出嘉年华"Vista 号"，这是一艘可以容纳 4980 名乘客的豪华巨轮。嘉年华"Vista 号"下水后是其最大的一艘邮轮，IMAX 影院也首次出现在邮轮上。

嘉年华邮轮，是以欢乐为主题的邮轮，娱乐活动丰富，除了基本的网球、高尔夫球，夜晚更有夜总会现场歌舞表演，以及舞厅和酒吧；此外嘉年华邮轮系列大多数设有赌场。无论选择内舱客舱还是豪华套房，都能得到客舱服务员的服务，邮轮上有中文菜单、中文每日活动表，中国游客亦能从容融入邮轮生活。

嘉年华邮轮 1972 年开始在北美运营，目前共运营 20 多艘邮轮。船队全年在欧洲、加勒比海、地中海、墨西哥、巴哈马航线运营，而季节性航线则有阿拉斯加、夏威夷、巴拿马运河、加拿大海域航线等。其船队优势在于它有多样化的休闲设施，以及装潢新颖、宽敞的客舱。邮轮上的秀场节目与娱乐设施较多，旅客在船上宛如天天参加嘉年华盛会。嘉年华可以带给乘客豪华的超五星级享受（如图 3-4）。

特色关键词：适合单人出游、现代的、阳光与乐趣、最受欢迎、蜜月、家庭友善。

图 3-4　嘉年华邮轮

2. 皇家加勒比国际邮轮（Royal Caribbean International）

皇家加勒比国际邮轮（如图 3-5）是全球第一大邮轮品牌，行程覆盖全世界各地，从美洲地区的阿拉斯加、加拿大、加勒比海、墨西哥、巴哈马群岛、夏威夷群岛、百慕大群岛、巴拿马运河、太平洋海岸，到充满欧陆风情的北欧、地中海、新英格兰地区，再到大洋洲和亚洲。

皇家加勒比国际邮轮旗下船队有 27 条："海洋量子号""海洋赞礼号""海洋和悦号""海洋圣歌号""海洋神话号""海洋迎风号""海洋绿洲号""海洋光辉号""海洋帝王号""海洋自主号""海洋领航者号""海洋魅力号""海洋水手号""海洋航行者号""海洋旋律号""海洋幻丽号""海洋荣光号""海洋富丽号""海洋梦幻号""海洋灿烂号""海洋珠宝号""海洋冒险号""海洋探险者号""海洋独立号""海洋自由号""皇家海皇号""海洋君主号"。

特色关键词：海上亲子乐园、表演新意十足、高新科技邮轮、创新与改变、多样化航线。

图 3-5　皇家加勒比国际邮轮

3. 歌诗达邮轮

　　歌诗达总部设于热那亚，起源于 1860 的歌诗达家族，名字源自创始人贾西莫·歌诗达（Giacomo Costa），有着悠久而辉煌的历史。1959 年，歌诗达邮轮推出世界上第一个完全为旅游娱乐而设计的邮轮 Franca C，开创了其悠久而光辉的历史。20 世纪 60 年代，歌诗达邮轮业务发展迅速，除了传统的南美和加勒比航线外，亦增加了地中海、黑海、巴西、乌拉圭和阿根廷航线，业务延伸到麦哲伦海峡和南极。20 世纪 70 年代，歌诗达邮轮通过租赁及完全购买的方式逐步扩大船队的规模。20 世纪 80 年代，邮轮作为"海上移动酒店"的概念被广泛接受，邮轮行业的蓬勃发展再次证明歌诗达邮轮的眼光独到。自此之后，歌诗达邮轮的发展从未间断，至 2003 年 4 月，歌诗达邮轮正式加盟世界上最大的邮轮集团——美国嘉年华邮轮集团，以其独特的"意大利风情"为品牌定位，成为欧洲地区最大的邮轮品牌（如图 3-6）。

　　特色关键词：优惠 wifi 套餐、海上亲子乐园、地道意式美食、海上水疗中心、多彩意式娱乐。

图 3-6　歌诗达邮轮

4. 丽星邮轮

丽星邮轮以将亚太地区发展成为国际邮轮目的地为理念，其现代化船队拥有 6 艘邮轮，带领世界各地游客畅游亚太地区内精彩景点，同时提供赢尽口碑的亚洲式贴心服务。作为亚太地区邮轮业的先驱，丽星邮轮率先于 1993 年开始运营区内航线，目前丽星邮轮旗下邮轮包括："处女星号"（现已改名"探索梦号"，加盟星梦邮轮）、"双子星号""宝瓶星号""天秤星号""双鱼星号"及"大班"。

丽星邮轮一直致力为游客提供一流设施及服务，多年来获得多个国际奖项及认证。它曾十度荣获"亚太区最佳邮轮公司"，连续八年获得殿堂级嘉奖"TTG 旅游大奖荣誉堂"，并于 2015 年世界旅游大奖中第四度勇夺"亚洲领导船队"称号。

特色关键词：精致餐饮、适合家庭出行、性价比高、东南亚航线。

5. 公主邮轮

全球第三大邮轮品牌——公主邮轮，隶属于美国嘉年华邮轮集团。从 1965 年首航至今，公主邮轮一直致力于完善自我，以卓越的体验享誉世界。身为业内的邮轮领航者，公主邮轮拥有 18 艘豪华邮轮的强大阵容，超过 150 条特色航线，带领宾客抵达约 350 个遍布全球的港口和目的地。它拥有来自 100 多个国家地区的 25000 名员工，确保每位客人都能享受到海上东道主的贴心服务（如图 3-7）。

作为全球第三大邮轮品牌，公主邮轮以其创新的现代化船体设计、多样化的邮轮生活选择和卓越的客户服务赢得一致青睐。作为业内公认的领航者，公主邮轮以其豪华邮轮的强大阵容，每年带领 170 万游客远离平凡生活畅游世界，探索全球顶级的旅行目的地。

公主邮轮设计有 150 条航线，几乎覆盖全球，遍布 7 大洲超过 360 个港口与目的地。其中，包括加勒比海、阿拉斯加、巴拿马运河、墨西哥、新西兰、夏威夷、大溪地/法属波利尼西亚、印度、加拿大/新英格兰等地。乘客搭乘公主邮轮即可到达各港口进行岸上观光。公主邮轮同时提供海陆套装行程，乘客可以为自己的邮轮之行搭配一个完整内陆观光行程。

特色关键词：高级洗浴用品、纯棉床上用品、美食协会菜单、皇室宴会总厨、蜜月、家庭、先进豪华、历史文化气息。

图 3-7 公主邮轮

6. 迪士尼邮轮

迪士尼邮轮（Disney Cruise Line，DCL）是迪士尼公司提供的豪华邮轮游览服务，开始于 1998 年，是华特迪士尼主题乐园及度假区最具增长性、表现最好的一项业务。迪士尼邮轮提供往返于美国东海岸佛罗里达，包括巴哈马海域、加勒比海、美国西海岸—墨西哥蔚蓝海岸和地中海地区的多日航海度假产品。依靠迪士尼的品牌优势和对主题公园的管理经验，迪士尼邮轮主要针对带小孩的家庭旅行者，提供短期的海上度假体验。

特色关键词：亲子游、适合单人出游、阳光与乐趣、最受欢迎、家庭友善、现代。

7. 普尔曼邮轮

普尔曼邮轮公司（Pullmantur）成立于 1971 年，总部设立在西班牙首都马德里。2006 年，普尔曼邮轮正式加入国际闻名的皇家加勒比邮轮。普尔曼邮轮是西班牙最大的一家豪华游船运营商，拥有 4 艘邮轮。普尔曼邮轮除了自身拥有的豪华邮轮运营外，它还有丰富的岸上观光旅游度假套餐可供乘客选择，此外还经营 3 艘 747 喷气式客机用来提供邮轮始发地的港口和目的地之间的空中飞行服务。被皇家加勒比邮轮公司收购后，普尔曼邮轮仍是独立的品牌，以保持它与众不同且成功的客户市场经验。

特色关键词：海上世纪婚礼、美食盛宴、绝无仅有、优质的岸上行程、适合家庭出行。

8. 精致邮轮

精致邮轮自 1989 年成立以来一直秉承其运营宗旨："经典、优雅并保持创新"与当下生活方式同步发展。1997 年，精致邮轮整个船系被皇家加勒比邮轮公司兼并，精致邮轮成为皇家旗下一颗耀眼的明星。多年来，连续当选世界顶级邮轮。自 1989 年成立以来，旨在提供世界级最顶尖邮轮航线，引领全新的生活方式。不仅拥有年轻又独具创新性的最佳团队，更拥有顶尖的建筑师、室内设计师与景观艺术家，致力于让旅客可以放松心情尽情享受各种"现代奢华"的尊贵设施，让假期时光的每一刻都珍贵非凡。

精致邮轮规划超过 260 条精彩的度假航线，足迹遍及七大洲，包含世界上最有趣的旅游胜地，让游客们能有更多时间探索旅游目的地景点。

特色关键词：低价机票可选、星级大厨、高端洗浴用品、绝佳水疗邮轮。

9. 银海邮轮

意大利罗马勒布鲁夫家族成立了一个具有创新性的公司银海邮轮（silversea），它主要为乘客提供一种私人的环球航海旅行。4 艘银海邮轮都很雅致、宽敞，其五星级酒店般的客房给人的感觉不同凡响。

银海邮轮拥有四艘豪华邮轮："银云号"（Silver Cloud）、"银风号"（Silver Wind）、"银影号"（Silver Shadow）及"银啸号"（Silver Whisper）。在 2005 年，银海连续九年荣获 *Condé Nast Traveler* 杂志"第一位"小型航运公司读者大奖。截至 2004 年，银海曾连续六年荣获 Travel+Leisure 读者心中"全球最佳"小型航运公司。银海连续三年荣获 Luxury Travel 颁予的"最佳邮轮公司"Gold List 大奖。与此同时，银海正进行大型发展计划，与意大利制船厂芬坎蒂尼（Fincantieri）签署原则性协议，建造一艘排水量 3600 万吨、载客量 540 人的全新超级豪华邮轮，并视情况再增建一艘姊妹邮轮。

特色关键词：管家服务、岸上深度游、一价全含、历史文化主题、全套房邮轮、六星奢华。

10. 荷美邮轮

在超过 137 年的发展历史中，荷美邮轮一直是邮轮业界的"领军人物"。它带领着那些爱好邮轮生活的游客们前往世界各地，去饱览绝妙的世间美景，品味奇特的异国情调。荷美邮轮隶属于全球最大的邮轮集团——嘉年华邮轮集团公司，现今总部设立在拥有"邮轮之都"美誉的西雅图市。荷美邮轮拥有 15 艘优雅的中型邮轮，每年有 500 航次穿梭于大洋之上，遍布于全球七大洲的 100 多个国家、320 个港口。荷美邮轮有着获奖无数的优质服务、五星级的餐饮美食、丰富多彩的娱乐活动和岸上观光计划与广至全球的航线。

特色关键词：单身贵族、最受欢迎的、蜜月、家庭友好、教育与充实、现代、艺术、历史、文化。

11. 诺唯真邮轮

诺唯真邮轮（Norwegian Cruise Line，也称挪威邮轮，简称 NCL）自 1966 年开始营运至今已成为北美邮轮业最知名的品牌之一。目前公司拥有 16 艘五星级豪华邮轮。作为世界上最年轻的船队，乘客能在诺唯真邮轮上得到最佳的住宿，体验到自由创新的海上之旅。诺唯真邮轮几乎有一半的阳台客舱，让乘客能欣赏到无敌海景。诺唯真邮轮的主要市场遍布北美、欧洲、南美及亚洲；NCL 美国则主要提供夏威夷航线，它是唯一可以提供全年夏威夷旅游服务的邮轮公司。2010 年，诺唯真"爱彼号"邮轮完成下水。这艘新潮的大型邮轮，宛如一座海上主题乐园，留给了游客与以往的邮轮截然不同的印象（如图 3-8）。

特色关键词：自由之感、现代热情氛围、最佳单人房、水上运动、阳光和乐趣、最受欢迎。

图 3-8　诺唯真邮轮

12. 地中海邮轮

意大利全资拥有的地中海邮轮（MSC），于 1987 年成立，并于 1995 年正式命名为地中海邮轮，同年开始发展邮轮业务。目前，MSC 拥有 16 艘邮轮。2010 年全年共运送游客 120 万人次。地中海邮轮在地中海区域全年都有邮轮航行。同时，也提供世界范围内的季节性邮轮航程供旅客选择，包括北欧、大西洋、加勒比海、北美洲、南美洲、南非。地中海邮轮能够让旅客陶醉于充满意大利特色的旅程。凭借地中海邮轮独特的意大利风格，于业内独树一帜。船上热情的招待、华丽的装潢、舒适的设计、精致的美食、浪漫的气氛，处处流露出地中海邮轮秉承的"意大利制造"理念，也是地中海邮轮的不同凡响之处。

特色关键词：阳光和乐趣、最受欢迎的、蜜月、当代、现代。

13. 冠达邮轮

半个世纪以来，冠达邮轮（Cunard Cruises Line）一直堪称世界最著名的豪华海轮。从过去的精致邮轮到现在的皇后邮轮——"玛丽皇后 2 号""维多利亚皇后号"和最新的"伊丽莎白女王号"，已带领成千上万的客人穿越世界各大海洋，更是横跨大西洋的海上先锋。皇后邮轮始创于 1839 年，以纯粹英伦风格提供高水准服务为品牌诉求，是邮轮界最具传奇色彩的公司，想近距离了解邮轮的历史，或体验英式奢华与绅士风范，皇后邮轮是最佳选择。

"玛丽皇后 2 号"（R.M.S. Queen Mary 2，2002 年至今）是隶属冠达邮轮公司的一艘豪华邮轮，由法国大西洋造船厂制造，造价 8 亿美元。"玛丽皇后 2 号"

以另一艘被取代了的姊妹邮轮"玛丽皇后号"来命名。"玛丽皇后号"则取名自前英女皇玛丽皇后（伊丽莎白二世祖母）。"玛丽皇后2号"有15个餐厅和酒吧、5个游泳池、1个赌场、1个舞池、1个舞台和1个天象馆。

在2002年建造的时候，"玛丽皇后2号"邮轮被公认为世界上最长、最阔和最高的客轮。它曾是排水量最大的客轮，达到14.8528万吨。2006年4月这个纪录被皇家加勒比国际邮轮公司建造的"海洋自由号"（排水量15.4407万吨）所取代。

特色关键词：阳光与乐趣、适合单人出游、最受欢迎、豪华邮轮、家庭友善、现代的、教育与富集、艺术、历史、文化。

14. 精钻邮轮

精钻邮轮是为渴望新颖豪华的独特远海巡游的高品位乘客量身打造的，船上有无与伦比的设施和服务。精钻邮轮所提供的独特旅游产品是其他船无法比拟的。每一个客舱都可以提供管家服务，其岸上游览旨在让客人成为生活中每个事物的一部分，而不仅仅是一个观察人员。丰富多彩的节目，从烹饪到摄影探索，异彩纷呈。两个特色餐厅提供海上最美味的菜肴，夜晚可以观赏现场表演。

特色关键词：阳光与乐趣、小型船舶邮轮、放松和悠闲、豪华邮轮、蜜月、教育。

15. 海达路德邮轮

海达路德邮轮公司（Hurtigruten ASA）由挪威理查德·韦特船长于1893年创建，至今已有121年历史。如今海达路德邮轮公司是挪威和挪威旅游业的"旗舰"，业务覆盖全球，拥有近3400名雇员和12艘设施先进的邮轮。航程目的地包括挪威、格陵兰、斯匹次卑尔根和南极。因开创挪威沿海航程而闻名于世的海达路德成立于1893年。海达路德创始人理查德·韦特（Richard With）与挪威的极地探险英雄弗里乔夫·南森（Fridtjof Nansen）、罗尔德·阿蒙森（Roald Amundsen）一道，是这个国家的海事先驱之一，他开创性地将挪威沿海的交通需求与创新的旅游产品合为一体，同时为本地居民和外国游客开辟了新的机遇。对这个布满崇山峻岭与蜿蜒峡湾的狭长沿海国家来说，海洋是联系每片土地的唯一途径。

特色关键词：小型邮轮、专业、自然与风景、远征和探险、教育、先进、积极、活泼。

16. 世邦邮轮

世邦邮轮由挪威实业家创立于1987年，世邦邮轮总部位于迈阿密，1991年被嘉年华集团收购。同样作为嘉年华旗下的豪华邮轮品牌，与冠达邮轮两者互有相补。但是嘉年华的战略布局倾向于各个品牌立足不同的市场，每个独立的品牌独立发展，这样的策略直接导致了 2002 年世邦邮轮从冠达公司独立，成为嘉年华直属的品牌之一。与冠达相比，世邦的邮轮更小，市场更细，服务更胜，价格更高。世邦邮轮的旅程并不便宜，但是客人享受的绝对是最高级、最贴心的服务。世邦邮轮每艘船舰都采用华丽的全海景套房设计，船上拥有 104 间宽敞的套房，面积从 25 至 53 平方米，乘客拥有足够宽敞的空间邀请朋友在室内用餐或在套房内举办私人鸡尾酒会。所有的套房都拥有海景，40%的舱房拥有超大私人阳台，延伸着游客休闲惬意的邮轮享受。

特色关键词：教育与富集、游艇风格、阳光与乐趣、小型邮轮、单身贵族、轻松与悠闲、豪华邮轮、包罗万象。

17. 丽晶七海邮轮

丽晶七海邮轮总部设在劳德代尔堡，属于高端奢华邮轮品牌。常年于全球顶级邮轮排名之列的丽晶邮轮公司（Regent Seven Seas Cruises）在过去 3 年内被颁发超过 50 个的奖项。在 2005 年，分别被知名旅游杂志 *Travel and Leisure* 与 *Ocean & Cruise News* 读者评选为全球最佳小型豪华邮轮公司以及最佳年度邮轮。

特色关键词：阳光与乐趣、小型邮轮、豪华邮轮、教育与富集、包罗万象。

18. 庞洛邮轮

庞洛邮轮（Compagnie DU Panant）是法国最大的邮轮公司。秉承了法国的航海传统，将精致的法式生活和一系列独特的航线结合成了与众不同的海上旅游活动，提供了有别于其他邮轮航线的海上旅游体验。船上独特的装潢陈设，融合优雅与尊贵，同时也不失法国迷人的自由随性、雅致脱俗。当代的装潢风格，由自然的建材组合而成，典雅中又不失温馨。

特色关键词：优雅与尊荣、小型邮轮、豪华邮轮、南北极探险。

19. 大洋邮轮

属于丽晶七海旗下的大洋邮轮很"年轻"，它成立于 2002 年，由弗兰克·德尔里奥（Frank Del Rio）和乔·华特士（Joe Watters）共同创立，这两位创始人以前分别在新生邮轮（Renaissance Cruises）和水晶邮轮公司工作过。大洋邮轮公司成立之初的两条邮轮都来自新生邮轮公司。大洋邮轮购买后把它们命名为"利嘉特号"（Regatta）和"英锡亚号"（Insignia）。这两艘姐妹船，每一艘能搭乘 684 位客人。虽然都是设备很好的新船，但是大洋邮轮依然对两艘船分别花费 500 万美元进行升级和维护，以提高航行的安全性。2005 年第三条同样吨位的邮轮加入大洋船队，它被命名为"诺蒂卡号"（Nautica）。2011 年，大洋邮轮推出 65000 吨、载客人数为 1258 的"玛莉娜号"（Marina）邮轮。这条船的整体感觉和氛围与前三艘小船相同，但比之前要大上一倍，餐厅也多一倍。乘客人数虽然增加了，但船上给每位客人的私人空间却神奇地不少反多。到了2012年5月，大洋邮轮继续推出"玛莉娜号"的姐妹船"蔚蓝海岸号"（Riviera）。旗下的船即使再多，大洋邮轮也始终保持着同一个风格，那就是休闲、低调，有一种美式乡村俱乐部的感觉，它比较特别的一点是对服装没有严苛限制，以配合船上优雅却随性的风格。此外，邮轮上也基本不会每天都组织活动，而是会尽量鼓励你自己去放松自己的步调，享受沿途停靠的港口景致。

大洋邮轮的航线主要是地中海，此外邮轮也会去往斯堪的纳维亚、墨西哥、加勒比和巴拿马运河。随着"玛丽娜号"和"蔚蓝海岸号"的陆续下水，其公司开辟了一些新的港口和航线，包括黑海、不列颠岛、中美洲、希腊小岛、俄国和南美洲航线等。大洋邮轮的人群定位主要有三类人：探险爱好者、"生命不止、学习不停"的人和"老饕"。定位于中高端的邮轮如今有两个越来越普遍的趋势：首先，有更多小型船只出现；其次，这些邮轮在港口和目的地会停留更长时间，甚至过夜。小型邮轮除了不会让乘客排长队之外，它也能去到大型邮轮停靠不了的港口或特殊的目的地，给乘客以比较特殊的经历。在这些地方，客人能近距离领略到与众不同的景色，有时甚至还能接近野生动物。

特色关键词：阳光与乐趣、小型邮轮、最受欢迎、豪华邮轮。

20. 夸克邮轮

夸克公司在南北极船队营运的安全性和服务游客经验上是首屈一指的。目前旗下的船共有5艘，包括2艘超级马力破冰船（Ice Breaker）及3艘加强冰级船（Ice-Strengthened Ship）。超级马力破冰船是真正可以破冰前行的破冰船，有能力前往厚冰区。破冰船上还配备有直升机巡航和登录小艇，提供海、陆、空三度空间飞行和登陆活动，可前往其他邮轮航程无法到达的地点，为游客增添人生中永难忘怀的回忆。加强冰级船上配备有多艘登陆小艇，为游客提供多点的登陆，探访动植物栖息处所，近距离欣赏极为罕见的动植物及海洋生物。

特色关键词：超级马力破冰船和加强冰级船、南北极、直升机巡航和登录小艇、经验、小型邮轮、极地探索者。

【思考题】

1. 世界主要邮轮品牌有哪些？
2. 集团公司出于怎样的战略布局对品牌进行合并、收购？
3. 主要品牌的文化特色在哪里？

第四章　邮轮旅游航线

【学习目标】
- 掌握世界的主要邮轮航线。

【知识要点】
- 加勒比海邮轮航线
- 地中海邮轮航线
- 东北亚邮轮航线

　　海洋旅游业（marine tourist industry）是指开发利用海洋旅游资源，以海洋旅游经济中海洋旅游休闲、海洋运动、海洋旅游文化等为主体而形成的服务行业。海洋旅游业在各国国民经济中所占地位日趋重要。在西班牙、希腊、澳大利亚、印度尼西亚等国，海洋旅游业已经成为国民经济的重要产业或支柱产业。在热带、亚热带的许多岛国，海洋旅游业已成为最主要的经济收入来源，有的甚至占到国民经济比重的一半以上。目前，世界邮轮市场的发展比较集中，主要的邮轮目的地国，也是重要的客源输出地。随着世界邮轮产业的发展，邮轮航线和邮轮港口也发生着巨大的变化。世界近一半的邮轮航线集中在北美和欧洲，是世界邮轮产业的主要市场，但随着亚洲邮轮市场的发展，亚洲邮轮航线也开始占据重要地位。

　　随着"一带一路"倡议的提出和经济"新常态"下的转型需求，中国的邮轮旅游、游艇旅游（yacht tourism）、海港旅游、海洋运动旅游、海滩旅游、海洋文化旅游等海洋旅游新业态也将成为未来热潮，海洋旅游已经成为我国建设海洋强国的重要引擎。

　　在世界旅游业中，邮轮旅游（cruise tourism）占有举足轻重的地位，并且呈现强势增长态势。近年来，邮轮旅游的兴起已成为中国旅游业的新亮点，邮轮旅游作为一种新型的旅游方式在中国逐渐升温。

　　邮轮旅游航线或旅行航线，简称"邮轮航线"（cruise ship routes）。在全球范围内，邮轮航线由于受到邮轮港口、船型、海域、航期、客源市场及营销管理等因素的制约，可以从海域、航期、船型等角度进行分类。

　　例如，按照地球不同海域，虽然存在部分海域交叉重叠现象，但仍可将邮轮航线大致分为：远东邮轮航线（Far east cruise line routes）及其细分的日韩邮轮航线与东南亚邮轮航线（Southeast Asia cruise ship routes）、中东非洲邮轮航线（Middle East and Africa cruise ship routes）、地中海邮轮航线（Mediterranean cruise ship routes）、北欧北极邮轮航线（Nordic Arctic cruise ship routes）、夏威夷邮轮航线（Hawaii cruise ship routes）、（南太平洋中部法属群岛）大溪地邮轮航线（Tahiti cruise ship route）、加勒比海邮轮航线（Caribbean cruise ship routes）、大洋洲邮轮航线即澳新邮轮航线（Australia cruise ship routes）或澳新航线（Australia New Zealand cruise ship routes）、阿拉斯加邮轮航线（Alaska cruise ship routes）、南美邮轮航线（South American cruise ship routes）、南极邮轮航线（Antarctic cruise ship routes）、环球邮轮航线（Global cruise ship routes）等邮轮（旅游）航线。

　　按照航期（航行天数）一般可将邮轮航线分为：短线航期邮轮航线、中线航期邮轮航线、长线航期邮轮航线和超长线航期邮轮航线，目前已有108天邮轮环游地球的航线记录。

　　按照不同邮轮船型一般可将邮轮航线分为：普通邮轮航线和特殊（探险）邮轮航线两种方式。在地球不同海域进行邮轮旅游，所需要的邮轮（船只）类型有很大区别，例如去南极的邮轮旅游所乘坐的邮轮（船只）一般都是由抗冰船（Anti icebreakers）改建而成。

　　邮轮旅游航线可以说是遍布全球五大洲，凡是通海有深水港的地方邮轮就有可能到达，如加勒比海、阿拉斯加、夏威夷、地中海航线，北美、欧洲、亚太航线。中国也有香港、上海、厦门和三亚4个国际一流的邮轮码头投入使用。游客往往先选邮轮旅游航线，再选择邮轮公司的邮轮以及船上舱位、船上娱乐活动和登岸观光活动项目等。

　　本章关注的（海洋）邮轮航线主要包括：远东邮轮航线及东南亚邮轮航线、阿拉伯海邮轮航线、地中海邮轮航线、（北大西洋）北海邮轮航线和加勒比海邮轮航线等。涉及的国家和地区主要有太平洋地区的中国（沿岸邮轮港口）、韩国（仁川港和济州岛等）、日本（函馆港）、新加坡（新加坡港）、马来西亚（槟城等），印度洋北岸阿拉伯海的印度（孟买港等），地中海地区的意大利（威尼斯港和桑塔露西亚港等）、法国（尼斯等）、西班牙（巴塞罗那港和马拉加港等）、希腊（卡塔科隆港等）、土耳其（伊斯坦布尔港等），北大西洋北海地区的英国（南安普敦港）、法国（勒阿弗尔港）、比利时、荷兰（阿姆斯特丹港和鹿特丹港）等，波罗的海地区的俄罗斯（圣彼得堡港）、芬兰（赫尔辛基港）、爱沙尼亚（塔林港）、瑞典（斯德哥尔摩）、挪威（奥斯陆）、德国（亚德港）等，加勒比海地区的美国（迈阿密港和基维斯特港）、墨西哥（科苏梅尔）等。

第一节　东南亚海域邮轮航线

东南亚（Southeast Asia）位于亚洲东南部，包括中南半岛和马来群岛两大部分。中南半岛（Indo-China Peninsula）因位于中国以南而得名，南部的细长部分为马来半岛。马来群岛（Malay Archipelago）亦称南洋群岛，散布在太平洋和印度洋之间的广阔海域，是世界最大的群岛，共有两万多个岛屿，面积约 243 万平方千米，分属印度尼西亚、马来西亚、东帝汶、文莱和菲律宾等国。

东南亚地区共有 11 个国家（越南、老挝、柬埔寨、泰国、缅甸、马来西亚、新加坡、印度尼西亚、文莱、菲律宾、东帝汶），面积约 457 万平方千米。其中老挝是东南亚唯一的内陆国，越南、老挝、缅甸与我国陆上接壤。

1. 中国航线

目前中国是东北亚邮轮经济发展的重心，既是东北亚地区的主要目的地国家，也是重要的客源输出国。

中国主要有三条经典的航线：上海、天津和青岛等出发至日本和韩国的东北亚航线；厦门、广州和深圳等地出发至越南、新加坡的东南亚航线；以及中国南部沿海港口开往中国香港和台湾等地的海峡航线。

南海航线是中国一条重要的航线。南海（South China Sea）是位于西太平洋和印度洋之间的航运要冲，四周大部分为半岛和岛屿，在经济上、国防上都具有重要的意义。

南海北靠中国大陆和台湾，从东海往南穿过狭长的台湾海峡，就进入了南海，东海的台湾海峡与南海之间的分界线为从广东省南澳岛南端至台湾岛南端猫鼻头的连线；东接菲律宾群岛（Philippine Islands）；南邻加里曼丹岛（Kalimantan Island）和苏门答腊岛（Pulau Sumatera）；西接中南半岛（Indo-China Peninsula）和马来半岛（亦称克拉半岛，Kra Peninsula）。南海东北部经巴士海峡（Bashi Channel）、巴林塘海峡（Balintang Channel）等众多海峡和水道与太平洋相沟通，东南部经民都洛海峡（Mindoro Strait）、巴拉巴克海峡（Balabac Strait）与苏禄海（Sulu Sea）相接，南部经卡里马塔海峡（Karimata Strait）及加斯帕海峡（Gaspar strait）与爪哇海（Laut Jawa）相邻，西南部经马六甲海峡（Strait of Malacca）与印度洋（Indian Ocean）相通。

[案例]

中国南海——中国最大、最深的海

南海的面积约有 356 万平方千米，相当于 16 个广东省，约等于中国的渤海、黄海和东海总面积的 3 倍，仅次于南太平洋的珊瑚海和印度洋的阿拉伯海，居世界第三位。其中，属于中国管辖范围的"中国南海"也就是九段线之内的超过 210 万平方千米的区域。曾母暗沙是中国固有领土的最南区域，距广东省约 2000 千米以上。

中国南海是一个位于中国南部的西太平洋古陆缘海（Fossil Marginal Sea），被中国大陆、中国台湾岛、菲律宾群岛（Philippine Islands）、大巽他群岛（Kepulauan Sunda Besar）及中南半岛（Indo-China Peninsula）所环绕。

中国南海是位于中国南方的陆缘海，是中国的固有领土。中国南海因位于中国大陆南边而得名，中国汉代、南北朝时称为"涨海""沸海"，清代以后逐渐改称"南海"。

古陆缘海是地史上位于古大陆边缘的海域的总称，既包括陆壳基底的浅水陆棚（架）海，也包括洋壳至过渡壳基底的深水海盆，如东亚大陆东部边缘的"日本海"（日本称"东海"）、中国南部的"中国南海"等。

中国南海也是中国最深的海区，平均水深约 1212 米（m），中部深海平原中最深处达 5567 米。因此，中国南海是中国最大、最深的海。中国南海海水表层水温较高，为 25℃—28℃，年温差 3℃—4℃，盐度为 35‰，潮差平均 2 米。

● 　南海国土——"蓝色的国土"

中国南海国土包括大陆、岛屿和干出礁这些陆地及其沿岸领海、毗连区、专属经济区域，这些水域亦称"蓝色的国土"。中国南海诸岛陆地面积约为 5286.5 平方千米。中国南海有四个群岛，分别是东沙群岛、西沙群岛、中沙群岛和南沙群岛。

● 　共建 21 世纪海上丝绸之路

《2015 年海南省政府工作报告》中指出：大力发展海洋经济，加快建设海洋强省。增强海洋意识，坚持陆海统筹，充分发挥独特的资源优势和区位优势，不断壮大海洋经济规模，推进海洋强省建设。大力发展海洋经济，加快科技兴海步伐，加快海洋基础设施建设，加强港区建设，整合港口资源，提高吞吐能力。推进昌江海尾、万宁港北、乐东岭头等一批渔港建设，实施渔船更新改造项目，加强渔业基础设施建设。建设海洋防灾减灾体系，实施海洋防灾减灾工程，把海南岛建设成为国家海洋防灾减灾示范区。落实《三沙市总体发展规划》，推进交通、通信、水电、后勤保障、污水处理等基础设施建设。

积极响应国家"一带一路"倡议，围绕南海资源开发服务保障基地和海上救援基地的两大定位，充分发挥海洋大省、著名侨乡的优势，将海南打造成21世纪海上丝绸之路的重要战略支点。启动三亚临空经济区建设，依托美兰机场建设空港综合保税区。推进洋浦国际能源交易中心发展，办好共建21世纪海上丝绸之路分论坛暨中国东盟海洋合作年启动仪式，加强与 21 世纪海上丝绸之路沿线国家在农业、渔业、旅游、油气开发、加工贸易等方面的交流与合作，努力成为21世纪海上丝绸之路建设的排头兵。

[案例]

三亚凤凰岛国际邮轮港

2002 年，三亚凤凰岛（Phoenix Island）开工建设。三亚凤凰岛全长 1250 米，宽约350 米，四面依托"山河海城"风光。三亚凤凰岛主要包括超星级酒店（酒店及国际会议中心）、国际养生度假中心、别墅商务会所、热带风情商业街、国际游艇会、奥运主题公园和凤凰岛国际邮轮港的七大项目，形成集旅游、购物、居住、养生为一体的国际度假岛屿。三亚凤凰岛是一座造型独特的填海人工岛，凤凰岛及其岛上建筑物的组合造型宛如一艘巨型的豪华邮轮——"凤凰号"，这艘"凤凰号"邮轮停泊在素有"椰梦长廊"的三亚湾畔，鸣如箫笙，音如钟鼓，性格高洁，气质非凡（如图4-1）。

2006 年11 月9 日，三亚凤凰岛国际邮轮港（ Sanya Phoenix Island International Cruise Port）建成并作为全国第一座邮轮专用码头投入运营。自开航以来，丽星邮轮、嘉年华邮轮、皇家加勒比邮轮等世界知名的邮轮公司纷纷抢滩三亚，开通了数条经停三亚的航线。三亚已成为国际邮轮航线上一个重要的停靠港。2008年，三亚与海口海关签署了紧密合作机制备忘录，口岸建设全面升级，口岸通关服务保障能力进一步提高。2008 年，三亚凤凰岛国际邮轮港接待国际豪华邮轮 132 航次，邮轮接待量跃居全国内地首位。2012 年 12 月 27 日，三亚市政府第 11 次常务会议审议通过《三亚市邮轮旅游发展专项规划（2012—2022）》。

目前，以三亚为邮轮母港出发的国际邮轮航线主要有三条，邮轮班次较少，东南亚、欧美、环大洋洲等远洋航线尚未开通。根据规划，三亚未来的邮轮航线将会包括母港航线、国际挂靠航线、国内航线和特色主题航线等十多条航线。

图 4-1　三亚凤凰岛国际邮轮港

2. 马六甲海峡邮轮航线

东南亚（Southeast Asia）地理位置非常重要，连接三洲（亚洲、非洲、大洋洲）、两大洋（太平洋和印度洋）。东南亚地处亚洲与大洋洲、太平洋与印度洋的"十字路口"。

马六甲海峡（Strait of Malacca）是这个十字路口的"咽喉"，是东北亚经东南亚通往欧洲、非洲的海上最短航线和必经通道，战略地位非常重要，历来为兵家和商人必争之地。

马六甲海峡地处马来半岛和印度尼西亚的苏门答腊岛之间，全长约 900 千米，最窄处仅有 37 千米，可通行载重 25 万吨的巨轮，太平洋西岸国家与南亚、西亚、非洲东岸、欧洲等沿海国家之间的航线多经过这里。

马六甲海峡沿岸的国家有（东岸的）泰国、马来西亚、新加坡和（西岸的）印度尼西亚，其中新加坡位于马六甲海峡东端的最窄处，交通位置尤其重要。

除海峡沿岸国两岸的 12 海里领海和海峡内小岛的至少 12 海里领海外，其余为专属经济区；海峡沿岸国对海峡领海水域享有主权，对海峡专属经济区水域享有主权。马六甲海峡是亚洲联系欧洲和中东洲地区的重要海运通道，控制着全球 1/4 的海运贸易。按照统计，全球每年近一半的邮轮都途经马六甲海峡。

第二节 阿拉伯海邮轮航线

阿拉伯海为世界第二大陆缘海。阿拉伯海（在阿拉伯语中为بحر العرب）为印度洋的一部分。阿拉伯海（Arabian Sea）位于亚洲南部的阿拉伯半岛同印度半岛之间，为世界性交通要道。北部为波斯湾和阿曼湾，西部经亚丁湾（Gulf of Aden）通红海（Red Sea），北界巴基斯坦和伊朗，西沿阿拉伯半岛和非洲之角，南面为印度洋。向北由阿曼湾经过霍尔木兹海峡连接波斯湾（Persian Gulf，亦称阿拉伯湾，Arabian Gulf），向西由亚丁湾通过曼德（布）海峡（Babel-Mandeb Strait，Mandeb Strait）进入红海。阿拉伯海包括亚丁湾和阿曼湾（Gulf of Oman）在内面积 386 万平方千米，最深处为 5203 米，平均深度 2734 米。

阿拉伯海沿海国家除了印度、伊朗和巴基斯坦外，还有阿曼、也门和索马里。海中有索科特拉岛、库里亚穆里亚群岛和拉克代夫群岛。

阿拉伯海邮轮旅游线路众多，本节介绍其中两条典型的线路：马六甲—阿拉伯海邮轮航线和阿拉伯海—马六甲邮轮航线。

1. 马六甲—阿拉伯海邮轮航线（Malacca-Arabian Sea cruise ship routes）

线路名称：皇后邮轮"玛丽皇后 2 号"，新加坡—巴生港—孟买—阿布扎比—迪拜 10 晚 11 天。

2. 阿拉伯海—马六甲邮轮航线（Arabian Sea-Malacca cruise ship routes）

线路名称：诺唯真邮轮（Norwegian Star），迪拜、阿布扎比、海塞卜、富吉拉、马斯喀特、印度、斯里兰卡、马来西亚、泰国、新加坡 24 日游。

[案例]

出发港口：成都—北京—香港—迪拜（阿联酋）。

途经港口：成都—北京—香港—迪拜（阿联酋）—迪拜—阿布扎比—富吉拉—马斯喀特—（海上巡游）—孟买—果阿—芒格洛尔—科钦—（海上巡游）—科伦坡—（海上巡游）—普吉岛—兰卡威—槟城—（吉隆坡）巴生港—（海上巡游）—新加坡—北京—成都。

从阿拉伯海到印度洋西岸，从伊斯兰教到佛教，不用抱着厚厚的历史书，也能偶然发现异域文化间奇妙的碰撞。

饱览静谧的印度古城——孟买、果阿、芒格洛尔、柯钦，沉醉泰姬陵，深度游览传说中的东方佛国。

在印度洋中有：宝石之岛——锡兰；安达曼海：浪漫之岛——普吉；马六甲海峡：香料之岛——兰卡威。

印度、斯里兰卡、马来西亚、泰国、新加坡——神秘的亚洲充满了令人兴奋的事物,吸引了一大批文化入迷者和渴望冒险的人群纷至沓来。旅行者可以骑在大象背上,或去游览一个集市,也可以在一个古老的寺庙前做冥想。一旦卸下包袱去探索世界,"海上新丝路"航线将成为一生的美好回忆。

第三节　地中海邮轮航线

地中海(Mediterraneam)因介于亚、欧、非三大洲之间而得名。土耳其人和希腊人为区别黑海,有时称其为"白海",我国古籍《岭外代答》称其为"西大食海"。

地中海东西共长约 4000 千米,南北宽约 1800 千米,面积(包括马尔马拉海,但不包括黑海)约为 2512000 平方千米,是世界最大的陆间海。西经直布罗陀海峡通大西洋,东北以土耳其海峡连接黑海,东南经苏伊士运河出红海,是沟通大西洋和印度洋的重要交通要道,被称为"海上交通枢纽"。

地中海以亚平宁半岛、西西里岛和突尼斯之间的突尼斯海峡为界,分东、西两部分,平均深度 1450 米,最深处 5267 米,最深点是希腊南面的爱奥尼亚海盆。其盐度较高,最高达 39.5‰。地中海还是世界上最古老的海,历史比大西洋还要古老。

地中海航运发达,是联系欧洲南部各国和亚、欧、非三洲的重要水域。

1. 西地中海邮轮航线

西地中海邮轮航线(West Mediterranean cruise ship routes)多半停靠大城市、大港口。例如,"庞贝的古文明与巴塞罗纳的艺术之旅"停靠意大利的那不勒斯(Neapolis),西班牙的巴塞罗那(Barcelona),法国的马赛、尼斯(Nice)和坎城(Cannes),摩纳哥的蒙地卡罗(Monte Carlo),意大利的罗马(Roma)外港奇维塔韦基亚(Civitavecchia)、佛罗伦萨(Florence)外港比萨(Port Pisa),还有马耳他(Malta)也是西地中海邮轮经常停靠的港口。

以巴塞罗那港(Port Barcelona)为起航港和目的地港或停靠航点的邮轮旅游航线很多。

2. 东地中海邮轮航线

东地中海邮轮航线(Eest Mediterranean cruise ship routes)结合了埃及、希腊、土耳其、意大利,完美呈现出古埃及、爱琴海、希腊、罗马的古文明精华。由于东地中海海域可供邮轮泊靠、旅游的港口非常多,各家邮轮公司推出一周到两周时间的航程,可以串出非常多元的组合,除了从威尼斯出发的 8 天 7 夜的基本行程,还有希腊奥林匹亚(Olympia)外港卡塔科隆(Katakolon)、雅典

（Athens）停靠港口雷埃夫斯港（皮拉乌斯，Piraeus）、克里特岛（Crete）、罗得岛（Rhode Island）；克罗埃西亚的斯普利特（Split）；土耳其的伊兹密尔（Izmir）、伊斯坦布尔（Estambul）；埃及的亚历山德拉（Alexandria）；以色列的耶路撒冷（Jerusalem）、海法（Haifa）……都是邮轮航线上的重要航点。

第四节　北海邮轮航线

北海（North Sea）是北大西洋东北部的边缘海，位于欧洲大陆的西北，由大不列颠岛、设得兰群岛（Shetland Islands）、斯堪的纳维亚半岛、日德兰半岛和西欧大陆围成。

北海西部以大不列颠岛（英格兰与苏格兰）和奥克尼群岛为界；北海东部与挪威、丹麦、德国、荷兰、比利时和法国相邻；北海南部以从法国海岸的沃尔德灯塔，越过多佛尔海峡（加来海峡）到英国海岸的皮衣角的连线为界；北海北部以从苏格兰的邓尼特角，经奥克尼和设得兰群岛，然后沿西经 0°53′经线到北纬 61°，再沿北纬 61°纬线往东到挪威海岸的连线为界。

第五节　东北亚海域邮轮航线

东北亚（Northeast Asia）通常指亚洲东北部地区，为亚洲—东亚所属的次区域。广义的东北亚包括日本、朝鲜半岛（朝鲜、韩国）、中国的东北地区和华北地区、蒙古国和俄罗斯的远东联邦管区，即整个环亚太平洋地区。陆地面积有 1600 多万平方公里，占亚洲总面积的 40%以上。东北亚地区彼此文化联系的历史长达 2000 多年，中国的汉文化对这个地区的影响深远，多数地区亦为汉字文化圈。

东北亚海域涉及千岛群岛、日本列岛、琉球群岛、朝鲜半岛、远东滨海、日本海与鄂霍次克海两大边缘海和海峡通道，以及海港与空港要地等空间，显示了东北亚相关国家的海洋地理环境。

第六节　加勒比海邮轮航线

加勒比海（Caribbean Sea，西班牙语为 Mar Caribe，法语为 Mer des Caraïbes，荷兰语为 Caraïbische Zee）是位于西半球（热带）大西洋西部海域与南北美洲之间的一个陆间海。它是世界上最大的内海，也是沿岸国最多的海域。加勒比海的北部和东部的边缘是一连串从墨西哥湾一直延伸到委内瑞拉的岛屿（西印度群岛），包括北部的古巴、海地、多米尼加、牙买加、波多黎各和东部的小安的列斯群岛。南部是南美洲北部的几个国家，包括委内瑞拉、哥伦比亚和巴拿马。西部和西南部是中美洲的太平洋沿岸国家，包括哥斯达黎加、尼加拉瓜、洪都拉斯、危地马拉、伯利兹及墨西哥的尤卡坦半岛。

加勒比海的名称来自小安的列斯群岛上的土著居民加勒比人。加勒比海以印第安人部族命名，意思是"勇敢者"或是"堂堂正正的人"。有人曾把它和墨西哥湾合称为"美洲地中海"，海洋学上称"中美海"。整个加勒比海海区、西印度群岛诸岛及海域沿岸被合称为"加勒比地区"。

加勒比海东西长约 2735 千米，南北宽为 805—1287 千米，加勒比海的总面积为 2754000 平方千米，平均水深 2491 米。最深点（最低点）是古巴（开曼群岛）和牙买加之间的开曼海沟，已知的最大水深为 7686 米（m），也是世界上深度最大的陆间海之一，容积（体积）为 686 万立方千米。

加勒比海大部分位于热带地区，是世界上最大的珊瑚礁集中地之一。其中以麋角珊瑚居多。同时这片海域的珊瑚礁以健康、活跃、规模庞大而闻名于世。

加勒比海风光各异，浓密的红树林和椰树林，仙人掌和雨林，种类繁多的珍禽异兽，加上明媚的阳光，加勒比海地区是世界主要的冬季度假胜地。

正因为独特的风光和气候，加勒比海邮轮航线能够满足不同年龄和阶层的邮轮旅游者，为邮轮旅游者提供多样化的邮轮航行选择，使得加勒比海邮轮航线成为世界上最繁忙的航线。

加勒比海地区包括四条邮轮航线：东加勒比海航线、西加勒比海航线、南加勒比海航线和巴哈马群岛邮轮航线。

1. 东加勒比海航线

该航线通常以佛罗里达州迈阿密、劳德岱尔港、卡纳维拉尔港等港口为起点和终点，途径圣马丁、圣胡安、拉巴地、维京群岛等港口及城市。

2. 西加勒比海航线

西加勒比海邮轮航线以丰富的海岛岸上观光项目吸引众多旅游者。该区域的主要航线通常由新奥尔良港和劳德岱尔港开出，分别经过科苏美尔、伯利兹、罗丹岛、科斯塔玛雅、法尔茅斯、乔治城、科苏美尔等港口后回到始发港。

3. 南加勒比海航线

和加勒比海其他区域相比，南加勒比海区域的旅游者较少，该区域主要有两条航线：一条航线途径 ABC 三岛、特立尼达岛、巴巴多斯岛等岛屿；另一条航线途经特尔托拉、菲利普斯堡、巴斯特尔、罗索、圣托马斯、圣约翰等港口或岛屿。另外，该航线有时会将南美大陆的部分岛屿组合在其中。

4. 巴哈马群岛邮轮航线

巴哈马群岛以产品丰富多样的购物街市、历史名胜和潜水胜地闻名世界。巴哈马航线通常从迈阿密或劳德岱尔港出发，途经大巴哈马岛、拿骚、可可湾等巴哈马主要港口。

[案例]

冠达邮轮公司的皇后邮轮"伊丽莎白女王号"（Cunard Queen Elizabeth）倾情打造为期 130 天环球旅行，水晶邮轮公司（Crystal Cruises）"尚宁号"（Crystal Cruises，Crystal Serenity）推出为期 101 天环球旅行。带旅行者利用邮轮，一次畅游地中海、横跨大西洋、漫游巴哈马岛屿和巡游太平洋，用最奢华、轻松的方式横跨 4 大洲及 20 个国家。

2016 年 1 月 5 日，银海邮轮"银啸号"（Silversea，Silver Whisper，2000 年至今）豪华邮轮从美国罗德岱堡（Fort Lauderdale）出发，秉持着精致邮轮（Celebrity Cruises）海上之旅的理念，完成为期 115 天环球旅行。

第七节　美洲邮轮航线

1. 阿拉斯加航线

阿拉斯加位于北美洲西北角，是美国最大的洲，面积 1530700 平方千米。三面临海，西临白令海峡、白令海，与西伯利亚相望。

每年的 5 月到 9 月是阿拉斯加邮轮旅游最合适的季节，也是观看野生动物最好的时机。结束冬眠的野生动物在这个时节能够直接出现在游客的眼前。除此之外，旅游者可以亲身体验冰川，感受山岭和森林的壮丽景观。

阿拉斯加主要有两条邮轮旅游航线：内湾航线和阿拉斯加海湾航线。

内湾航线一般从温哥华或西雅图开始，向北穿梭于狭长的海峡内湾，经过森林岛群至史凯威，然后向南，驶回温哥华或西雅图。

阿拉斯加海湾航线深入阿拉斯加海湾，邮轮经过世界上最遥远、最崎岖的海岸线，越过冰河湾，驶入阿拉斯加海湾。除了内湾常年翠绿的岛屿、旖旎的峡湾风光，壮丽的冰河景色也令众多旅游者的心驰神往。

2. 美东加拿大航线

美加东北部的航行季节为每年晚春到秋季。9、10 月的秋季，枫叶之旅受到旅游者的喜爱。美东加拿大航线的停靠点多为纽约、波士顿、圣约翰和魁北克。繁华的城市风光、迷人的苏格兰风情和早期北美法属殖民地遗风，使得美东加拿大航线被多数旅行者评为世界上最迷人航线。

3. 墨西哥太平洋海岸航线

墨西哥太平洋海岸航线拥有两条极具代表性的线路。一条航线全年开放，从洛杉矶或圣地亚哥出发至墨西哥恩瑟纳达，途中会停在圣卡塔利娜或圣巴巴拉，这条航线通常被称作初次邮轮旅游者的"样本"；另一条航线航程较长，需要 7—8 天，从洛杉矶或圣地亚哥出发，主要经过圣卢卡斯角、马萨特兰等港口，这条航线经常向阿拉斯加地区或巴拿马地区拓展，形成 10 天以上的行程。

4. 巴拿马运河航线

旅游业是巴拿马运河重要的经济支柱之一，巴拿马运河、美洲大桥、国际金融中心及孔塔多拉，都是享誉世界的旅游胜地。

邮轮公司通常将巴拿马运河航线与中南美、大溪地、南太平洋等航线组合在一起，形成 30—120 天不等的长线邮轮产品。

巴拿马运河航域有两条比较经典的航线：一条是阿鲁巴—安的列斯群岛—巴拿马航线，该航程需要 11 天左右。另一条航线是两组单程航线，一组从劳德岱尔港出发，经过哥伦比亚、巴拿马运河、哥斯达黎加、危地马拉、墨西哥等地后抵达圣地亚哥或洛杉矶；另一组从洛杉矶出发，经过同样的港口抵达劳德岱尔港，该航线历时 16 天左右。

第八节　中南美洲邮轮航线

中南美洲邮轮航线包括中美洲航线和南美洲航线。

1. 中美洲航线

中美洲航线是大西洋沿岸的经典航线，经常与巴拿马运河和西加勒比海航线组合推出。中美洲航线的航行季节为每年 10 月至次年 4 月。从波多黎各的圣胡安或巴西里约热内卢启航，中途停靠魔鬼道、贝伦、瑞西非和萨尔瓦多等港口城市。

2. 南美洲航线

南美洲太平洋航线主要分为三段：下段由阿根廷布宜诺斯艾利斯开出，最终抵达智利圣地亚哥；中段由巴西圣托斯港出发，最终返回圣托斯港；上段从里约热内卢出发，最终返回母港。三段行程也会根据港口位置的不同，编排成不同的较长航线。

第九节　欧洲邮轮航线及港口

欧洲是传统邮轮旅游的发源地，以历史、古迹、美食和闲适的生活方式闻名世界。除位于内陆的瑞士，欧洲境内的其他国家基本都有邮轮通航。欧洲的主要邮轮航线分为地中海航线，欧洲大西洋沿岸航线，爱尔兰、大不列颠和北海航线及波罗的海航线。地中海航线的旅游季为5—10月，北欧邮轮旅游季为5—8月。而且，欧洲的邮轮航线航程较长，一般为10—18天。

1. 欧洲大西洋沿岸航线

欧洲大西洋沿岸航线一般经过葡萄牙、法国、爱尔兰和英国。其中一条经典的航线起点是西班牙马拉加，经过里斯本、波尔多，最终在伦敦靠岸；另一条短途航线由里斯本出发，在巴黎勒阿弗尔靠岸。

2. 爱尔兰、大不列颠及北海航线

该航线以别具特色的城市文化和风土人情，形成了变化多样的航线。常见的航线以英格兰为起点，经过比利时、阿姆斯特丹、汉堡、哥本哈根等港口城市。

3. 波罗的海航线

波罗的海区域的航线一般以汉堡和哥本哈根为起点，途经斯德哥尔摩、赫尔辛基，最后在圣彼得堡靠岸。

第十节　极地邮轮航线

1. 南极邮轮航线

南极邮轮航线通常从马尔维纳斯群岛的斯坦利港口、阿根廷布宜诺斯艾利斯或乌斯怀亚港出发，驶向德雷克海峡，航行季节为12月至次年2月。

2. 北极邮轮航线

北极邮轮航线航行季节为每年的5—9月，主要途经区域包括加拿大、挪威、格陵兰岛、冰岛和俄罗斯的部分区域。

第十一节　环球邮轮航线

1519年8月10日，斐迪南·麦哲伦（Ferdinand Magellan）率领船队从西班牙开始环球航行。1521年4月27日，麦哲伦在环球途中在菲律宾小岛的部族冲突中被当地居民砍死。之后船上的水手继续向西航行，最终于1522年9月

6 日回到欧洲。历时 1082 天，完成了人类首次环球航行。

　　近十多年来，豪华邮轮环球航线风行，环球邮轮航线（Global cruise ship routes）尤其结合航空飞机的邮轮航线已经很多。例如，"近百日经典邮轮旅游产品"之中就有史上最极致的环球邮轮行程。

【思考题】

　　论述世界邮轮线路的主要区域。

第五章　中国邮轮旅游现状与趋势

【学习目标】

- 了解我国邮轮经济区域的划分。
- 掌握我国不同经济区邮轮旅游发展现状。
- 掌握我国不同经济区邮轮发展的特点。
- 了解我国邮轮旅游发展的整体趋势。

【知识要点】：

- 各经济区邮轮港口的划分和现状
- 各经济区邮轮旅游发展的条件及现状

第一节　中国邮轮旅游发展趋势

　　国际邮轮协会（CLIA）2019 年全球邮轮大会上公布的全球邮轮市场数据显示：全球邮轮游客数量高于国际邮轮协会（CLIA）最初预计的 2820 万人；2018 年全球邮轮游客数量达到了 2852 万人次，增长 7%；北美地区邮轮游客数量增长了 9%，达到 1420 万人次；加勒比海地区邮轮游客数量达到 1130 万人次，同比增长 6%，继续保持邮轮目的地世界第一；亚洲地区邮轮游客数量增长 5%，达到 426 万人次；地中海地区邮轮游客增长超过 8%，超过 400 万人次；阿拉斯加邮轮游客数量超过 100 万人次，同比增长 13%。图 5-1 根据中国交通邮轮游艇协会统计数据，展示 2009—2019 年全国邮轮游客数及增长率。

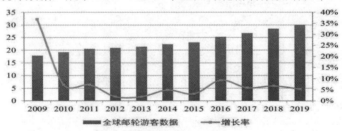

图 5-1　2009—2019 年全国邮轮游客数及增长率

资料来源：中国交通邮轮游艇协会统计数据

　　在邮轮日益大型化的趋势下,中国邮轮市场出现短暂的增速放缓现象。2018年全国沿海 13 个邮轮港(上海、天津、厦门、广州、深圳、海口、青岛、大连、三亚、连云港、温州、威海、舟山)共接待国际邮轮 969 艘次,同比下降 17.95%,邮轮出入境旅客合计 4906583 人次,同比下降 0.98%。其中, 母港邮轮 889 艘次,同比下降 19.03%,母港旅客 4728283 人次,同比下降 1.10%;访问港邮轮 80 艘次,同比下降 3.61%,访问港旅客 178300 人次,同比增长 2.32%。2019 年上半年全国沿海 13 个邮轮港共接待国际邮轮 364 艘次,同比下降 27.20%,邮轮出入境旅客合计 1777140 人次,同比下降 23.74%。其中, 母港邮轮 322 艘次,同比下降 29.3%,母港旅客 1680930 人次,同比下降 24.68%;访问港邮轮 42 艘次,同比下降 4.55%,访问港旅客 178300 人次,同比下降 2.31%。

　　自 2017 年以来,中国邮轮旅游发展仍处于优化调整期:邮轮运力减少,出入境邮轮旅游人数增速放缓,但各大邮轮公司正努力调整战略适应市场发展新形势,改变以往以包船为主的单一模式,陆续投入更多为中国市场量身订造的新型、大型邮轮。2018 年是中国邮轮发展的转折年。近十年来,中国市场完成了邮轮旅游新格局的引进和培育,充分体现了中国旅游业的强大消费能力,尤其是中国邮轮业的巨大全球战略影响力。从 2018 年开始,中国邮轮进入从“求规模”到“增效益”,由“邮轮旅游”到“邮轮经济”的关键时期,步入邮轮全产业链发展的实质阶段。中国的邮轮市场已经由“卖方市场”向“买方市场”转变。亚太地区客源占全球市场份额的 15.1%,逐渐成为全球邮轮旅游市场中最具发展潜力的重要板块。在政府与市场的双重驱动下,中国邮轮经济实现了从无到有的创造性改变,从 2018 年开始,中国邮轮产业进入由“邮轮旅游”向“邮轮经济”转变的关键时期,步入邮轮全产业链发展实质阶段。

　　我国邮轮经济开始进入全产业链构建阶段,邮轮建造取得实质性进展并不断探索新技术;多家央企和民企启动进入邮轮经营与管理领域;港口邮轮物供不断探索新路;邮轮金融出现良好开端。总体上,2019 年我国邮轮产业仍将继续围绕市场的优化调整和产业链构建这两大主旋律走进 2020 年。

　　2006 年,中国邮轮旅游市场开始发展,并进入快速发展的十年。根据中国交通运输协会邮轮游艇分公司(CCYIA)的数据,2008—2018 年港口的旅游人数和接待人数显著增加,从 2008 年的 28 次航次和 5.7 万人次增长到 2018 年的 898 航次和 471 万人次。挂靠港从 2008—2018 年数据表明,挂靠港邮轮航次和接待的游客数量明显下降(见表 5-1)。但庞大的数字背后,除上海吴淞口码头获得利润一家独大外,其他码头公司仍存在严重的亏损问题。同时,出境邮轮将越来越多的中国游客运送至国外目的地,海外消费量逐年刷新突破,但入境邮轮的乘客数量及消费均显著下降减少,因此邮轮旅游对中国旅游目的地的经济贡献十分有限。

表 5-1　2006—2018 年我国邮轮市场发展变化

年份	母港邮轮航次	母港游客量（万人次）	增长率（%）	挂靠港邮轮航次	挂靠港游客量（万人次）	增长率（%）
2006	18	1.8	—	304	36.51	—
2007	11	3.2	77.78	336	34.73	-4.88
2008	28	5.7	78.13	318	43	23.81
2009	40	10.3	80.70	219	24.08	-44
2010	79	22.2	115.53	215	25.88	7.48
2011	110	18.8	-15.32	162	29.05	12.25
2012	169	41.22	119.26	106	24.47	-15.77
2013	335	102.4	148.42	71	17.75	-27.46
2014	366	147.9	44.43	100	24.47	37.86
2015	539	222.4	50.37	90	25.6	4.62
2016	927	428.9	92.85	83	27.76	8.44
2017	1098	478	11.45	83	17.42	-37.25
2018	898	471.42	-1.38	78	17.28	-0.8
总和	3720	2380.82	—	2165	348	—

资料来源：中国交通运输协会邮轮游艇分会（CCYIA）

　　2019 年中国邮轮市场规模依旧呈现波动性下降趋势，专为中国量身订制的诺唯真"喜悦号"运营仅一年，就宣布调整战略部署退出中国市场，并耗费 5000 万美元及 5 周时间进行邮轮舾装改造。同时期，携程和皇家加勒比邮轮公司关闭天海邮轮公司，旗下的唯一一艘邮轮天海"新世纪号"也出售给皇家加勒比集团下的 TUI 几公司。2014 年，携程和皇家加勒比邮轮宣布建立合资公司天海邮轮，主要服务中国邮轮市场。携程和皇家加勒比邮轮将分别持有此公司 35% 的股权，其余股权由天海邮轮管理层和磐石基金持有。天海邮轮也是中国第一家本土豪华邮轮公司，它自 2015 年 5 月开始"新世纪号"邮轮的运营。但仅仅不到三年时间，这家公司就面临关闭的命运。韩国航线终止之后，许多公司部署新船的声音变得不确定，在此之前，曾经也有嘉年华邮轮、爱达邮轮、公主邮轮宣布对中国的部署计划，不过都因中国市场的多变性而取消了原部署计划。诸如此类的布局改变事件都预示中国邮轮旅游产业在逐步进行理性的调整。

但是全球第二大邮轮集团皇家加勒比依旧逆势而上，2019 年下水的超量子级新船"海洋光谱号"准时赴约中国上海吴淞口邮轮母港，在该母港进行邮轮母港运营。众所周知，2015 年皇家加勒比旗下量子系全新邮轮"海洋量子号"进入中国上海进行全年母港运营，掀起了中国邮轮旅游的高潮，这艘被称为"来自未来的船"进入中国后为邮轮旅游经济曾做出突出贡献。2016 年，"海洋量子号"的姐妹船"海洋赞礼号"进入天津，以天津港作为母港进行全年运营。2019 年进入的全新邮轮"海洋光谱号"接棒前两艘量子系前辈的辉煌，在中国续写邮轮旅游新篇章。

同年，隶属于全球第一大邮轮集团嘉年华的歌诗达邮轮公司（也是进入中国最早且为意大利最大的邮轮公司），将另一艘全新邮轮——歌诗达"威尼斯号"推进中国市场，这是继歌诗达旗下 4 艘现役邮轮后又强势进入中国的意大利风情豪华邮轮。同时，歌诗达邮轮公司还宣布了旗下另一艘专为中国市场量身打造的新船动态。作为歌诗达"威尼斯号"的姊妹号——歌诗达"佛罗伦萨号"也预计于 2020 年 12 月抵达中国。该船的灵感来源于久负盛名的世界艺术之都意大利佛罗伦萨，致力于通过意式美学展现邮轮风情，让广大中国消费者感受富有美感的生活，因生活之美的触动和共鸣，由此拉近与所爱之人的距离。步履不停，歌诗达邮轮深耕中国市场，从概念构思到产品设计，将以中国消费者的喜好与需求为重心。中国是全球发展速度最快、潜力最大的邮轮市场之一，"威尼斯号"及其姐妹号的来华，正是歌诗达邮轮不断加大投资并深耕于中国市场的力证。

中国本土邮轮船队规模也在逐年组建，邮轮配套集群将逐步形成，邮轮港口接待能力持续提升，邮轮政策环境逐步优化，市场规模预计有望从 2019 年的 194 万人次提升至 240 万人次，逐步由波谷向上增长，推动中国邮轮市场规模逐步扩大。

因此邮轮旅游的发展还需要目的地的建设能满足游客在邮轮港口的服务体验和游客在目的地港的岸上游行程及航线的设计。增强游客对邮轮旅游的满意度也是保证中国邮轮市场健康、快速、可持续发展的重要基础。

邮轮作为舶来品进入中国经历了一个本命年周期，中国邮轮产业经历了高速的发展，国内兴起邮轮港口建造热潮，直至 2018 年，大陆海岸线上一共有 17 个城市兴建、拟建港口。其中，上海、天津、深圳、厦门和三亚因母港航次频繁，归位核心港；青岛、广州、大连、海口、舟山、温州、烟台为运营港；连云港、福州港、北海港为规划港。

目前，我国已经形成三大邮轮旅游经济圈：一是以上海为核心的长三角邮轮经济圈；二是以天津为核心的渤海湾邮轮经济圈；三是以广州、深圳、厦门为核心的南部邮轮经济圈。同时已经形成了"以上海为主，北以天津为翼，南以广州、深圳和厦门为翼"的"一主两翼"邮轮城市发展格局。根据《交通运输部贯彻落实〈中共中央国务院关于支持海南全面深化改革开发的指导意见〉实施方案》和《中国（海南）自由贸易试验区总体方案》，海南作为中国唯一的岛屿省份，拥有中国最大的海域面积，且处在海上丝绸之路的重要位置，加之国际旅游岛建设进程的推进，对推动邮轮经济具有强大的使命。因此，本章节将海南邮轮旅游作为单独一个部分进行阐述。

邮轮之所以被称为"移动的海上度假村"，是由于邮轮本身就是一个旅游目的地。但是随着市场需求的推进，邮轮岸上观光已构成了邮轮产业中非常重要的一环，不仅是邮轮旅游多元化的一种体现，更是邮轮港口城市发展相关产业链的绝佳契机。邮轮产业中港口城市的魅力性是邮轮公司选择停靠港的重要标准，因此港口城市除了需要完善邮轮码头等基础设施以外，还需要对港口城市的岸上旅游产品进行相应的开发，才能更好地起到促进港口城市旅游产业整体发展、扩大旅游产业波及效果的作用。

邮轮旅客通常通过代理旅行社与邮轮公司取得旅游协议，少数游客则作为散客直接报名参加岸上游活动。在旅客登岸游览部分，港口接待首先作为供应链的运作环节之一，对游客实行有序通关。在通关之后，游客或接受团体旅行社指定的当地旅行社接待，或自成散客进行登岸游览，服务内容主要包括交通运输、景点游览、餐饮休闲（少数涉及酒店住宿）等。

邮轮岸上游产品的好坏直接影响顾客对航线的满意程度从而影响邮轮收益，因此岸上游产品的改进和完善是发展邮轮产业的重要步骤之一。

邮轮港口建设及靠泊成为邮轮旅游经济的重要的组成部分。吴淞口国际邮轮母港、深圳蛇口邮轮母港、青岛邮轮母港和三亚凤凰岛邮轮母港等具备接待世界最大22.5万吨级邮轮的能力，未来广州南沙邮轮母港、厦门邮轮母港也将具备接待世界最大邮轮的能力。2019年最新邮轮港口统计数据（如表5-2）显示，目前我国邮轮旅游市场呈现出北方市场（天津）、南方市场（广州）和东部市场（上海）等三大市场的布局。无论是从接待邮轮艘次还是从邮轮旅客人次来看，上海港一直领跑于其他港口。

世界上邮轮经济发展最好的地区是北美、西欧和加勒比海地区。其中，全球知名国际邮轮母港城市（迈阿密港、西雅图港、巴塞罗那港、纽约港、阿姆斯特丹港及温哥华港等）及周边邮轮旅游影响显著的城市经验显示，发展邮轮旅游均具备5个特点：

表 5-2　2019 年全年中国邮轮市场发展情况

区域	序号	邮轮港口	邮轮泊位	定位	全面完工
东北	1	大连港国际邮轮中心	2 个 15 万吨泊位	母港	2018
华北	2	天津国际邮轮母港	4 个泊位	母港	2010
	3	秦皇岛国际邮轮港	—	—	规划
华东	4	青岛邮轮母港	3 个泊位	母港	2015
	5	烟台港	1 个泊位	母港	2020
	6	连云港国际客运站	1 个泊位	母港	2017
	7	吴淞口国际邮轮港	2 个 22.5 万吨和 2 个 15 万吨泊位	母港	2018
	8	上海港国际客运中心	3 个 7 万级邮轮泊位	访问港	2009
	9	舟山群岛国际邮轮港	1 个 10 万吨（兼靠 15 万吨级）	始发港	2014
	10	温州国际邮轮港	1 个 5 万吨级（兼靠 10 万吨级）	始发港	2017
东南	11	厦门国际邮轮中心	1 个 14 万吨泊位	母港	2018
华南	12	南沙国际邮轮母港	1 个 10 万吨泊位和 1 个 22.5 万吨泊位	母港	2019
	13	广州港国际邮轮母港	1 个泊位	母港	2016
	14	深圳国际邮轮母港	1 个 22 万吨和 1 个 10 万吨泊位	母港	2016
	15	湛江国际邮轮港	1 个 3 万吨和 1 个 7 万吨泊位	始发港	2021
	16	北海国际邮轮母港	1 个 5 万吨级、两个 2 万吨级	母港	2010
	17	防城港港	—	始发港	—
	18	海口秀英港	计划 1 个 10 万吨	始发港	—
	19	南海明珠国际邮轮港	1 个 22.5 万吨级和 1 个 15 万吨级	母港	规划
	20	三亚凤凰岛邮轮港	1 个 10 万吨级码头，2 个 15 万吨级码头，1 个 22.5 万吨级码头	母港	—
	21	海南海花岛邮轮港			规划
	22	黄埔国际邮轮港	—	—	规划

资料来源：上海工程学院叶欣梁教授讲座

①沿海城市，并且具备良好的港口自然条件，例如航道有足够水深；
②母港所在城市必须是一个优秀的旅游城市，旅游资源丰富且品质较高；
③港口距离市区中心不宜过远，越近越好；

④有完善的基础服务设施，大型购物中心、高档餐厅、星级酒店等便民设施以及邮轮的维护修理设施设备一应俱全；

⑤通关效率高，出入程序简化明了并符合国际惯例，游客等待时间短；最后是海陆空交通网络发达。

因此，本章通过总结该地区的先进的发展经验，比照我国几大邮轮旅游发展经济圈，阐述我国邮轮旅游发展现状。

第二节　环渤海经济区邮轮旅游发展现状

一、天津国际邮轮母港

1. 地理位置

天津港国际邮轮母港地处京津城市带和环渤海经济圈交汇点，是我国连通新欧亚大陆桥经济走廊和中蒙俄经济走廊的重要起点，具体位于天津港东疆港区南端，与东疆保税区毗邻，区位优势十分明显，是我国北方最大的邮轮母港。北靠天津、北京两大核心市场，拥有华北、西北两大地区市场，高铁、机场、公路等交通十分发达，是中国唯一坐落于自由贸易试验区的邮轮母港。同时作为中国第二大吞吐量的邮轮母港，邮轮旅游经济为当地 GDP 贡献不容小觑。

滨海新区的"13136"区域一体化立体交通体系，实现 1 小时到北京、3 小时到腹地相邻城市、6 小时到达环渤海主要城市，使得天津在区内与区际层面的可通达性达到国际水平。邮轮母港建设放大京津同城化效应，成为环渤海旅游的强大核心。

为配合东疆保税港区的发展，港区内拟建国际商务采购中心、五星级酒店、大型商业设施和特色旅游会展温泉度假村，从而形成与北方最大国际邮轮母港目标定位相适应的完善的国际邮轮母港复合产业体系。与母港经济的激励和带动相关，滨海旅游区已经开始高规格规划和建设。滨海新区北部旅游圈的 10 大亮点景区，如滨海茶淀葡萄科技园、中心渔港鲤鱼门美食街、滨海航母主题公园、北塘旅游区、东疆湾景区、国际邮轮母港、海河外滩公园、极地海洋世界、官港森林公园、大港皇家枣园等，作为滨海邮轮旅游开发的支撑和重要载体，将逐渐构筑成天津市旅游产品体系中的"滨海牌"邮轮及海洋旅游特色产品基础，并将有力推动天津市"国际旅游目的地和集散地"的发展目标的实现。

2. 基础设施

天津港国际邮轮母港共 4 个泊位，岸线总长 1112 米。其中 1 号、2 号泊位经天津市批准于 2010 年 7 月 2 日实现口岸正式对外开放。3 号、4 号泊位（含滚装平台）西连 1 号、2 号泊位，岸线长 487 米（含滚装平台 45 米），设计年通过能力旅客 42 万人次，商品汽车 10 万辆，集装箱 6 万标箱。2017 年 5 月 3 日，天津市政府批准天津港口岸东疆港区天津港国际邮轮码头 3 号、4 号泊位（含滚装平台）正式对外开放，目前天津国际邮轮母港 4 个泊位，已全部实现口岸正式对外开放年接待旅客能力达 92 万人次（如图 5-2）。

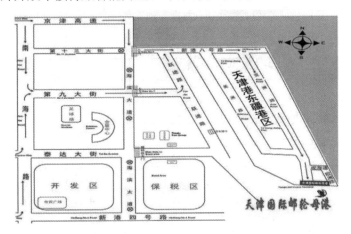

图 5-2　天津邮轮母港示意图及航拍

3. 邮轮旅游接待

天津国际邮轮母港于 2010 年 6 月 26 日开港，随着意大利歌诗达"浪漫号"、皇家加勒比"海洋神话号"以天津作为母港首航。在 2008 年至 2017 年十年间，天津共接待邮轮 686 艘次，接待出境邮轮游客 294.82 万人次，其中 2008 年至 2017 年接待母港邮轮艘次 525 艘次，接待母港出入境游客量 257.3 万人次，接待访问港出入境游客数量 37.52 万人次，在 2017 年天津国际邮轮母港共接待邮轮 174 艘次，同比增长 23%，其中母港邮轮 160 艘，母港出入境游客达到 90.9 万人次（如表 5-3）。

表5-3 2008—2017 年天津邮轮市场发展变化

年份	母港邮轮艘次	访问港邮轮艘次	母港游客量（万人次）	母港游客量（万人次）
2008	5	12	0.9	2.6
2009	7	19	1.9	3.9
2010	18	22	5.2	4.8
2011	5	26	1.7	5.5
2012	19	16	7.6	4.4
2013	55	15	21.2	3.8
2014	42	13	18.7	3.7
2015	86	10	41.2	1.9
2016	128	14	68	3.51
2017	160	14	90.9	3.2

资料来源：《2018 年中国邮轮发展报告》

4. 母港邮轮概况

2017 年天津国际邮轮母港接待的母港邮轮主要有皇家加勒比"海洋赞礼号"、钻石"辉煌号"、歌诗达"大西洋号"和"幸运号"、丽星"处女星号"及诺唯真"喜悦号"等（如表 5-4）。

表5-4 2017 年天津母港邮轮

邮轮公司	邮轮名称	总吨位（万总吨）	载客量（人）	星级	船龄
皇家加勒比邮轮	海洋赞礼号	16.78	4180	5	2
歌诗达邮轮	大西洋号	8.56	2680	4	17
	幸运号	10.3	3470	4.5	14
钻石邮轮	辉煌号	2.47	1200	—	15
诺唯真邮轮	喜悦号	16.77	3850	5	1
丽星邮轮	处女星号	7.53	1804	4	18

资料来源：《2018 年中国邮轮发展报告》

5. 创新发展

2017 年 3 月，天津国际邮轮母港口岸正式开启 9 条自助查验通道，天津国际邮轮母港成为天津乃至整个北方邮轮口岸首个开通自助查验通道的对外开放口岸，2017 年 5 月歌诗达邮轮与天津东疆保税港区签署合作备忘录，旨在加快天津东疆保税港区打造亚洲首个邮轮物资分拨配送基地，自 2017 年 12 月 28 日起，天津国际邮轮母港正式对奥地利、俄罗斯、美国、澳大利亚、韩国等 53 个国家持有国际旅游证件和 144 小时内确定日期前往第三国或地区联程客票的外国人，实施过境免办签证政策。

6. 邮轮航线设定

天津港位于渤海湾的核心滨海区，邮轮航程辐射区域为日本。因此，邮轮航线设定主要围绕"天津—福冈""天津—佐世保""天津—长崎""天津—鹿儿岛—那霸"等航线进行。游客也可参与转港班次，如天津至日本、中国台湾、越南、中国香港和新加坡。

二、青岛邮轮母港

1. 地理区位

青岛拥有国际性海港和区域性枢纽空港，是副省级城市、山东省经济中心城市、全国首批沿海开放城市、滨海度假旅游城市，同时也是国务院批准的山东半岛蓝色经济区规划核心区域龙头城市。青岛市作为"一带一路"新亚欧大陆桥经济走廊主要节点城市和海上合作战略支点，被誉为"东方瑞士""欧韵之都"。因此，其客源基础雄厚，腹地广阔，有 900 多万常住人口，在一小时公路和铁路距离之内将近 2100 万人口，在一小时飞行圈里有超过 1 亿多人口，具有丰富的客源市场。

青岛依山傍海，属温带海洋气候、季风气候，冬无严寒，夏无酷暑，空气温度适中，气候湿润，四季分明。青岛除了美丽的自然风光、丰富的人文景观、不同风格的建筑、历史悠久的文化，还是国家历史文化名城，早在 20 世纪初就已成为中国著名的旅游胜地。有"红瓦、绿树、蓝天"为特色的历史风貌，有道教、佛教、天主教、基督教源远流长的宗教文化，有沙滩、礁石、海湾、海岛组成的滨海风情，还有大批的不同风格的建筑群和近现代历史名人故居等历史遗产。青岛旅游供给市场充足，拥有国家 A 级旅游区 34 个，国家级工农业旅游示范点 13 个，国家级重点文物保护单位 6 个，国家级风景名胜区 2 个。全市共有旅行社 316 家，其中国际旅行社 26 家；星级酒店 146 家，其中五星级 6 家、四星级 21 家。青岛的旅游餐饮和旅游商品更趋特色化，已评选"十大特色小吃"和"十大旅游特色商品"。

2. 基础设施

青岛邮轮母港位于青岛老港区 6 号码头，2015 年 5 月 29 日正式开港，由青岛港集团投资建设，在码头前沿配套建设国际标准的邮轮母港客运中心总面积 6 万平方米，最高通关能力可达每小时 3000—4000 人次，年接待能力达 150 万人次，其主要功能为联检大厅，同时配套免税商店等商业服务功能总投资约 10 亿元人民币。建有三个邮轮泊位，岸线总长度 1000 多米的邮轮母港投入使用。其中，新建超大型邮轮泊位长 490 米，纵深 95 米，吃水深度 13.5 米，可全天候停靠目前世界最大的 22.7 万吨级的邮轮，两个原有泊位长度约 476 米，吃水深度 8 米，可同时停靠两艘中小型邮轮（如图 5-3）。

图 5-3 青岛邮轮母港航拍图

3. 邮轮旅游接待

青岛是国内改革开放后最早接待国际邮轮的城市，1979 年即开始接待国际到港邮轮，瑞典的"林德布雷德号"邮轮曾 5 次抵达青岛港。1987 年是青岛接待邮轮最多的一年，共有 19 航次到港邮轮，接待游客 6345 人次。2017 年青岛邮轮母港接待母港邮轮 63 艘次，接待母港出入境游客量为 10.57 万人次，接待访问港邮轮 4 艘次，接待访问港出入境游客量 0.37 万人次（如表 5-5）。

表 5-5 2008—2017 年青岛邮轮市场发展变化

年份	母港邮轮艘次	访问港邮轮艘次	母港游客量（万人次）	访问港游客量（万人次）
2008	0	4	0	0.34
2009	0	7	0	0.84

年份	母港邮轮艘次	访问港邮轮艘次	母港游客量（万人次）	访问港游客量（万人次）
2010	0	12	0	1.51
2011	0	21	0	3.12
2012	0	3	0	0.31
2013	0	2	0	0.54
2014	1	1	0.31	0.19
2015	19	0	3.2	0
2016	52	0	8.6	0
2017	59	4	10.57	0.37

资料来源：《2018 年中国邮轮发展报告》

4. 创新发展

2017 年 6 月 8 日，在船方、海关与检验检疫部门的共同见证下，来自西班牙、意大利的邮轮船供物资从青岛邮轮母港顺利装载上船，标志着青岛邮轮母港成功开展"全球采购、邮轮直供"进口物资邮轮船供的邮轮港口。由此青岛邮轮母港将全力打造东北亚邮轮物资配送基地，朝着"东北亚国际邮轮物资采购中心"目标迈进。

5. 政策支持

2013 年 7 月 1 日，新的《中华人民共和国出境入境管理法》正式颁布实施。颁布实施后，天津口岸边检部门的管理权限得到进一步明确，而对于从天津港乘坐国际豪华邮轮出境旅游的国内游客来说，也将享受到更多的便利。

2017 年 2 月，青岛市政府印发《青岛市建设中国邮轮旅游发展实验区实施方案》，提出 2018 年青岛完成国际邮轮港综合规划，完善邮轮港基础设备设施建设，力争达到年进出港邮轮 200 艘次，邮轮游客超过 30 万人次，青岛国际邮轮港跻身中国重要国际港口行列，成为中国北方邮轮中心城市。

2017 年 4 月青岛邮轮港管理局市北区人民政府青岛港集团有限公司联合发布了《关于贯彻落实青岛市建设中国邮轮旅游发展实验区实施方案》等推动邮轮旅游发展的措施，市北区财政将从 2017 年开始，三年内每年安排不少于1500 万元，用于配套市级基金，重点扶持旅行社拓展邮轮业务，培育邮轮航线和客源，投资 1000 万元，实施母港周边环境整治提升优化周边交通组织，打造邮轮旅客快速集散通道。积极争取国家 144 小时过境免签，15 天入境免签离境退税，入境购物，免税等政策探索组建本土邮轮船队，以青岛作为母港运营，吸引国内外邮轮公司，入驻邮轮港，设立经营性机构，重点培育 2—3 家旅行社，打造青岛邮轮旅游发展的中坚力量，逐步开发到东南亚俄罗斯等地的中长途航线和从青岛始发的多港挂靠航线，开发适合入境游客的一日游或短线产品吸引国际访问港邮轮，促进邮轮入境市场发展，拓展青岛邮轮经济腹地范围，为母港航线提供强有力的客源支撑。

6. 邮轮航线设定

青岛港紧邻天津港滨海区，邮轮航程辐射区域同样为日本。因此，邮轮航线设定与天津港相似，主要围绕"天津—福冈""天津—福冈—境港—符拉迪沃斯托克""天津—佐世保""天津—长崎""天津—鹿儿岛—那霸"等航线进行。个别旅行社也设置了长线旅行（Fly Cruise）的闭口航线，如青岛（新加坡）—吉隆坡（巴生港）—槟城—普吉岛—新加坡（青岛）。

三、大连国际邮轮中心

1. 地理区位

大连在地理位置上处于东北亚经济圈的首位城市，同时又是泛亚铁路东北亚走廊的口岸城市，距离天津 216 海里，距离上海 563 海里，距离韩国仁川 280 海里，豪华邮轮均能在 48 小时之内到达这些地区，从大连出发的豪华邮轮在 3—5 天也可抵达中国香港、澳门和台湾。大连大港区是大连国际邮轮中心的选址地，其路域纵深达 500—750 米，岸线后方地势平坦，陆域总面积 0.67 平方千米。

大连作为中国最佳旅游城市之一，每年吸引众多内陆国家和地区的游客来大连旅游，作为大连国民经济重要一环的旅游业近年来发展势头良好。突出的海滨、高度绿化的花园城市、具有海洋文化特色的旅游设施、丰富的海鲜美食等，都使大连在全国乃至全世界的旅游消费者中树立了美好的旅游城市形象。2003 年，国家明确指出将大连建设成东北亚重要的国家航运中心，大连投资 40 亿用于港口建设。大连目前主要的港口有大连港、大连新港（大窑湾港）、旅顺军港、金州港、长兴岛港、皮口港、大窑湾港、广鹿岛港、庄河港等，这些港口有的在大连市区，还有一些在大连周边的辖区。这些港口在很多年前就已经进行了客货轮船的接待工作，有着丰富的接待经验，其中大连港是接待邮轮最多的港口。大连市区也正在积极地建设邮轮专门的码头中心，为大连发展邮轮旅游做好充足的硬件准备。

大连国际邮轮中心所处位置优越，周边各种设施云集，非常适合邮轮旅游的开发，此地是建造邮轮母港的不二选择。大连与我国环渤海其他的港口城市相比，是通往国外的最近点，到哪里都很方便。从大连出发，邮轮航行不到 48 小时就可以到达上海和日本的港口；而早上在大连乘邮轮出发，不到晚上就能够到达天津、青岛，甚至韩国等地。大连拥有环渤海客运的黄金水道，因此，在沿海港口中大连的客运量一直名列前茅。而且大连港口设施齐全、服务到位、交通方便，这些有利条件更有益于海上客运与邮轮旅游业的大力发展。因此，良好的发展优势使得大连很适合开发邮轮旅游，而且必定会打开大连邮轮经济的新局面。近年来，大连凭借其优越的区位条件、丰富的旅游资源接待过多艘国际邮轮的挂靠；而且还将"实施海洋开发"战略、建设"海上大连"等作为重要的发展决策，这些无疑都为大连市邮轮旅游开发带来良好的机遇。

2. 基础设施

2015 年 10 月大连港集团对大港区的两个泊位进行改造，对航道水域进行疏浚，并将具有上百年历史的 22 库升级为客运候船厅，大连国际邮轮中心西邻大连造船厂，东靠大连港东部商务区人民东路，北至客运码头海岸线，南近长江路，占地 23 万平方米。经过改扩建位于萝岗区二码头西侧的 10 号和 11 号泊位，目前已具备停靠 10 万吨级的邮轮条件。大连港集团将大连港老港区二码头东侧的 8 号 9 号和西侧的 10 号 11 号泊位升级，改造成一个 15 万吨级的邮轮泊位，总设计年通过能力 80 万人次，预计 2020 年建成投入使用，其中江东侧 15 万吨级邮轮泊位的水工结构预留至 22.5 万吨级（如图 5-4）。

3. 邮轮旅游接待

大连港在 1976 年就成功接待了首访我国的日本"珊瑚公主号"国际邮轮，是全国最早开通邮轮旅游业务的城市。近年来，大连接待国际邮轮的数量在不断上升，2011 年仅美国"钻石公主号"邮轮就抵靠大连港 5 艘次之多。2016 年 7 月 20 日，"海洋神话号"从大连港启航驶往日本，是自大连港首艘始发的外籍邮轮，也标志着大连港国际邮轮中心正式开港。这些邮轮的到来，给大连邮轮旅游的发展注入了无限的活力，也使大连旅游的整体水平得到了提升，更让大连开发邮轮旅游看到了希望。大连的国际邮轮游客主要来自离大连较近的日本、韩国，还有一些来自美国、英国等的国际游客；国内邮轮旅游的客源市场以辽宁为主，黑龙江、吉林、内蒙古、河北等也占有比较大的比重。目前，大连发展邮轮旅游主要有两种方式：一种是招徕国际邮轮游客上岸观光、游玩，在大连或是以大连为枢纽向周边城市巡游；另一种是组织腹地城市的游客，以大连为始发站乘坐邮轮离岸到海上巡游（如表 5-6）。

图 5-4 大连邮轮母港航拍图

表 5-6 2008—2017 年大连邮轮市场发展变化

年份	母港邮轮艘次	访问港邮轮艘次	母港游客量（万人次）	访问港游客量（万人次）
2008	0	8	0	1.64
2009	0	15	0	2.79
2010	0	11	0	1.97
2011	0	17	0	4.66
2012	0	9	0	2.12

年份	母港邮轮艘次	访问港邮轮艘次	母港游客量 （万人次）	访问港游客量 （万人次）
2013	0	9	0	3.03
2014	0	6	0	0.67
2015	10	7	1.36	0.93
2016	27	0	6.48	0
2017	28	3	6.56	0.3463

资料来源：《2018 年中国邮轮发展报告》

4. 创新发展

2018 年 1 月 25 日，大连市邮轮旅游产业促进会成立。

5. 政策支持

2017 年 8 月，大连已获批成为第六个全国首批"中国邮轮旅游发展试验区"。

四、烟台邮轮母港

1. 地理区位

烟台国际邮轮母港工程于 2019 年 5 月开工建设，2020 年建设投产。2017 年完成选址论证报告初稿，企业内部进行了评审，2018 年一季度完成项目，列入芝罘湾片控制性规划。2018 年 3—6 月与国家和省有关部门汇报沟通港口总体规划调整及列入交通运输部"十三五"规划事宜，7—10 月完成选址环评等支柱性文件的编制和审批，12 月完成核准。

2. 政策支持

根据烟台港总体规划，2016—2030 年规划芝罘湾港区大型邮轮泊位三个，芝罘湾港区位于烟台市区，历年来港口吞吐量都占到烟台港的一半以上，在烟台港 10 个港区中处于主导地位，是烟台港的主要港区之一。规划突堤西侧泊位以国际、国内大型邮轮停靠为主，突堤东侧泊位以快速客运、旅游客运和陆岛运输等功能需求为主。规划突堤西侧布置大型邮轮泊位 3 个，年综合通过能力 60 万人次。未来将通过邮轮游艇码头和相关设施的配置，串联烟台市"山—城—海—岛—港"的旅游线路，体现烟台水路口岸开放大气优雅迎宾的姿态，凸显城市特色形象，提高海陆文化交融的城市品牌价值。

第三节　长三角经济区邮轮旅游发展现状

一、上海吴淞口国际邮轮港

1. 地理位置

上海是我国沿海的主要枢纽港，位于长江的入海口，是中国经济航运最为发达的地区之一，也是我国对外开放、参与国际经济大循环的重要口岸。上海港经济腹地发达，其直接腹地是长江三角洲，间接腹地可覆盖整个长江地区。长三角 15 座城市坐落在半径 300 公里的经济区内。以上海为中心，以 300 公里为半径可覆盖长三角的 15 个城市圈，从上海虹桥站到长三角地区的 16 个核心区城市只需要 0.5—3 小时。吴淞口国际邮轮港交通便捷，拥有 s20、GE1501、逸仙路高架等快速主干道，以及地铁 3 号线、1 号线、7 号线等城市轨道交通，共同形成了便捷的综合交通系统。以上海为起点，邮轮可以在 48 小时到达韩国、日本、新加坡和中国香港以及台湾地区。根据原交通部与国家发展和改革委员会 2007 年联合发布的《全国沿海港口布局规划》，其中明确规划了中国大陆三大邮轮客运设施集群：以上海港为主布局国内、外旅客中转及邮轮运输设施；以深圳、广州、珠海等港口为主布局国内、外旅客中转及邮轮运输设施；以湛江、海口、三亚等港口为主布局国内、外旅客中转及邮轮运输设施。上海吴淞口国际邮轮港由上海市宝山区政府与中外运上海长航联合成立，位于上海吴淞口长江岸线的炮台湾水域，即长江、黄浦江、温藻浜三江交汇处，地理位置优越，水陆交通便利，居我国 18000 公里大陆海岸线的中部，扼长江入海口，地处长江东西运输通道与海上南北运输通道的交汇点。

上海作为"中国邮轮旅游发展试验区"，已成为亚洲最大邮轮港口城市。吴淞口国际邮轮港和国际客运中心邮轮码头是上海两大邮轮靠泊港口，外加外高桥海通码头，上海已初步形成了"一港两地多点发展"的邮轮母港布局及"两主一备"的邮轮港口发展布局。其中上海吴淞口国际邮轮港地处长江、黄浦江、蕰藻浜三江交汇处，拥有便利的水陆交通，是亚洲第一大邮轮港口，也是亚洲进出邮轮数量最多的国际港口之一，在世界级港口中排名前 4。上海现今在邮轮产业的发展中处于国内的领先水平。近年来，上海邮轮旅游得到快速的发展，其规模远超过大陆的其他港口，国际巨头嘉年华集团、皇家加勒比邮轮、丽星邮轮、地中海邮轮等邮轮集团都在上海设立了分支机构。

2. 基础设施

一期工程：上海吴淞口国际邮轮港于 2008 年 12 月 20 日开工建设，于 2010

年 4 月 27 日成功试靠 11.6 万吨"钻石公主号"，2011 年 10 月正式开港试运营。一期岸线长度 774 米，现有两个大型邮轮泊位，同时可靠泊一艘 10 万吨级邮轮，和一艘 20 万吨级邮轮。

后续工程：2015 年 6 月 18 日正式开工，2016 年 11 月后续工程客运楼项目正式开工，在原有一期基础上向上游延伸 380 米，向下游延伸 446 米，新建两个大型邮轮泊位，建成后码头总长度将达 1000 米，共可布置两个 22.5 万吨级和两个 15 万吨级，总计 4 个大型邮轮泊位。建筑面积 7.9 万平方米，达到四船同靠的接待能力，年总接待能力将从 60.8 万人次提升至 357.8 万人次。

3. 邮轮旅游接待

上海吴淞口国际邮轮港 2011 年至 2017 年共接待邮轮 1627 艘次，占到 2006 年至 2017 年"母港时代"全国总量的 28%，接待出入境游客量达到 913.8 万人次，占到 2006 年至 2017 年"母港时代"全国总量的 50.3%。2017 年上海吴淞口国际邮轮港接待邮轮 466 次，出现负增长，占全国的 39.4%，接待出入境游客量为 291.5 万人次，同比增长 4%，占全国的 58.8%；其中，接待母港邮轮 458 艘次，与 2016 年相同，接待出入境邮轮游客 288.38 万人次，同比增长 3.1%（如图 5-5）。

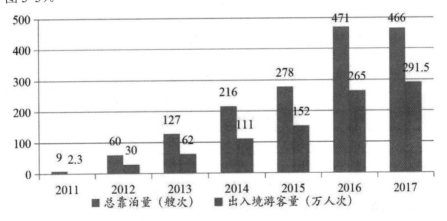

图 5-5　上海吴淞口国际邮轮港近年来接待邮轮及游客情况

资料来源：《2018 年中国邮轮发展报告》

4. 母港邮轮概况

2017 年吴淞口国际邮轮港有母港邮轮为 12 艘，16 万总吨以上的有 2 艘，13 万吨的共 4 艘。在星级上，平均值 4.4 星级。在邮轮载客量方面，上海依然是中国邮轮市场大船的集聚地，标准载客量最大为"海洋量子号"，达到 4180

人，"喜悦号"达到 4992 人，最大载客量在 3500 人以上的有五艘邮轮。邮轮船龄平均值为 12.2 年，处于良好的水平，其中皇家加勒比邮轮"海洋量子号"、公主邮轮"盛世公主号"、诺唯真"喜悦号"船龄平均值在 5 年之内，其中船龄最大的为天海邮轮"新世纪号"，首航时间为 1995 年，船龄达到 22 年，丽星邮轮"处女号"和歌诗达邮轮"大西洋号"船龄也分别为 18 年和 17 年（如表 5-7）。

表 5-7　2017 年吴淞口国际邮轮母港邮轮情况

邮轮公司	邮轮名称	总吨位（万总吨）	载客量（万人次）		星级	船龄
			标准	最大		
皇家加勒比邮轮	海洋量子号	16.78	4180	4985	5	4
	海洋水手号	13.8	3700	3840	4	15
歌诗达邮轮	赛琳娜号	11.45	3780	3780	4.5	11
	大西洋号	8.56	2680	2680	4	17
	幸运号	10.3	3470	3470	4.5	14
丽星邮轮	处女星号	7.53	1804	2475	4	18
诺唯真邮轮	喜悦号	16.77	3850	4992	5	1
公主邮轮	盛世公主号	14.3	3560	4250	5	1
	蓝宝石公主号	11.58	2670	3168	5	13
地中海邮轮	抒情号	6.55	1984	2579	3.5	14
精致邮轮	千禧号	9.10	2076	2454	4.5	17
天海邮轮	新世纪号	7.24	1814	2119	4.5	22
平均值		11.16	2964	3399	4.4	12.2

资料来源：《2018 年中国邮轮发展报告》

5. 创新发展

2017 年 4 月，"邮轮便捷通关条形码"在上海吴淞口国际邮轮港口开始试运行。2017 年 6 月成功重启国际货柜转运作业。2017 年 8 月 31 日，实施了长江口深水航道船舶实船交会实验，船舶为国际大型邮轮与重载大型集装箱。2017 年 11 月，吴淞口国际邮轮港联合上海国际邮轮经济研究中心、Seatrade 成功举办邮轮大会。2017 年 11 月，上海吴淞口国际邮轮港顺利通过挪威船级社的认证，取得了质量管理体系、环境管理体系、职业健康安全管理体系认证证书。2017 年 11 月 20 日，上海吴淞口国际邮轮港 1 号泊位顺利完成"盛世公主号"邮轮的按键调试工作，整个供电过程运行两小时 50 分钟，2017 年 12 月 29 日，上海国际邮轮旅游服务中心"高铁邮轮直通车"虹桥枢纽服务站试运营。

二、上海国际客运中心

1. 地理区位

上海港国际客运中心位于黄浦江中心地带，与万国建筑博览群的外滩比邻，与陆家嘴高端建筑群隔江相望，于 1999 年开展前期工作，2000 年 6 月取得项目建议书批复，2001 年 2 月列入上海市重大工程，2004 年 1 月举行奠基仪式，处于繁华的都市核心区，拥有独厚的地理位置和优越的滨江景观资源。

2. 基础设施

上海港国际客运中心拥有岸线全长近 1200 米，码头岸线 882 米，现有 3 个邮轮泊位和 15 个游艇泊位，可同时停泊 3 艘 7 万吨级的豪华邮轮，水深 9—13 米，除了为邮轮提供停靠服务外，还提供商业活动场地，拥有特色餐厅，建立邮轮特色的旅游公共服务中心，上港全洲超市、上港邮食荟等商业配套设施。上海港国际客运中心 2011 年通过英国劳氏船级社质量体系认证，成为世界首个获得劳氏认证的邮轮码头。

3. 邮轮旅游接待

2017 年上海港国际客运中心共接待邮轮 46 艘次，同比增长 24%，接待出入境游客量达到 6.23 万人次，同比增长 31%，其中 2017 年接待母港邮轮 23 艘次，接待母港邮轮游客量为 2.82 万人次，接待访问港邮轮 23 艘次，接待访问港游客量为 3.41 万人次。

4. 邮轮航线设定

上海位于中国海岸线"弓"字形的顶部，从上海出发，值得停靠的地方较少，若以上海为母港出发前往泰国、印尼、新加坡等地，则邮轮旅游的整个过程很不经济，"性价比"低，客户体验度也不高。若以上海为母港出发前往越南等地，则邮轮航线的价格相比于飞机团价格并无优势。依据上海邮轮港口现状，邮轮航线开发的进程很难推进。因此，目前邮轮公司在上海母港首推的邮轮航线还是中日、中韩和中日韩航线。但韩国游遇冷，各邮轮公司在上海吴淞国际邮轮港口已取消韩国游航线，使得邮轮航线更加单一化。

三、舟山邮轮港

1. 地理区位

舟山群岛新区处于我国南北海运大通道和长江黄金水道交汇地带，是江海联运的重要枢纽，是我国深入环太平洋经济圈的前沿地区，也是我国扩大开放、通联世界的战略门户。舟山群岛国际邮轮港位于舟山市普陀区朱家尖岛西南的开放区域，地处亚太邮轮黄金区域的前沿，岸线深，离国际航道近，港口离引航仅 9 海里，背靠富庶的长三角地区，拥有庞大的潜在客户群，在邮轮港半径 15 公里内集中了普陀山、朱家尖、沈家门渔港和桃花岛等国内知名旅游景区。舟山群岛国际邮轮港在 300—500 海里的半径范围内覆盖了多个港口城市，24 小时内均可抵达（如图 5-6）。

　　2. 基础设施

　　2011 年 9 月舟山群岛国际邮轮港在朱家尖西岙开工兴建，是舟山群岛新区目前唯一的对外开放国际客流口岸，定位为国际邮轮挂靠及访问港，兼具始发港和母港的功能。2010 年 7 月舟山港集团有限公司、普陀区国有资产投资经营有限公司和舟山群岛旅游投资开发有限公司三家出资注册并成立纯国资的舟山群岛国际邮轮码头有限公司，2013 年 1 月更改为舟山群岛国际邮轮港有限公司。

图 5-6　舟山邮轮母港实拍图

　　该项目总投资 6.3 亿元，分两期建设。一期投资 4.5 亿元，于 2011 年 9 月 26 日正式开工。围海 60 亩，建设内容主要包括一座 10 万吨级（兼靠 15 万吨级）邮轮码头（含引桥），隔堤和岸线、口岸联检和办公场所，陆城围填和通道建设等 4 项工程。邮轮码头西侧预留了邮轮港后续发展的充裕岸线和陆域。目前已建成的 10 万吨（兼靠 15 万吨）码头全长 356 米，宽 32 米，引桥长 188 米，平均高程 3.85 米，前沿水深 12 米，航道最窄处为 500 米，航道最浅处为-18 米，可满足 15 万吨级国际邮轮全潮通航设计年客运量 46 万人次。用于旅客候船及出入境检验的综合联检大厅，占地 6200 平方米，设有 10 个双向出入境检验通道（如图 5-7）。

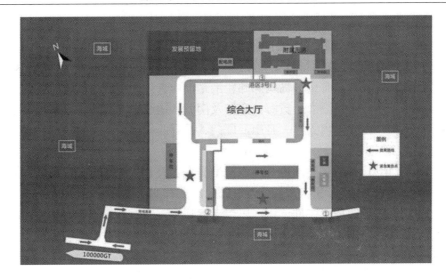

图 5-7　舟山群岛国际邮轮母港撤离路线及集合点示意图

3. 邮轮旅游接待

舟山群岛国际邮轮港一期于 2014 年 10 月正式开港。2008—2017 年舟山邮轮市场发展如表 5-8 所示。

表 5-8　2008—2017 年舟山邮轮市场发展变化

年份	母港邮轮艘次	访问港邮轮艘次	母港游客量（万人次）	母港游客量（万人次）
2008	0	0	0	0
2009	0	0	0	0
2010	0	0	0	0
2011	4	0	0.49	0
2012	0	0	0	0
2013	0	0	0	0
2014	0	1	0	0.24
2015	12	0	2	0
2016	12	1	1.73	0.04
2017	12	3	2.43	0.63

资料来源:《2018 年中国邮轮发展报告》

4. 创新发展

2017 年国际海岛旅游大会闭幕式注入邮轮元素，大会期间歌诗达"大西洋号"恰好在舟山群岛国际邮轮港停泊参与大会闭幕式的互动，为国际海岛旅游大会注入邮轮元素，舟山群岛国际邮轮港是国内首条环中国海邮轮航线的重要节点。这条航线覆盖渤海、黄海、东海及南海，途经中国、日本、韩国等多个城市的港口，衔接国内天津、舟山、厦门、香港四大母港。

5. 政策支持

2018 年 1 月浙江省政协委员张伟平提交了关于扶持舟山邮轮母港发展邮轮经济的建议，呼吁抓住国家鼓励发展邮轮产业和浙江自贸区建设的历史机遇，进一步提升邮轮经济重要性认识，出台支持邮轮发展配套政策，启动建设邮轮母港小镇，促进邮轮产业链集聚，让邮轮经济成为浙江自贸实验区建设对外开放的窗口。

四、温州国际邮轮港

1. 地理区位

温州位于浙江省东南部，位于中国黄金海岸线中段，东濒东海，南毗福建，是浙江省人口最多的城市和浙南经济文化中心，是全国 45 个公路主枢纽城市之一，也是全国 25 个主枢纽港之一。

2. 基础设施

温州国际邮轮港位于洞头状元岙港区，温州港集团总投资约 3 亿元，按照10 万吨级集装箱码头设计建设，包括 7 个泊位、旅检大厅封闭通道及辅助设施设备等。邮轮泊位 7 号泊位长 340 米，宽 50 米，靠泊等级为 5 万吨级（兼靠10 万吨级）。旅检大厅总面积 6200 平方米，设计游客接待能力为 22 万人次/每年。为完善邮轮港区配套设施建设，温州市洞头区政府投资 1300 万元，新建邮轮港区休闲广场和相应的配套综合管理用房。根据规划，温州港目前邮轮使用的 7 号码头为过渡性码头，未来温州国际邮轮港还要建造一个 15 万吨级邮轮码头（如图 5-8）。

3. 邮轮旅游接待

地中海邮轮"抒情号"顺利完成温州国际邮轮港首航，标志着温州国际邮轮港正式开港，同时使温州进入国际邮轮始发港行列。此次首航由温州海外旅行社包船收客量总共 2517 人，女性游客占比较大，数量达到 1568 人，占比62.3%；其中温州本地游客占有绝对比例，人数共计 2285 人，占比 90.7%；另外还有 8 名外籍游客，以及 28 名来自意大利、法国、美国等国华侨；浙江省外游客仅为 60 人。本次航行 12 月 9 日出发，10 日海上巡游，11 日停靠长崎登岸观光，12 日海上巡游，13 日抵达温州下客。

图 5-8　温州国际邮轮母港航拍图

第四节　珠三角经济区邮轮旅游发展现状

一、广州港国际邮轮母港

1. 地理区位

广州港国际邮轮母港地处华南国际大都市广州，是五大国家中心城市之一、超大城市，是华南地区的政治经济与文化的中心，是广佛都市圈、粤港澳都市圈、珠三角都市圈的核心城市，是我国南方航运铁路公路和航空的交通枢纽。广州社会经济十分发达，城区常住人口数量居全国第三，社会消费品零售人均消费额居全国第一，人均地区生产总值突破 2 万美元，居民人均可支配收入、住户存款总额、人均住户存款均居全省第一。全年广东居民人均可支配收入突破 3 万元，区域内消费群体普遍能接受 3000—5000 元人民币的价格消费。广州外籍人士众多，被称为第三世界首都，为邮轮旅游市场发展提供良好的经济发展基础，广州白云国际机场是中国规模最大、功能最先进、现代化程度最高的国家级枢纽机场之一。

广州港国际邮轮母港所在的南沙区是广州市唯一城市副中心，是珠三角的几何中心，目前是"国家新区、自贸试验区"双区叠加的国家战略发展区域。以南沙为中心周围 60 公里半径内有 14 个大中城市，客源非常丰富，南沙邮轮母港享有完善便捷的交通优势，毗邻多个交通枢纽，包括五大国际机场、高铁码头及其他公共交通设施。

广州作为拥有 2200 多年建城史的首批国家级历史文化名城，是古代海上丝绸之路发祥地，是岭南的政治、经济、文化中心，号称"千年商都"，有着悠久的历史文化传承和众多的历史遗迹。它秉承着广府文化、客家文化、潮汕文化和广东民俗、民间艺术等岭南文化优势，形成了独特的岭南旅游文化。广州具有丰富的自然旅游资源和人文旅游资源，珠江及水系资源贯穿城市中轴线，宗教、建筑、文物古迹、交通运输、商业贸易、历史文化等旅游资源类型多样，年平均温度22℃，属南亚热带季风气候，气候宜人，非常适宜邮轮旅游的季节性需要。市内交通便利，基础设施和配套服务完善，为广州邮轮旅游的发展提供了良好的腹地条件。

同时，广州是华南地区重要的旅游目的地、客源输出地、旅游产业聚集地和过境游客集散地，游客旅游观念成熟，旅游市场规模庞大，广州出境入境旅游人数逐年递增，出境旅游市场从观光和购物往休闲度假旅游的变化趋势明显，邮轮旅游消费市场潜力巨大。广州成为邮轮旅游始发母港，不仅方便了广州及珠三角的旅游者，还将辐射整个华南地区。武广、贵广、南广、厦深等高铁线路的开通，大大缩减了内地游客来穗的时间和程序，广州南沙国际邮轮母港始发的国际邮轮将成为内地游客选择邮轮旅游的首选之地，未来 3—5 年将是广州邮轮旅游的"黄金期"。

2. 基础设施

广州港国际邮轮母港 2016 年 1 月 3 日正式投入运营，目前运营的广州港南沙港区邮轮港在货运码头基础上进行改造，增加客运功能，满足邮轮靠泊条件。邮轮码头靠泊作业泊位为广州港南沙港区 3 期码头 14 号泊位，泊位长 376米，港口前沿航道水深 15 米左右，可满足 15 万吨级国际邮轮靠泊，邮轮港建有 4000 平方米旅客联检大厅，邮轮旅客通关（峰值）速度达到 1500—1600 人次/每小时，游客上下船通过大巴车摆渡，并且码头到市区设有 7 条专线接驳大巴。

另外，广州南沙国际邮轮母港位于广东自贸试验区南沙新区片区的南沙湾区块，虎门大桥下游 640 米—1410 米范围内。南沙邮轮码头综合投资 170 亿元。项目岸线总长 770 米，建设规模为一个 10 万总吨位的邮轮泊位、一个 22.5万总吨邮轮泊位和建筑面积 3.5 万平方米的航站楼。2019 年，南沙国际邮轮母港建设投入使用，成为广州与粤港澳大湾区连通世界的重要枢纽和打造国际航运中心的重要组成部分（如图 5-9）。

广州黄埔港将邮轮经济纳入港口转型改造规划。2017 年 11 月，广州开发区黄埔临港经济区管委会、广州港集团客运服务有限公司、太湖国际邮轮有限公司共同签署了黄埔港国际邮轮项目，开展黄埔港国际邮轮航线合作意向书。

图 5-9　广州邮轮母港航拍图

3. 邮轮旅游接待

　　广州历史上曾经在 2011 年接待过两艘次邮轮，接待游客 1600 人次。广州港国际邮轮母港自 2016 年 1 月 3 日正式投入运营以来，截止到 2017 年，接待游客量达到 72.76 万人次，接待母港邮轮 226 艘次，为中国第三大邮轮客源市场。在南沙乘坐邮轮的游客，以广东省内居民为主，其次是来自湖南、湖北、广西、四川和重庆的游客。2008—2017 年广州邮轮市场发展如表 5-9 所示。

表 5-9　2008—2017 年广州邮轮市场发展变化

年份	母港邮轮艘次	访问港邮轮艘次	母港游客量（万人次）	母港游客量（万人次）
2008	0	0	0	0
2009	0	0	0	0
2010	0	0	0	0
2011	0	2	0	0.16
2012	0	0	0	0
2013	0	0	0	0
2014	0	0	0	0
2015	1	0	0.26	0
2016	104	0	32.6	0
2017	122	0	40.11	0

资料来源：《2018 年中国邮轮发展报告》

4. 母港邮轮概况

2017 年，广州港国际邮轮母港的母港邮轮主要为歌诗达邮轮"维多利亚号"、丽星邮轮"处女号"和星梦邮轮的"云顶梦号"与"世界梦号"（如表 5-10）。2016 年 11 月 13 日，首个亚洲本土豪华邮轮品牌星梦邮轮在广州南沙为旗下首个邮轮"云顶梦号"举行首航，第二艘邮轮"世界梦号"于 2017 年 11 月在广州南沙正式首航，旅游目的地主要是日本宫古岛、日本八重山群岛、越南胡志明市、越南下龙湾、越南芽庄、越南岘港、菲律宾长滩岛和中国香港。菲律宾马尼拉的是国内东南亚航线最多的邮轮，港口开通的航线，全年通航季节性不明显。

表 5-10 2017 年广州邮轮母港邮轮

邮轮公司	邮轮名称	总吨位（万总吨）	星级	标准载客量（人）
歌诗达邮轮	维多利亚号	7.51	4	2394
丽星邮轮	处女星号	7.53	4	1804
星梦邮轮	云顶梦号	15.13	5	3376
	世界梦号	15.13	5	3376

5. 创新发展

2017 年 5 月 12 日，广州南沙邮轮产业媒体联盟成立，推动南沙邮轮文化的传播。2017 年 11 月 18 日至 20 日，广州南沙区文广新局举办南沙国际邮轮旅游文化节（如图 5-10）。

图 5-10 广州南沙区文广新局举办南沙国际邮轮旅游文化节

6. 政策支持

广东省、广州市、南沙区各级政府一直把发展建设南沙国际邮轮母港、发展邮轮经济作为国际航运中心建设的重要内容加以推进。立足南沙新区，广州港建设国际航运枢纽和国际航运中心作为"三大战略枢纽"之一、"三中心一体系"之一列入广州市"十三五"规划（2016—2020）。2016 年 12 月，广州市政府通过《关于加快广州国际邮轮产业发展的若干措施》。根据该措施，预计到 2020 年，靠泊邮轮 240 艘次，邮轮旅客吞吐量 100 万人次，计划将广州建设成为集邮轮码头、口岸通关、免税商城、观光旅游和主题酒店于一体的亚洲最大邮轮母港之一。

2017 年 6 月发布《广州市人民政府关于进一步加快旅游业发展的意见》中明确提出："丰富提升休闲度假旅游产品供给，积极开发滨海江河等旅游资源，大力开发邮轮旅游产品，科学规划生态岸线，按照国际标准配套各类旅游服务基础设施，丰富旅游元素，打造现代化滨海旅游产品。南沙区重点发展邮轮游艇滨海旅游集聚区，积极开展国际旅游招商引资，重点引进邮轮集团和跨国旅游集团等企业落户广州。争取国家和省支持，将广州市 72 小时过境免签政策延长到 144 小时。争取实施外国旅游团，经南沙口岸乘坐邮轮入境 15 天内免签政策。积极申报中国广州南沙邮轮旅游发展实验区，落实境外旅客购物离境退税政策，在重要口岸新增进境免税店。"

在《广州南沙新区城市总规划（2012—2025）》中提出，发展滨海旅游，吸引区域消费，建设南沙新区邮轮母港，大力发展水乡游船，海上游艇或邮轮等水上旅游。高标准建设南沙邮轮母港，完善各项服务接待设施，做好与珠江游深度开发项目的衔接融合，打造成为世界邮轮旅游航线的著名节点。

二、深圳蛇口太子湾邮轮母港

1. 地理位置

深圳蛇口太子湾邮轮母港地处深圳市南山区南海大道最南端。太子湾邮轮母港为华南地区唯一的集"海、陆、空、铁"于一体的现代化国际邮轮母港。区域内各种交通条件十分便捷，与香港、澳门同处粤港澳大湾区 30 公里半径范围内，拥有两大国际机场。深圳宝安国际机场是中国第四大航空港，为世界百强机场之一，两小时交通圈覆盖 6420 万人口。深圳市经济较为发达，2017 年国内生产总值（GDP）达到 2.2 万亿，同比增长 12.87%，增速在"四大一线"城市中位居首位。优越的地理位置和精心的城市布局，使得未来的太子湾片区成为华南地区唯一集"海陆空铁"于一体的"海上门户"。

深圳市除了地理位置优越外，还气候宜人。深圳属亚热带海洋性气候，温润宜人，降水丰富。常年平均气温 22.4℃，无霜期为 355 天，平均年降雨量 1933.3 毫米，日照时长 2120.5 小时。温暖湿润、日照充足的气候条件非常适合发展邮轮旅游。良好的气候是发展邮轮旅游的先决条件，被称为"美国南方"的迈阿密邮轮母港也正是借着其优越的气候条件，成为全球首屈一指的邮轮中心。

深圳是中国"改革开放的窗口"，是我国最早的对外开放城市之一，也是对外开放程度最高的城市之一。2016 年中国社科院发布的城市综合竞争力榜单上，深圳超越香港，位居第一。对外贸易是深圳经济的一大亮点，其出口额连续 23 年位居内地大中城市首位。从经济总量上来说，深圳位居全国大中城市第四位。据深圳市统计局数据，截至 2015 年，深圳市常住人口 1137.87 万人，全市生产总值 175028634 万元人民币，人均 GDP 153821 元人民币，约 22350 美元。按照国际邮轮经济的发展规律，当一个国家或地区经济发展人均 GDP 达 6000—8000 美元时，邮轮旅游将得到快速发展。

从个人收入和消费情况来看，深圳市民生活质量不断提高。据统计，2015 年深圳市居民人均可支配收入 44633.3 元人民币，比上年增长 6.7%；居民人均消费支出 32359.2 元人民币，比上年增长 9.8%；恩格尔系数为 32%，属于富裕层次。由于深圳居民生活水平的不断提高，居民出游率很高，多年位居携程网评选的"黄金周全国出游人气最旺的城市"的前五名，是我国主要的旅游客源地。

深圳拥有绵长的海岸线，其中具有旅游价值的海滩 20 多处，大小岛屿 39 个。大鹏半岛被《中国国家地理》杂志评为"中国最美的八大海岸线"之一。从西部深圳湾到南山 15 公里的滨海休闲带，再到东部的大梅沙、小梅沙、海洋世界、大鹏半岛，都是滨海休闲好去处。除了海滨度假型资源外，还拥有主题公园、都市风情、购物美食、历史古迹、自然生态等不同种类的旅游资源，各类旅游景点（区）超过百处，是中国优秀旅游城市、园林城市，被誉为"中国主题公园之都"。

海洋除了赋予深圳丰富多彩的旅游资源、"对外开放窗口城市"的称号外，还赋予了这座城市吃苦耐劳、敢于创新、勇于拼搏、海纳百川的精神和文化内涵。这使得本地居民尝试新鲜事物、接受新的旅游方式和消费方式的意愿比其他城市高很多，因此深圳也被誉为"旅游创新之都"。

综上所述，无论是从经济实力、消费水平，还是从港口地理位置、对外交通网络，抑或是旅游资源、旅游客源来说，深圳都具备了相应的条件，这些条件必将促使深圳成为中国发展邮轮游最好、最快的城市之一。

2. 基础设施

太子湾邮轮母港是整个太子湾片区综合开发的首个项目。太子湾邮轮母港项目由太子湾邮轮母港和蛇口邮轮中心两部分组成，母港填海面积达到 37.75 公顷，包括一个 22 万吨级邮轮泊位、一个 10 万吨级邮轮泊位和一个 2 万吨级客滚轮泊位。它拥有一座客运码头，拥有 10 个 800 吨级高速客轮泊位，其中 4 个为国内线高速客运泊位、6 个为港澳线高速客轮泊位、2 个为港池东北侧的带泊位，设计通过能力为 760 万人次/年。蛇口邮轮中心为综合体项目，占地面积达到 4.26 万平方米，建筑面积达到 13.6 万平方米，分为地下 2 层+1 层夹层、地上 10 层。2 层以下区域为游客通关服务、口岸联检、停车、公共交通等，3 层以上区域为餐饮商业和办公场地（如图 5-11）。

3. 邮轮旅游接待

2016 年 11 月 12 日，深圳蛇口太子湾邮轮母港开港，2016 年全年接待邮轮 14 艘次，接待出入境游客 4.45 万人次，在中国所有邮轮港口中位居第 9 位。2017 年全年深圳蛇口太子湾邮轮母港接待邮轮 108 艘次，同比增长 679%，接待出入境游邮轮客 18.85 万人次，在中国所有国际邮轮港口中位居第 4 位。

4. 母港邮轮概况

2017 年，深圳蛇口太子湾邮轮母港涵盖丽星邮轮"处女星号"、银海邮轮"银影号"、皇家加勒比邮轮"海洋航行者号"、歌诗达邮轮"大西洋号"和"幸运号"、天海邮轮"新世纪号"、地中海邮轮"抒情号"等邮轮，其中银海邮轮"银影号"是首艘以中国为母港出发的六星级奢华邮轮，开启了国内首个高端邮轮母港航线（如表 5-11）。

图 5-11 深圳太子湾邮轮母港航拍

表 5-11 2017 年深圳邮轮母港邮轮

邮轮公司	邮轮名称	总吨位（万总吨）	星级	标准载客量（人）	船龄
丽星邮轮	处女星号	7.53	4	1804	18
银海邮轮	银影号	2.82	6	382	17
皇家加勒比邮轮	海洋航行者号	13.72	4	3114	18
歌诗达邮轮	大西洋号	8.56	4	2114	17
	幸运号	10.3	4.5	3470	14
天海邮轮	新世纪号	7.24	4.5	1814	22
地中海邮轮	抒情号	6.55	3.5	1984	14

资料来源：《2018 年中国邮轮发展报告》

5. 创新发展

2017 年 5 月深圳市文体旅游局联合招商蛇口，组织太子湾邮轮母港、邮轮公司和深圳主要旅行社开展 2017 年邮轮嘉年华活动，被称为"深圳市旅游业有史以来规模最大的一次专题旅游推广活动"。成立深圳市旅行社行业协会邮轮专业委员会及深圳市邮轮旅游联盟，旅行社将深入社区开展 500 余场的邮轮旅游推广活动。2017 年 10 月 1 日起，深圳蛇口太子湾邮轮母港将正式实施船票实名制，对购买船票进行实名登记及入闸实名验证。

6. 政策支持

2017 年 11 月《深圳市人民政府应急管理办公室发布深圳市邮轮旅游突发事件应急预案》，适用于在深圳市管辖水域及深圳蛇口邮轮中心发生的有关邮轮旅游突发事件的应急处理行动。

三、厦门港国际邮轮中心

1. 地理位置

厦门是现代化国际性港口风景旅游城市，是著名的海上花园城市。它与漳州、泉州并称"厦漳泉"，地处闽南金三角经济区，位于东南沿海核心枢纽位置，是中国综合运输体系的重要枢纽。厦门是中国大陆最早接待国际邮轮的港口之一，是中国第一个有定期国际邮轮航班的港口。交通发达，拥有厦门高崎国际机场、厦门翔安国际机场两大机场和三大火车站，拥有的铁路线包括鹰厦铁路、福厦铁路、龙厦铁路、厦深铁路。

2. 基础设施

2016 年起，国际邮轮母港列入厦门市重大专项项目之一。2016 年 9 月，厦门国际邮轮母港正式启动码头泊位升级改造，改造工程位于东渡港口的 0 号至 4 号泊位。改造后岸线总长度为 1419 米，改造建设 4 个泊位，其中 0 号到 2 号泊位为邮轮泊位，3 号泊位为 2 万吨级滚装轮泊位，0 号至 2 号邮轮泊位建成后，可满足一艘 15 万吨级邮轮和两艘 8 万吨级邮轮"三船同靠"，同时 0 号泊位码头结构，可满足世界上最大的 22 万吨级邮轮靠泊需求（如图 5-12）。

图 5-12　厦门邮轮母港航拍

厦门港建设的标志性建筑物——全新航站楼按照高峰小时 6000 人客流量规模设计，包括旅客候船通关联检及办公面积约 5 万平方米，专为邮轮服务，年吞吐量可达 80 万人次，客货滚装旅客 25 万人次/年，车辆 3.5 万车次/年，到 2020 年初步形成邮轮母港"船、港、城"三位一体，逐步完成邮轮发展环境，成为中国东南沿海最具活力的区域性邮轮母港、海峡邮轮经济圈的核心港，基本形成了海峡邮轮经济圈。

3. 邮轮旅游接待

厦门港接待邮轮的历史由来已久，自 20 世纪 80 年代起就陆续有国际邮轮停靠，是中国大陆最早接待国际邮轮的港口之一，从 2008—2017 年厦门接待邮轮总量达到 349 艘次，接待出入境游客量达到 77.93 万人次，其中母港邮轮总量达到 201 艘次，母港出入境游客总量达到 41.61 万人次（如表 5-12）。2017 年厦门接待邮轮 77 艘次，同比下降 3%，接待出入境游客量达到 16.18 万人次，同比下降 22%，位列中国母港邮轮游客量第 5 位。2017 年 6 月 28 日从罗马起航的"盛世公主号"在历经 37 天航程后盛装靠港，厦门港成为该轮"沿海丝绸之路，讲中国故事"活动的终点站，中国行程的第一站。

表 5-12 2008—2017 年厦门邮轮市场发展变化

年份	母港邮轮艘次	访问港邮轮艘次	母港游客量（万人次）	访问港游客量（万人次）
2008	0	28	0	7.36
2009	0	13	0	2.02
2010	0	19	0	1.81
2011	1	10	0.17	1.08
2012	6	13	1.02	2.56
2013	9	5	0.87	1.61
2014	8	15	2	3.64
2015	47	19	9.8	7.73
2016	66	13	14.37	5.71
2017	64	13	13.38	2.8
总计	201	148	41.61	36.32
加总	349		77.93	

资料来源：《2018 年中国邮轮发展报告》

4. 母港邮轮概况

2017 年厦门港母港邮轮如表 5-13 所示。

表 5-13 2017 年厦门港母港邮轮

邮轮公司	邮轮名称	总吨位（万总吨）	星级	标准载客量（人）	船龄
渤海邮轮	中华泰山号	2.45	—	900	18
歌诗达邮轮	维多利亚号	7.51	4	2394	21
	幸运号	10.3	4.5	3470	14
天海邮轮	新世纪号	7.24	4.5	1814	22
地中海邮轮	抒情号	6.55	3.5	1984	14

资料来源：《2018 年中国邮轮发展报告》

5. 创新发展

2017 年 6 月，在厦门自贸委海关国检边检等政府部门通力协作下，厦门邮轮母港启动邮轮物供"快速通道"，率先全国实现"保税供船""进口直供"监管模式，更好地发挥了母港功能，完善邮轮产业链，为邮轮经济带来全新商机，促进港口产业转型发展。2017 年 6 月厦门邮轮母港携手天海邮轮"新世纪号"，请文史专家坐镇邮轮文化沙龙，畅谈琴岛音乐，实现鼓浪屿文化的"邮轮首航"，突出邮轮产品的厦门特色。2017 年起，厦门邮轮母港积极推进"邮轮+目的地"创新模式，该模式利用母港、邮轮商、旅行社多方优势，推动邮轮游客与来厦游客相互转化，吸收吸引全国游客来厦乘坐邮轮、使在厦观光延伸推广到海上游、岸上游、环岛游、海岛游，使邮轮产业助推厦门旅游业全面升级。厦门国际邮轮母港推出"港、航、旅"三合一模式，联合福建省春辉旅行社、华澳世纪引入歌诗达"幸运号"。该 10 万吨级豪华邮轮首次以厦门为母港持续运营 21 天。此举开启了"港、航、旅"合作模式，揭开了厦门母港多方共赢的新蓝海经济序幕，推动厦门邮轮母港邮轮目的地创新实践，增强厦门邮轮母港凝聚力和影响力，助力厦门全城旅游。

2017 年 8 月，厦门边检总站同益站在国际邮轮中心通关现场新建 10 条新型自助查验通道，其中出境通道 4 条，入境通道 6 条。

6. 政策支持

《推进供船食品"进口直供""保税物供"模式工作方案》《关于推进邮轮供船食品"进口直供""保税物购"模式有关建议的函》等文件陆续被推出，使得检验检疫监管新模式逐步成型、实施。其中包括：（一）申报为境外直供邮轮食品的，参照过境检验模式进行监管，不再按照进口食品进行检验；（二）涉及预包装食品的，可以免于加施中文标签；（三）涉及保健食品的可免于出示我国卫生部门批文；（四）通关现场监管以现场查验为主，以现场快速检测及后续监测取样为辅，实施快速验放。

第五节　海南省邮轮旅游发展现状

在海南国际旅游岛建设上升为国家战略后，海南旅游的国际知名度越来越高，海南省的度假旅游受到越来越多国内外游客的欢迎。为贯彻落实海南省《关于深入推进供给侧结构性改革的实施意见》，海南旅游业加快转型升级步伐，大力推进"国际旅游岛+"计划、加快创建全域旅游示范省，西沙旅游成为旅游新热点。从区位环境上看，海南是中国第二大岛，坐落在热带地区，四周大海环绕，毗邻东南亚国家，是"海上丝绸之路"连接东南亚各国的重要咽喉之地。得天独厚的条件使其成为精品邮轮目的地，使海南具备拥有庞大的邮轮消费群体。

国家先后出台了多项政策，对海南邮轮产业的支持彰明较著。2013 年，习近平总书记在海南提出，邮轮发展应是海南旅游的重点发展领域。2018 年 4 月，习近平总书记再次来到海南宣布，党中央决定支持海南全岛建设自由贸易试验区，支持海南逐步探索、稳步推进中国特色自由贸易港建设。支持开通跨国邮轮旅游航线及支持三亚等邮轮港口开展公海航线试点，加快三亚邮轮母港方向发展，在《关于支持海南全面深化改革开放的指导意见》中有明确说明。因此，三亚和海口作为海南省重要的两个旅游城市，其发展情况与海南全省的趋势相同，但三亚的发展优势更为明显。

一、海口

1. 地理区位

海口是"一带一路"中的支点城市，也是海南国际旅游岛的省会和空港、海运交通枢纽。海口拥有长达 131 公里的海岸线，海域面积 830 平方公里。处在泛珠三角经济圈和中国—东盟自由贸易区两大经济区域之间。海口是"中国优秀旅游城市""中国旅游标准化示范城市"和"中国魅力城市 200 强"。海口是南海海上交通的咽喉，海上交通十分发达，它还是海南省海运的集散中心，拥有"一横""六纵"对外交通公路体系。

2. 基础设施

海口港秀英港区邮轮码头目前使用 17 号和 20 号集装箱泊位停靠邮轮。其中，17 号泊位长 300 米，吃水 10.2 米，靠泊等级为 5000 吨级；20 号泊位长 465 米，吃水 13.3 米，靠泊等级为 3 万吨级。

17 号和 20 号泊位在集装箱码头作业区，而集装箱码头存在严重的滞港问题，一旦有邮轮停靠，就会严重影响集装箱装卸作业；20 号泊位距临时客运联检大厅较远，旅客需要穿越整个集装箱作业区。因此，最近几年丽星邮轮"天秤星号"和"中华泰山号"只能停靠在 17 号泊位。从目前软硬件设施上来看，17 号码头并非专业邮轮码头，现有海口港联检厅由旧仓库改造而成，服务设施设备不完善，且港口及周边也没有形成与邮轮旅游相关的商业体系（如图 5-13）。

图 5-13　海口秀英港航拍图

未来海口南海明珠国际邮轮港口将正式启用，该港口建设工程岸线长 800 米，拟建设邮轮泊位 4 个（2 个 22.5 万吨级邮轮泊位和 2 个 15 万吨级邮轮泊位），总投入资金约 9 亿元，工程建设周期约为 2 年。该邮轮港口在建成后可满足现今全球最大邮轮的停靠需求，年设计通过能力达 158 万人次。此外，海南如意岛旅游度假投资公司有意在东海岸如意岛建设 2 个 10 万吨级、1 个 15 万吨级和 1 个 22.5 万吨级邮轮码头。

3. 邮轮旅游接待

海口市是海南省最早引进邮轮和推动邮轮旅游发展的城市，海口港作为国际邮轮停靠港已有 20 年的历史，1994 年 9 月香港丽星邮轮公司旗下的"双鱼星号"邮轮首航海口港。2008—2017 年海口邮轮市场发展如表 5-14 所示。

表 5-14 2008—2017 年海口邮轮市场发展变化

年份	母港邮轮艘次	访问港邮轮艘次	母港游客量（万人次）	母港游客量（万人次）
2008	0	0	0	0
2009	0	0	0	0
2010	0	0	0	0
2011	0	1	0	0.1
2012	0	2	0	0
2013	0	0	0	0
2014	20	0	3.86	0
2015	26	0	3.62	0
2016	39	2	6.18	0.27
2017	32	1	2.52	0.0466

资料来源：《2017—2018 年中国邮轮港口发展年度研究报告》

4. 创新发展

2017 年 5 月，海南省邮轮旅游行业协会在海口正式成立。海口通过创新"邮轮+深度游""邮轮+飞机"的模式灵活开拓东南亚市场。

5. 政策支持

2017 年 2 月，省旅游委省财政厅共同拟制《海南省鼓励邮轮旅游产业发展财政奖励实施办法（试行）》，对邮轮公司、邮轮经营人及租赁（或包租）邮轮的企业开辟海南（海口或三亚）母港航线，按照航次给予奖励。A 类邮轮:5 航次以下，奖励 10 万元/航次；5 航次（含）至 10 航次（含），奖励 12 万元/航次；

10 航次以上，奖励 15 万/航次。B 类邮轮：5 航次以下，奖励 20 万元/航次；5 航次（含）至 10 航次（含），奖励 25 万元/航次；10 航次以上，奖励 35 万/航次。C 类邮轮：5 航次以下，奖励 30 万元/航次；5 航次（含）至 10 航次（含），奖励 35 万元/航次；10 航次以上，奖励 40 万/航次。实施期限为 2017 年 1 月 1 日至 2019 年 12 月 31 日，暂定三年。

二、三亚

1. 地理区位

三亚位于海南岛的最南端，三亚市地处中国海南岛的最南端，居于东南亚的中心位置，具备与南海周边国家及整个东南亚地区开展海上交通运输、海上互联互通、海洋旅游和海洋生态保护合作的先天优势。三亚被称为"东方夏威夷"，海洋生态环境质量居于全国领先水平，位于中国四大旅游一线城市"三威杭厦"之首。2016 年 6 月，中科院认定三亚宜居指数在全国 40 个城市中位居第三，是全亚洲顶级的度假胜地之一，是中国东南沿海对外开放黄金海岸线上最南端的对外贸易重要港口。

从三亚 1 小时内即可进入国际主航道，北向航线可至中国香港、中国台湾和日本；南向航线可达南海、东南亚及印度洋，是远航南中国海及印度洋的必经之路，是环球邮轮航线的东南亚的重要中转站和补给点。三亚也是我国走向深海开发大洋资源的桥头堡。三亚市海岸线长 259 千米，管辖海域面积约为 3500 平方千米，10 米水深的浅海约 191 平方千米。三亚市位于海南岛最南端，具备建设南海资源开发保障的先天优势条件。

由国家统计局数字最新数字显示，中国入境人口由 2013 年的 12907 万人次逐年递增的趋势达到 2017 年的 13948 万人次，国内旅游由 35.62 亿次到 50.01 亿次的人次增长，都显示了我国旅游产业发展依旧呈现欣欣向荣的姿态。三亚统计数据显示，三亚旅游的总人数也符合全国旅游发展的趋势逐年递增。但国际人数自 2012 年有所下滑，至 2015 年达到最低点才得以复苏，由此可见，国内游以海南为旅游目的地的游客人数在增加。2011—2017 年三亚接待过夜旅游人数及旅游收入如表 5-15 所示。

根据《三亚统计年鉴》显示，自 2011 年起至 2016 年，俄罗斯从 2011 年 22.76 万游客数量逐年下降至 2016 年的 7.12 万人次，直至 2017 年才首度回暖。其他欧美国家入境人数呈上升趋势，因此，导致三亚入境游客人数减少的直接原因来自俄罗斯。俄罗斯曾是海南第一大境外客源市场，2011 年的 22.76 万人次，占当年入境游市场近 30%。后来由于东南亚等其他相似客源地市场的竞争加剧，以及俄罗斯卢布贬值影响人们出游欲望等，俄罗斯入境人数开始不断下滑，2013 年跌到 11.7 万人次，2014 年跌到 7.46 万人次。2015 年，由于俄罗斯直飞海南航班的停飞，入境人数更是跌到了 3.74 万人次，只占当年入境游市场的 6%。而 2016 年 3 月 5 日开始，俄罗斯直飞海南航班复航带来了俄罗斯客源市场近 4 年来的首次"止跌回升"。三亚入境游的游客减少直接影响邮轮旅游市场。从 2015 年开始三亚邮轮旅游市场呈整体下滑趋势。

表 5-15 三亚接待过夜旅游人数及旅游收入

指标名称	2011 年	2012 年	2013 年	2014 年	2015 年	2016 年	2017 年
旅游人数总计	10210709	11022228	12283977	13527615	14957271	16515782	18309674
国际旅游者	528077	481437	481851	388637	358184	448857	692798
外国人	410531	353327	291273	216404	192260	272233	524130
港澳同胞	74793	53615	56327	51971	64834	74462	81581
台湾同胞	27479	56073	50762	39977	46816	60950	66102
国际邮轮客	15274	18422	83489	80283	54274	41212	20985
国内旅客	9681767	10540791	11802126	13138978	14599087	16066925	17616876

资料来源：《三亚统计年鉴 2018》

2. 基础设施

三亚凤凰岛作为中国早期为数不多的邮轮母港之一及多邮轮的挂靠港，在 2006 年第一艘歌诗达邮轮进入中国的同时期，具有开辟邮轮产业先河的奠基作用。

三亚凤凰岛国际邮轮港口一期用地面积约 36.5 公顷（约等于 365000 平方米），于 2002 年开始兴建，2006 年 11 月建成 8 万吨级邮轮泊位，配套建设面积约 10000 平方米，设有 16 个边检通道的现代化客运联检楼可一次性接待 3000 名游客出入境，港口年接待游客能力为 30 万人次。港口岸线 370 米，水深 10.9 米，靠船平台长 130 米，码头高度为最低潮面以上 3.7 米，潮差 1.75 米，是国内第一个专业性的邮轮港口（如图 5-14）。

与码头同时投入使用的还有一栋 10000 平方米的客运联检大楼与为码头配套的供水、供电、消防系统和大型停车场等设施，为了提升服务质量及旅客体验，凤凰岛邮轮港改造联检楼大楼一楼布局，增设旅游商品购物区、售票中心、服务中心、大型 LED 邮轮航班信息显示屏，增加游客出境检查通道 8 个，增设游客出入接送的交通工具及行李托运服务、食品和生活用品的供应。

为改进旅客登船方式，减少旅客步行距离，缩小码头宽度，降低码头造价，港口独自研制和发明了目前最先进螺旋式旅客登船桥，大大地方便国际旅客的进出港，加快了通关速度，并申请国家专利。创新邮轮码头设计，大幅度降低码头高度，使供应品方便装船，节约码头建设的大量投资。三亚凤凰岛邮轮码头客运大楼布局如图 5-15 所示。

图 5-14　三亚凤凰岛邮轮母港

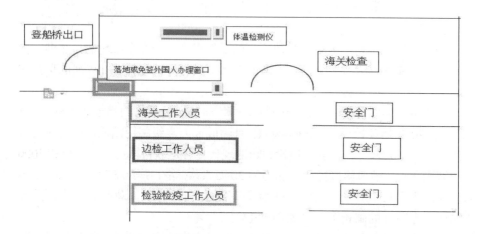

图 5-15　三亚凤凰岛邮轮码头客运大楼布局示意图

　　三亚凤凰岛国际邮轮港为推动进一步放宽免税品品种限制和提高免税额度，统一岛内居民与岛外旅客免税购物政策，将政策适用范围扩大到乘船离岛旅客，并扩大邮寄送达提货模式适用范围，即可通过邮寄送达及返岛提取，额度也由曾经的 3 万元、每年两次的购买，提升到 10 万元、每年不限次数的购买。

3. 邮轮旅游接待

2008—2017 年三亚邮轮市场发展如表 5-16 所示。

表 5-16　2008—2017 年三亚邮轮市场发展变化

年份	母港邮轮艘次	访问港邮轮艘次	母港游客量（万人次）	母港游客量（万人次）
2008	0	66	0	16.9
2009	0	17	0	3.77
2010	0	15	0	3.93
2011	24	20	1.96	4.93
2012	64	22	6.19	5.54
2013	104	9	10.64	2.88
2014	36	35	6.03	9.56
2015	0	30	0	10.33
2016	0	25	0	9.64
2017	2	10	0.1521	3.85

资料来源：《2017—2018 年中国邮轮港口发展年度研究报告》

4. 创新发展

2017 年 5 月，由南网能源海南分公司与海南电网三亚供电局协同推进的国内首个采用"岸并船"并网方式的邮轮港岸电项目——三亚凤凰岛国际邮轮港口岸电项目完成签约。该低压案件项目建设容量为 1000 千伏安。系统设计采用先进的一键式自动并网方式，无须对船上的控制系统进行改造。联船时，系统可实施检测船舶的电源信息。

5. 政策支持

2017 年 9 月，《三亚市鼓励邮轮旅游产业发展财政奖励实施办法》获审议通过，邮轮旅游产业发展财政奖励对象，包括在三亚邮轮港开设邮轮旅游始发航线或挂靠航线业务的境内外邮轮公司（或包船旅行社），以及三亚邮轮港口经营企业。其中，对三亚邮轮港年接待国际邮轮游客 25 万人次（含）以上的邮轮港经营企业奖励 400 万元。访问港邮轮奖励方面，对邮轮公司邮轮经营人将三亚作为访问港的邮轮航次按照始发地给予奖励，始发地为中国内地城市的邮轮，每航次奖励 10 万元，停靠三亚邮轮游客超过 3000 人的再奖励 5 万元；始发地为中国港澳台地区的邮轮，每航次奖励 30 万元，停靠三亚邮轮游客超过 3000 人的再奖励 10 万元；始发地为亚洲其他国家的邮轮，每航次奖励 60 万元，停靠三亚邮轮游客超过 3000 人的再奖励 15 万元；始发地为亚洲以外国家的邮轮，每航次奖励 90 万元，停靠三亚邮轮游客超过 1000 人的再奖励 20 万元。

2017 年 3 月，三亚市人民政府印发《三亚市人民政府关于印发争取国家层面协调重大政策的实施方案的通知》，提出三亚发展邮轮产业所需要的政策：

●　批准凤凰岛国际邮轮港区作为海南拟建的自由贸易区项目，支持在三亚凤凰岛国际邮轮港实行国际邮轮燃油保税、境外供应品保税、境内供应品离港退税、旅客离港退税及邮轮售卖国际贸易便利化政策；为旅客出入境提供快捷方便的检查通关服务；允许外商进驻开展国际邮轮管理业务；执行上海自贸区的外商投资管理金融服务、文化娱乐活动政策。

●　支持三亚开辟新西沙、南沙至新加坡、马来西亚、印尼、文莱等国际邮轮旅游航线，以推动中国与东盟各国邮轮旅游正常化。此外还划定航线海区景点，批准外籍邮轮（含中资邮轮）开展三亚—南海无目的地海上游。

●　对于进口邮轮，国家须征收 5% 的进口关税和 17% 的进口环节增值税；船龄超过十年的不准进口；中国企业买邮轮，不愿（或不能）入中国籍，支持购置外国邮轮，政策方面给予突破。

●　发起设立南海周边国家有关部门、港口码头、旅行社和邮轮公司参与组成的中国—东盟南海邮轮旅游促进会，依托中国东盟海上合作基金、博鳌亚洲论坛、亚洲邮轮协会等平台机制多层次展开合作，以促进中国与东盟各国邮轮旅游稳定发展。

●　建立三亚口岸与泛珠区域口岸、境外口岸机构之间通关协作机制，共享邮轮及船员游客的资料信息，口岸通关政策衔接，实现邮轮旅游通关便利化。

6. 三亚凤凰岛邮轮母港岸上游产品

根据邮轮 6—10 小时的停靠时间，排除上下船排队时间，邮轮乘客上岸活动的有效时间只能限定在 4—8 小时。因此，邮轮乘客岸上游的旅游产品路线规划最大只能划拨以凤凰岛为半径 60 公里范围内。三亚全市共有 A 级及以上景区 17 个，其中 5A 景区 5 处，分别是南山文化旅游区、南山大小洞天旅游区、呀诺达雨林文化旅游区、槟榔谷黎苗文化旅游区和蜈支洲岛旅游区（如表5-17）。

表 5-17　三亚 5A 级景区

景区	距离
南山文化旅游区	约 42 公里
南山大小洞天旅游区	约 48 公里
呀诺达雨林文化旅游区	约 41 公里
槟榔谷黎苗文化旅游区	约 36 公里
蜈支洲岛旅游区	约 40 公里

4A 景区 6 处，分别是亚龙湾风景区、大东海旅游生态区、亚龙湾热带天堂森林公园、西岛海洋旅游度假区、天涯海角景区和南湾猴岛（如表 5-18）。

表 5-18　三亚 4A 级景区

景区	距离
亚龙湾风景区	约 24 公里
大东海旅游生态区	约 24 公里
亚龙湾热带天堂森林公园	约 22 公里
西岛海洋旅游度假区	约 20 公里
天涯海角景区	约 21 公里
南湾猴岛	约 66 公里

由表 5-18、5-19 所示，三亚著名的国家级 5A、4A 景区大部分集中在离三亚凤凰岛邮轮母港半径距离 60 公里内的范围，具备适合开发成邮轮乘客合理岸上旅游产品的基本条件。

按照区域划分，三亚旅游经济商圈也可以分为：亚龙湾国家旅游度假区、三亚湾旅游度假区、大东海旅游度假区、海棠湾旅游度假区和三亚市区五大部分。

亚龙湾国家旅游度假区，誉为"东方夏威夷"。亚龙湾，拥有 7 千米长的银白色海滩，沙质相当细腻。海水洁净透明，远望呈现几种不同的蓝色，而水面下珊瑚种类丰富，可清楚观赏珊瑚，适合多种水面下活动，包括潜水等，海底成了当地旅游的核心。岸上林木郁郁葱葱，冬季气温 27℃，水温 20℃，是一处理想的冬季避寒和休闲度假胜地，号称"东方夏威夷"。沿海岸一带布满多座高级酒店。

三亚湾度假区，是距离凤凰岛邮轮母港最近且最贴近市民生活区的海湾，10 公里（20 里）长的滨海大道依湾绵延，椰树成林，西行延伸至天涯湾。东、西玳瑁洲（俗称东岛、西岛）两座小岛浮于海中，相邻而望。东岛驻军戒备森严，西岛渔家出入自由。三亚湾刚结束的填沙工程让三亚湾更适合开展海岸边的活动。广场舞、下棋、看书阅读、散步、聊天及傍晚捕鱼的大批渔民等都是三亚湾一道独特风景。

大东海三面环山，海岸线长 2.9 公里，一面大海，一排排翠绿椰林环抱沙滩，蓝天、碧海、青山、绿椰、白沙滩独特之美博得海内外游客的赞叹。大东海是外国游客及友人聚集的地区。

海棠湾位于南中国海之滨，是三亚东疆门户，被定位成国家海岸，具有重要的战略意义。著名的亚洲第一大免税店——三亚国际免税城则坐落于此，许多游客还会为此专程安排一次高端的免税游。同时，全球最高端的酒店品牌均坐落于此，构成了世界顶级酒店最密集的商圈。

三亚位于海南岛的最南端，是中国最南部的热带滨海旅游城市，中国海滨城市。市区被延绵的山峦环绕，冬天被绿叶包围，负氧离子含量位居全国前列，是中国空气质量最好、全国百姓寿命最长寿的地区。五个区域，五大亮点，分别刻意打造不同特色的岸上旅游产品线。

三亚的邮轮旅游在产品开发过程中依旧处于重视邮轮航线开发，轻视港口城市岸上旅游产品开发的特征。表 5-19 为三亚凤凰岛邮轮母港提供的岸上游旅游景区产品价格。

表 5-19　三亚凤凰岛邮轮母港提供的岸上游旅游景区产品价格

景区	产品价格
南山旅游景区	420 元/人（包交通和午餐）
天涯海角景区	380 元/人（包交通和午餐）
大东海	280 元/人（包交通和午餐）
市区（步行街）	70 元/人
南湾猴岛	163 元/人（含缆车+轮渡）
亚龙湾热带天堂森林公园	130 元/人（含缆车）
亚龙湾	无
鹿回头	33 元/人

资料来源：三亚凤凰岛邮轮港及部分 OTA 资料

通过对表 5-20 的分析可以看出，目前国内的港口城市在邮轮岸上旅游产品开发中没有考虑到邮轮自身停留时间、船上旅游产品的相关特征，同时也没有考虑到不同主题的邮轮旅游产品对岸上旅游产品的要求。而且，产品内容多以观光类等静态旅游产品为主，产品的文化性与体验性存在不足。

（1）登岸组织

①一关三检

由于邮轮公司均属于外籍船只，登船等于出国。因此出入邮轮都会有一道"一关三检"的程序。所谓"一关三检"，即指海关、检验、检疫及边检。登邮轮出境第一步，检验检疫部门的工作人员，对所携带的所有食品药品进行通关检验；第二步，游客将出境登记卡与护照等证件一同提交给予边检工作人员，以示申请出境；第三步，海关核实出境人员身份。入境流程与之相反。

　　由于烦冗的通关程序造成了登船下船排队等待时间长，港口与边检机关协调的结果是边检机关未来可以采取简化邮轮边检手续、民警"随船办证"、启用移动验放车等举措，不断提升通关速度，力求实现邮轮旅客"入境零等待"。

　　②旅行社

　　旅行社作为邮轮旅游岸上观光供应链中最重要的纽带，必须起到良好的衔接作用。这就要求旅行社储备多方合作，寻求建立多方战略联盟。这不仅仅需要旅行社自身的付出，更需要其他要素诸如旅游景点、酒店、餐饮及相关政府部门的积极参与。能够接待邮轮公司的地接社都必须具备国际社的资质，现参与接待三亚凤凰岛邮轮的旅行社如表5-20所示。

表5-20　接待三亚凤凰岛邮轮的旅行社

旅行社	邮轮
海王国旅	丽星邮轮
盛达国际旅行社	皇家加勒比邮轮
中青旅	歌诗达邮轮
中旅	原代理丽星邮轮
其他旅行社	航次较少，不成团游客

资料来源：三亚凤凰岛邮轮港

　　③景区

　　除了旅行社外，三亚凤凰岛邮轮码头开创了更灵活的合作形式，即以景区返点回佣的合作，允许景区直接进入港口售卖景区门票，并可以提供车辆接送的形式将邮轮乘客接至景区。凤凰岭、呀诺达旅游度假区景区就是其中典型代表，景区工作人员直接在港口外买票，大巴车直接接送乘客。

　　（2）岸上旅游配套设施

　　为了进一步完善城市交通体系建设，开设三亚海上巴士，其创意来源于威尼斯水上巴士。海上巴士以鹿回头广场为节点，串联起凤凰岛、西岛、天涯海角、南山、大小洞天，以及亚龙湾、蜈支洲岛、免税店等站点的东西两条旅游交通航线，全面构建专业化、高品质的水上旅游交通网络。海上巴士的运营填补了海南省城市水上公共交通的空白，这样便可形成将各个海湾的滨海景区串联，布局方便，快捷舒适，同时兼顾旅游观光功能的海上旅游交通运营网络。海上巴士是提供邮轮乘客便捷到达岸上游线路的一条新型交通工具，其本身也是旅游产品之一，同时满足了游客的两种猎奇心理。

　　以三亚凤凰岛为中心的邮轮经济腹地，将整合诸如旅游景点、娱乐购物、餐饮休闲、交通运输、酒店住宿等元素，最终形成一套完整的岸上观光供应链管理模式，是凤凰岛邮轮码头即将要快速投入高效完成的巨大工程。

三亚无法解决船供问题，需要质量过硬的船供商及合理的保税油，以便降低邮轮运营成本。建议组建保税仓，解决船供问题，降低燃油费成本。

总体而言，邮轮产业链下游聚合程度不够，导致邮轮与岸上旅游景点之间存在时间和空间上的距离。因此，未来工作的重点就是加强邮轮与产业链之间的直接联系，强化利益捆绑，增加创利机会。

7. 邮轮航线设定

邮轮严苛的时间限制决定了岸上游产品的距离及组合。根据国家法定假期及带薪休假的政策，中国游客乘坐邮轮出游的时间集中在5天4晚或6天5晚的行程，邮轮经停挂靠港的时间区间为6—10小时。2013—2016年，经营亚洲市场的邮轮公司提供的邮轮旅游产品主要以4—6晚区域游为主，2—3晚次之，紧接着为7晚，公海游所占比例不大。这与休假制度、旅游费用有着直接的关系。近年来，2—3晚的区域游比重呈现逐年下降趋势，表明游客对深度游越发感兴趣，区域游比重逐年上升。

由于海南环境优美、地理位置与越南临近，丽星与嘉年华、皇家加勒比等国际邮轮公司进驻海南。自从码头建成，出入港船舶、出入境游客有所提升，世界三大邮轮公司都十分看好发展邮轮旅游经济。2006—2010年，海南邮轮航线主要集中为"香港—三亚—越南—香港"，海南成为往返中国香港和越南港口城市的中途停靠港。2011年至今，在"香港—三亚—越南—香港"航线基础上，丽星公司开辟了"三亚/海口—越南"的母港航线。均因地缘政治因素及海南邮轮客源基础原因取消了邮轮部署。

2009年，《国务院关于推进海南国际旅游岛建设发展的若干意见》明确指出海南省要"积极稳妥推进开放开发西沙旅游，积极发展邮轮旅游，建设邮轮母港，开展经批准的国际航线邮轮服务业务"。同时"海上丝绸之路"构想的提出也为海南赋予了一个重大战略机遇，因此海南省于2013年4月28日，正式开通西沙邮轮旅游。开通4年来，西沙邮轮旅游运营进入常态化，目前共执行135个航次，接待游客25597人次，实现收入近1亿元人民币。其中，2016年共运营51个航次，接待旅客12038人次，收入4974万元（因南海之梦2016年只进行了试航，以上数据均不含南海之梦邮轮）。

目前正式运营西沙邮轮旅游航线的邮轮有三艘，分别为海南海峡航运股份有限公司的"北部湾之星号"邮轮；三沙南海梦之旅邮轮有限公司的"南海之梦号"邮轮正在试运行西沙航线；2017年3月，海南海峡航运股份有限公司的"长乐公主号"邮轮将代替"北部湾之星号"继续开行西沙航线，三艘邮轮基本情况如表 5-21 所示。

表 5-21　三亚运营邮轮统计

邮轮品牌	吨位	载客量	航速	首航时间	长	宽	所属公司	其他
北部湾之星号	0.996 吨	284 人	18 节	2015 年	—	—	海南海峡股份有限公司	2016 年 12 月返船厂进行年度检修，2017 年 3 月西沙航线停航
南海之梦号（原青山岛号）	2.4572 吨	893 人	18.5 节	2006 年	167.5 米	25.2 米	中国远洋海运集团公司	客滚船（正在申报正式运营西沙航线）
长乐公主号	1 吨	1000 人	16 节	2017 年	126.6 米	20.5 米	海南省港航控股有限公司	2017 年 3 月替换"北部湾之星号"邮轮继续运营西沙邮轮旅游航线

资料来源：OTA 资料整理

三、西沙邮轮航线及旅游产品现状

1. 航线

三沙的邮轮旅游仍是以西沙为主。因此，"北部湾之星""南海之梦"和即将投入使用的"长乐公主"三艘邮轮的线路只有"第一天三亚—第二天全富岛、鸭公岛—第三天银屿岛—第四天三亚"或"第一天三亚—第二天银屿岛—第三天全富岛、鸭公岛—第四天三亚"再或是"第一天三亚—第二天全富岛、鸭公岛—第三天银屿岛、鸭公岛—第四天三亚"的标准 4 天 3 晚游。虽然在第二、第三天安排的顺序不一样，但地点是一样的。

2. 岸上游产品

除邮轮上常规的歌舞表演及影片放映等活动，西沙邮轮旅游的压轴亮点为岸上游体验产品。现邮轮产品主要通过各大旅行社代售，将其提供的旅游产品总结如下。

（1）免费旅游产品

● 爱国主义活动

爱国主义活动是西沙邮轮旅游最重要的活动，通常安排在第二天或者第三天上午。活动内容包括升国旗、宣誓及集体照留念，目的是培养爱国主义情怀。

● 环保志愿者活动

邮轮游客可以在登岛观看海景，欣赏珊瑚礁和热带海洋生物嬉戏的同时带回生活垃圾，缓解环保压力。利用邮轮发展旅游可持续道路。

● 原生态体验

参观渔民村、半潜观光船、沙滩排球、放风筝、抓螃蟹、百米家书及限定海域游泳体验热带海洋的魅力。

（2）收费旅游产品

为丰富邮轮旅游产品结构，收费产品主要以海上娱乐项目为主，如精品浮潜、玻璃船钓、疯狂拖钓、蓝洞探秘、海钓（船钓、拖钓）。

3. 邮轮价格

西沙邮轮价格如表 5-22 所示。

表 5-22　西沙退役及现役邮轮价格

房间价格（元/人） 邮轮 房间面积	北部湾之星	南海之梦	房间面积
十六人间	2880—3980	—	6 m²
六人间（内舱）	—	4699—48996	6 m²/10 m²
六人间（海景）	4599—4799	—	6 m²/10 m²
普通四人间（内舱）	—	5599—5799	6 m²/10 m²
高级四人间（海景）	7299—7799	7299—8799	6 m²/10 m²
普通双人间（海景）	8499—8699	10699—10899	6 m²/10 m²
豪华双人间（海景）	11699	11899	6 m²/10 m²
豪华大床房（海景）	13699	9899	13 m²
豪华商务间（海景）	19699	—	—
豪华套房（海景）	—	14399	25.7 m²

4. 西沙邮轮旅游产品现状

西沙邮轮旅游是国家政策所趋，但是现有的西沙邮轮并未开发成熟，主要体现在以下 3 个方面。

（1）旅游产品线路单一

由于地理位置限制、天然岛屿数量的劣势及国家政策开发程度的多重因素影响，现有的邮轮旅游线路单一重复。登岛区域仅限于鸭公岛、全富岛和银屿岛，线路单一，游客二次消费吸引力小。因此，可以在政策允许区域范围内（即已开发的三个岛附近）的干出礁上建设高脚平台（利用火箭推力剂在打桩机内燃烧室爆炸的力量推动活塞把桩子压入地下，然后在桩上搭建平台，既环保又坚硬），增加活动区域。在天气良好及白天使用光伏发电，在天气状况较差及夜晚，使用潮汐电、风电和波浪电，能够保证 24 小时电力充足，在海水淡化方面也可以起到作用。有水和电就可以提供一个供人类活动的目的地，邮轮母港也可参考建设。

（2）岸上游产品单一

已开发登岛的三个岛屿中，最大的岛屿不超过 0.02 平方公里，因此对提供的旅游产品数量及质量都有相对大的限制，因此可以进下如下考虑：

①在有限空间内开发特色性产品。除了常规的爱国主义教育活动外，可以增加海岛酒吧等旅游产品，让人们在热带海滩游玩的同时享受冰爽的清凉。还可以就地取材，用珊瑚礁搭建小而精的集市，售卖海洋工艺品。另外，可以在岛屿一角建立适合举办婚礼和庆典的亭子，将现代人对浪漫的追求融入旅程中，可以增加二次消费的机会。

②增加观赏自然的项目。到三沙的主要目的是赏海、玩海，但是西沙有许多海鸟，种类多至 40 种，有"鸟的天堂"之美誉。其中鲣鸟的数量最多，这是一种被列入保护动物的鸟类，同时也被当地的渔民视为追踪鱼群的"导航鸟"，其身体为白色，双翅为灰褐色，脚为红色，白天群飞而出，傍晚时分群飞而归。由于当地的气温条件，南沙还经常会出现一些候鸟，只做短暂的停留。当候鸟迁徙而来的热潮时期，岛上遍地都是海鸟。因此开发海鸟观赏游也可以作为邮轮出游主题，是增加旅游产品乐趣的方式之一。

③增加人文旅游资源的开发和参观。西沙拥有许多历史人文资源，比如收复西沙群岛纪念碑、海洋博物馆、军港雄姿、将军林、兄弟公庙遗址、西沙甘泉岛、"太平文化公园"牌楼等都是很好的爱国教育题材。并且，培养当地渔民的旅游和服务意识，让他们为游客介绍项目，更能使游客怡情换位，热爱自己的国土。以上人文遗址可以在邮轮到达后用快艇将游客送达。

（3）邮轮价格过高

由于邮轮数量有限，一票难求的现状导致现有邮轮价格居高不下，但其实际价格与其配套硬件设备十分不匹配。对比国际邮轮公司的邮轮品牌，3000 元/人左右的价格可以住相当于三星级酒店的歌诗达邮轮，在中国运营的最豪华的邮轮之一——皇家加勒比"海洋量子号"的甩舱价格也可能不超过 4000 元/人。由于运营三沙航线的邮轮实际都是客滚船，以超过真正邮轮的价格出售不仅会导致游客对邮轮旅行的曲解，同时也会使游客对三沙航线性价比产生怀疑，导致回头客减少，观望者增多。这对三沙邮轮旅游的发展是十分不利的。因此，建议在国家政策的基础上吸引更多邮轮品牌进入三沙旅游圈。旅游先行，发挥国际品牌服务优势，提高游客满意度。同时，国际邮轮品牌对开发岛屿也有成熟的经验，在开发过程中既能发挥区域优势最大化又能保护好原生态系统，改变珊瑚礁岛无人管理的掠夺式捕捞状态。从该层面看，开发即是保护。

东南亚地区自古以来都是"海上丝绸之路"的重要枢纽，南海的海上旅游开发显得尤为重要。重视西沙邮轮开发，并逐步拓展到中沙和南沙，深入挖掘南海邮轮主题游，一定能将南海开发成为新的邮轮旅游经济活跃圈。

【思考题】

1. 简述中国的主要邮轮港口的主要优势和劣势。
2. 中国邮轮旅游面临的主要困境是什么？

第六章 邮轮运营与管理

【学习目标】
- 什么是邮轮运营管理?
- 阐述邮轮运营管理主要涉及方面。

【知识要点】
- 邮轮运营管理的定义
- 邮轮港口的分类与功能
- 邮轮上常见的安全问题

第一节 邮轮运营管理

一、邮轮运营管理的定义

运营管理(Operational Management)指对企业或组织机构运营过程的计划、组织、实施和控制,是与产品生产和服务创造密切相关的各项管理工作的总称。运营管理是现代企业和相关部门管理最重要的一个环节。

邮轮运营管理(Cruise Operational Management)指相关邮轮企业、单位和部门,对邮轮产品开发、设计,产品制造、采购、供应,以及产品使用、售后服务,在一个完整产业链下,进行计划、组织、实施和控制的过程。

在邮轮运营管理的过程中,邮轮公司、邮轮港口的作用十分重要。

二、邮轮公司运营管理

邮轮公司运营管理主要包括特许经营管理、市场与销售、酒店管理、全球采购服务、财务管理、健康环境管理、机务管理、海事(务)管理(负责邮轮船舶安全,包括航行安全、锚泊安全、系泊安全、气象等)、船员管理、安全质量管理、船舶废物排放及垃圾管理、信息技术管理和海事培训 13 个方面。因为邮轮载客量越来越大,在实际运营上管理更为复杂和特殊。

第一,特许经营管理是邮轮公司运营范围的重要支持,邮轮公司和邮轮品牌能否在市场上占据有利地位，特许经营至关重要。目前国际邮轮公司纷纷布局中国市场，经营范围十分宽泛，中国邮轮公司也在逐步拓宽经营范围，满足邮轮产业发展。

第二，财务管理环节是邮轮公司运营管理中最重要的一个环节，其他的运营管理环节都为其服务。如何使公司的财务经营达到预期的收益效果，与其他邮轮公司形成良性、高质量的竞争，最终目标需要高效、高质量的财务运营管理。

第三，市场和销售是国内外邮轮公司关注的重点。在中国运营的国际邮轮公司，绝大多数通过包船、切舱的模式将舱位卖给旅行社，由旅行社将船票出售给旅游者。在自身的票务渠道没有打开时，借助旅行社的渠道使邮轮公司处于被动地位。把握好销售的每个环节，邮轮产品的客户体验才能真正控制到每一个环节，良性的邮轮市场才能形成。随着市场利益的驱动，邮轮公司直销的份额在不断增加，邮轮公司运营的部分能够带给旅游者更多良好的体验。

第四，全球采购服务是邮轮运营管理中一个特殊的环节。采购服务以邮轮公司为核心，关系到上游的物资供应商和下游的邮轮价值链。采购服务需要高效的船供产业链、相关政策条例支持、完善的配套设施及船供区域经济的发展。在此基础上，邮轮物资供应产业才能实现产业化、规模化。

第五，酒店管理、船员管理和海事培训是邮轮公司运营管理的重要部分。旅游者在邮轮上能够体验到的服务与这三个方面息息相关，邮轮公司如何为旅游者提供服务，以及提供怎样的服务，也是邮轮公司能否成功的关键。

第六，机务管理和信息技术管理是支持邮轮公司运营的硬性条件。邮轮运营工作的流程复杂，如何降低邮轮运营管理成本，将实际管理与相关管理理念结合，达到邮轮一体化运营管理的效果，需要信息集成、规范化、系统化的机务和信息技术管理。

第七，健康环境管理和安全管理是邮轮公司运营管理的辅助支持。邮轮产业是一个受到严格监管的行业，对于相关安全管理都有严苛的标准和要求，实施管理也受到严格的管控。这两个方面也是旅游者关注的重点。

第八，船舶废物排放及垃圾管理。邮轮船上的废物排放及垃圾处理都严格遵照《国际防止航舶造成污染公约》（简称 MARPOL 公约）进行管理。MARPOL公约最初于 1973 年 2 月 17 日签订，但并未生效，现行的公约包括了 1973 年公约及 1978 年议定书的内容，于 1983 年 10 月 2 日生效。截至 2005 年 12 月31 日，该公约已有 136 个缔约国，缔约国海运吨位总量占世界海运吨位总量的98%。

MARPOL 公约共有六个附则，分别对不同类型的船舶污染做出了相关规定，这六个附则分别是：防止油类污染、控制散装有毒液体物质污染、防止海运包装中的有害物质污染、防止船舶生活污水污染、防止船舶垃圾污染、防止船舶造成空气污染。

每艘船上都有主管机关认可的垃圾管理计划，该计划主要关于船舶收集、储存、加工和处理垃圾以及船上处理垃圾设备使用等提供书面程序。船舶的垃圾主要分为两大类：货物残余和除货物残余以外的所有垃圾。

货物残余分为对海洋环境无危害和对海洋有危害两类。除货物残余以外的所有垃圾分为九种类别，即 A、B、C、D、E、F、G、H、I 类。具体如下：

A 为塑料；

B 为食品废弃物；

C 为生活废弃物（如纸、布、玻璃、金属、陶瓷等）；

D 为食用油；

E 为焚烧炉灰（焚烧炉主要用于船舶污油泥渣和船舶垃圾的焚烧）；

F 为操作废弃物（包括船舶正常维护、作业或用于货物存储和装卸的所有固体废弃物，如清洗机器的油棉纱、破布和货物的绑扎、衬垫材料等）；

G 为动物尸体；

H 为渔具；

I 为电子废弃物。

由于邮轮上人数密集，每天生活废弃物排放量巨大，邮轮上的生活垃圾处理中心占地空间非常庞大。根据 MARPOL 公约规定，除食品垃圾和对海洋环境无害的货物残余可以排放入海以外，其他一切垃圾禁止排放入海，须港口接收处理。

[案例]

中国第一艘自主运营的国资豪华邮轮

2019 年 9 月 20 日，历经 39 个日夜，途经苏伊士运河、科伦坡港、新加坡等地，航行约 18520 公里（一万海里），第一艘以厦门为首发母港的豪华邮轮，也是中国第一艘自主运营的国资豪华邮轮——"鼓浪屿号"在厦门开启首航（如图 6-1）。

"鼓浪屿号"邮轮是中国旅游集团和中国远洋海运集团共同出资设立的星旅远洋邮轮品牌（运营总部设在厦门）旗下的首艘邮轮。

总吨位：7 万吨（70000）^①

载客量：1880 人

服务员数量：760 人

甲板层数：13 层

房间数：941 间客房，其中套房 24 间、阳台房 106 间、海景房 480 间、内舱房 331 间。

"鼓浪屿号"在餐饮、休闲、娱乐等每一个环节都将中国元素与国民旅游理念融会其中，于细致入微处彰显西方贵族底蕴与东方风韵，以亲切温暖的服务诠释"更懂中国人的邮轮品牌"理念。

至 2019 年末，"鼓浪屿号"以厦门、深圳、上海为母港，运营东南亚、东北亚邮轮航线，为中国游客带来"中国心、国际范"的独特产品和服务。

星旅远洋邮轮承载中国旅游集团和中远海运集团两大央企发展民族邮轮产业的使命，主动融入国家战略，布局中国邮轮产业链，加快培育本土邮轮公司和邮轮船队，培育新的经济增长点，提高旅游供给侧质量，将成为中国民族邮轮发展的重要里程碑。

图 6-1　"鼓浪屿号"靠泊深圳蛇口邮轮码头

---

① 总吨 GT 和净吨 NT 是容积，没有单位，只有排水量或者载重吨有单位，比如 Deadweight(DWT): 70000 T。

第二节　邮轮港口分类及功能

邮轮港口是邮轮运营的主要场所,除了具备港口基本的游客集疏、游客船员服务等功能外,邮轮港口的运营更需要具备商业、城市发展等核心、延伸功能。

1. 邮轮港口的分类

邮轮旅游是具有鲜明特点的现代海洋旅游形式,日渐成为各个沿海城市地区的重点发展对象,希望其成为区域经济转型、城市形象提升的新型推动力。邮轮旅游的发展必须要吸引邮轮,接待邮轮必须要建立相应的邮轮港口。

在国际邮轮港口的形态中,根据邮轮港口的设施条件、市场规模、邮轮经济规模等分为访问港、始发港、母港等三种形式。

（1）访问港

访问港也称一般停靠港或挂靠港,一般指该目的地是邮轮航程中的中途站,并非航程的出发港或终点站。

其主要功能在于邮轮停泊、游客上下船基本服务,是三种港口形式中最基础、条件要求最低的港口。

（2）始发港

始发港比访问港的要求更高一些,主要功能在于服务始发邮轮与停靠邮轮,可以提供邮轮后勤补给、通关服务、游客服务等多种功能服务。

（3）邮轮母港

邮轮母港指该港口是邮轮航程的主要运营中心,是航程中的出发港或终点站。

邮轮母港是始发港的高级阶段形式,形成明显的区域邮轮经济,是邮轮公司的集聚地、邮轮的维修保养地、游客的重要集散地、邮轮游客的服务中心地,形成邮轮产业的重要集聚区。根据国际邮轮港口发展经验,邮轮母港的经济效应远高于访问港,使得邮轮母港成为我国沿海港口城市的重要形式。

根据国际著名邮轮母港的发展特征,一般邮轮母港需要具备港区距离城市中心区域距离较近、邮轮港口设施完善、到达港区的交通较为便捷、客源市场较大、港区城市旅游资源丰富、邮轮航线丰富、邮轮公司大量集聚、可到达的目的地较为多样、出入境口岸政策与国际接轨等多个条件。美国迈阿密、西班牙巴塞罗那、中国香港和新加坡等都是邮轮产业发展的典范,尤其美国迈阿密被誉为"世界邮轮之都",是名副其实的邮轮母港,嘉年华集团、皇家加勒比邮轮等邮轮巨头集聚于此,可实现 20 船同靠。

2. 邮轮港口功能

邮轮公司在设置邮轮航线时，需要综合考虑各个港口和城市的地理位置、基础设施建设与各功能的完善性，确认这些功能是否能够支持旅游者得到良好的旅游体验。邮轮港口主要功能如表 6-1 所示。

表 6-1　邮轮港口主要功能

功能板块	支撑子功能	具体构成要素
基础功能	游客集疏	地面交通、海陆空连接、停车场、人流疏散系统
	游客船员服务	住宿、餐饮、娱乐、购物等配套设施
	景观美化治理	绿化美化、亲水平台、废物处理
	市政配套	消防、供水、供电、排污等系统
核心功能	邮轮靠泊服务	进出港引航、检修维护、清洁服务等
	游客通关服务	候船、通关大厅、行李、边检、海关和信息服务
	游客旅游组织	水上旅游组织、岸上观光旅游组织
	相关企业集聚	邮轮总部、航运总部、旅游公司、物流公司等
延伸功能	配套商务服务	相关的金融、保险、中介、会展等
	休闲娱乐	海员俱乐部、游艇俱乐部、游船俱乐部等
	公共服务	邮轮协会、航运协会、旅游协会、海事仲裁等
	文化渗透推广	博物博览、文化旅游、传统演艺等

邮轮港口作为邮轮旅游活动重要部分，不论是邮轮母港还是邮轮停靠港，除了基本的接待功能、服务外，其余延伸的部分才是旅游者真正需要并且能够提升旅游者服务体验的部分。

（1）游客集疏

关于游客集疏的功能，邮轮港口需要注意邮轮靠泊后和其他交通方式的连接性、乘客通关的速度及集疏流程的效率。游客前往港口时，交通是否便捷，距离时间是否会影响游客通关；到达港口时，能否提高游客过关的速度，接驳能否满足时间内大数量游客的需求。这些都需要高效、高质量的邮轮港口交通集疏系统。

（2）游客船员服务

邮轮到达港口后，一系列的配套服务设施都要满足游客和船员的住宿、餐饮、娱乐和购物等需求。在访问港，邮轮通常只做短暂的停留，对于配套服务的要求较低，能够满足基本的靠泊服务即可。始发港要求邮轮港口周边的配套服务设施相对完善，能够基本满足乘客和船员的餐饮、住宿与购物需求。邮轮母港的要求最高，需要港口周边能够提供满足乘客和船员需求的一切功能。

（3）市政配套

大型邮轮的到访给港口带来巨大的压力，港口配套设施服务的对象不应该局限在市民。邮轮母港带来的效益辐射整个城市，短时间内密集的人员流动对消防、供水、供电和排污系统等市政配套设施的要求更高。

（4）邮轮靠泊服务

现代邮轮产业发展迅速，越来越多的大型、重量级邮轮下水航行，邮轮码头和登船廊桥的设计，邮轮进出港的引航、邮轮的保养维修、港口停靠大型邮轮的能力，这些都是邮轮港口运营的重点。邮轮靠泊要在提升乘客满意度的同时，注重港口运营的成本。

（5）游客通关服务

通关速度是影响游客满意度的重要因素。候船场所的舒适度和便利性，通关、边检和海关的服务速度，行李运输的效率，这些都是提高通关速度的关键。

[案例]

蛇口邮轮母港实现"空—铁—港"联运

蛇口邮轮母港作为华南地区集"海、陆、空、铁"于一体的现代化国际邮轮母港，是深圳联通港澳、走向世界的"海上门户"。作为华南地区的现代化港口，蛇口邮轮母港迎接着华南地区及全国各地前来体验邮轮度假的旅客。对采取不同交通方式抵达蛇口港的旅客来说，如何提升旅客出游便捷度是蛇口邮轮母港一直努力解决的"大问题"。

2018年7月23日，蛇口邮轮母港充分发挥水上客运航线及运作优势，打造了水路与陆路相结合的交通接驳模式。乘客可以从香港港澳码头乘坐高速客船直达蛇口邮轮母港，携带行李直挂邮轮。2019年5月，蛇口邮轮母港往返深圳宝安国际机场、深圳北站的直通车也正式开始运营，为乘客抵离邮轮港提供"家门到舱门"的一站式短驳出行服务。

直通巴士的开通，标志着蛇口邮轮母港实现"空—铁—港"联运的一体化无缝衔接，打通"海陆空铁"立体大交通，将为旅客提供更加便捷的出行服务。

（6）港口物流

传统的港口主要是货物的装卸基地和中转站，实现货物的空间转移。随着经济的发展，传统的货物交易已经无法满足现代港口的功能需求。现代港口是国家和地区之间往来贸易的重要平台，需要能够带动区域经济的发展。作为新时代出现的新型港口形式，邮轮港口的要求和标准更高，邮轮港口不仅仅是运输中心，更是服务中心。邮轮港口需要利用现代化信息技术，开展现代化的运输、仓储，对整个供应链条进行整合，以乘客为中心进行管理和控制，提供更为完善的服务。

（7）相关企业集聚

在满足港口的基本功能外，招商引资、吸引更多的企业和机构集聚，提高港口的效益，才能在港口运营良好情况下实现港口发展的盈利目标。邮轮港口应当加强产业链各个环节的资源整合，加强上中下游企业的协同发展。邮轮公司、邮轮代理机构、设计建造公司、维修保养公司及相关企业机构，都需要根据市场需求，合理配置资源，实现产业集聚。

第三节　邮轮客户服务

一、邮轮服务管理

旅游业作为第三产业，其本质就在于"服务"。随着旅游业的不断发展，旅游者对于服务和产品的质量有着更加直观的感受，服务水平的高低取决于旅游者的评判。如何使旅游者得到预期的满足，保持现有旅游者，吸引潜在旅游者，提升服务质量是关键。

邮轮服务管理（Cruise Service Management）是指邮轮产业相关的部门，为建立、维护和发展与客户关系，提高旅游者满意度，提升旅游者忠诚度，而进行各项服务工作的总称。

邮轮服务的主体分为邮轮产品供应商、邮轮港口、邮轮服务人员和其他部门。围绕这几个部门主体，旅游者接受不同的服务（如表 6-2）。

表 6-2　邮轮客户的服务主体

部门		服务内容
邮轮产品供应商	邮轮公司	建造邮轮，制造、出售邮轮旅游产品
	邮轮产品销售商	出售邮轮旅游产品
邮轮港口		满足邮轮停靠后的一系列功能及活动
邮轮服务人员	与邮轮旅游活动相关的所有服务人员	直接或间接与旅游者接触交流，为旅游者提供服务
其他部门	海事、旅游、边检等部门	为邮轮旅游活动提供支持

二、邮轮产品供应商

邮轮产品供应商主要分为邮轮公司、邮轮产品销售商。

1. 邮轮公司

邮轮公司负责订购、建造邮轮，是邮轮旅游产品的制造者和出售者，对于邮轮旅游产品在市场上拥有主动权。

通常邮轮公司会向邮轮建造公司下单，订购符合公司运营规划的邮轮；或者直接与建造公司合作，合资建造符合旅游者需求和偏好的邮轮。合资建造的邮轮往往是量身订造的，邮轮公司提供现场监造和支持。

邮轮公司在制定邮轮旅游产品时，根据市场拓展规划，往往基于不同的旅游者偏好，确定邮轮品牌，主打不同的邮轮特色，以期从基础上就满足不同的旅游者需求。当这部分特定的旅游者购买邮轮旅游产品，出现在邮轮上时，邮轮公司的安排和设置只有使这些特定需求游客得到心理满足，邮轮公司的服务才能得到认可。

2. 邮轮产品销售商

邮轮产品销售商是指出售邮轮产品的相关部门。邮轮公司确定邮轮品牌、制定邮轮航线后，等到邮轮出坞下水，销售商开始营销产品。

在邮轮产品销售阶段，产品价格是影响旅游者满意度的重要因素。在价格合理的基础上，如果之后的服务达到旅游者预期，那么此次航行的服务质量就能得到旅游者的认可；如果在旅游者可接受的价格内，服务无法达到旅游者的预期，那么在此次的航行中，旅游者的不满意将会从销售阶段开始，并对整个服务环节产生怀疑。

三、邮轮服务人员

邮轮服务人员包括在邮轮上为旅游者提供服务的人员和其他为邮轮游客提供服务的人员。

邮轮服务人员对旅游者的服务内容和服务态度是影响邮轮旅游者满意度的关键。除去对产品的感知，服务人员与旅游者的关系是邮轮客户服务应该加以关注和重视的。

邮轮向大型化方向发展，意味着需要更多的服务人员来保证服务的质量。在邮轮上，如何以旅游者为中心，专注旅游者需求，确保服务质量，这些都需要服务人员用更专业的态度和更高标准的要求为旅游者提供更好的服务。

服务员与乘客比是指服务人员与乘客比例，即一名服务人员能够对应服务的乘客人数。一般邮轮的服务员乘客比为 1:3 左右，即一名服务人员对应服务三位客人，比值越大说明每位乘客得到的服务越全面，一个服务员需要服务的乘客越少，乘客的要求能够更及时、更高效地得到满足。邮轮上服务员与乘客比例能够较为直观地感受到服务员是否将客户视为中心。通常来说，大型豪华邮轮的服务员乘客比例较高，对于旅游者的需求更能够及时响应。各邮轮公司服务员乘客比如表 6-3。

表 6-3   各邮轮公司服务员乘客比

邮轮公司	船只名字	载客量（人）	船员数（人）	服务员与乘客比
诺唯真邮轮	喜悦号	4428	1651	1:2.68
歌诗达邮轮	威尼斯号	5260	1278	1:4.12
	赛琳娜号	3780	1100	1:3.44
皇家加勒比邮轮	海洋光谱号	5549	1511	1:3.67
	海洋量子号	4180	1500	1:2.79
公主邮轮	盛世公主号	3560	1350	1:2.64
	蓝宝石公主号	2670	1100	1:2.43
星梦邮轮	世界梦号	3376	2000	1:1.69
	云顶梦号	3352	2016	1:1.66
丽星邮轮	处女星号	1870	1300	1:1.44
地中海邮轮	抒情号	1984	721	1:2.75
天海邮轮	新世纪号	1814	721	1:2.52

四、其他部门

邮轮旅游产业涉及众多行业和部门，只有各行业、部门与邮轮公司、邮轮服务人员共同为邮轮旅游者提供良好的服务和支持，邮轮旅游产业才能得到进一步的持续发展。

1. 海事部门

尽管邮轮被定义为"移动的海上度假村""移动的旅游目的地"，但邮轮也还是从港口到港口的交通工具。和普通的船只相比，邮轮更加复杂——几百上千的游客、大量的物资、长距离的海上航行、不同国家间的交流，海事部门需要为邮轮的每一次出行保障，行使国家水上安全监督和防止船舶污染、船舶及海上设施检验、航海保障管理和行政执法等职能。

2. 检验检疫部门

邮轮旅游活动一般都是国际旅游活动，出入境时需要经过一关三检，即海关、边检、检验、检疫。只有经过一关三检，才能保障旅游者出行的安全，以及境内公民的安全。

3. 交通部门

旅游者出发时如何抵达邮轮港口，以及旅游者到达访问港时如何前往观光点，这都依赖于交通部门的规划配置。

通常邮轮港口的地理位置比较优越，旅游者可以通过多种交通方式抵达，交通部门应该优化各种交通方式，提升旅游者的活动体验。对于初次到达的旅游者，良好的交通环境是提升服务满意度的重要因素。

[案例]

邮轮"霸船"典型案例

① 2013 年年初，邮轮在下龙湾时因为天气原因没有组织游客下船游玩，邮轮返回三亚后，船上游客不愿意下船，最后由旅行社赔偿损失。第一批下船游客赔偿 500 元，第二批下船游客赔偿 1000 元，第三批下船游客（9 人）赔偿 2000 元。

② 2014 年 2 月，歌诗达邮轮"维多利亚号"因越南下龙湾沉船使得游客未能登陆观光，旅客要求赔偿 1/3 团费。

③ 2015 年 9 月，皇家加勒比邮轮"海洋量子号"因台风影响将日本航线全部改为韩国仁川、釜山航线。船方提出"心意补偿方案"：20%船票价格的未来邮轮抵用券，225—800 美元/舱房的现金返还，全程无线网免费以及龙虾大餐等。最终补偿方案几乎按照船票价格的 40%返还。

④ 2017 年 2 月，地中海邮轮"抒情号"取消去往长崎的行程，直接返回天津，造成"霸船事件"。

⑤ 2018 年 3 月 27 日，本该从上海吴淞港码头启航的诺唯真"喜悦号"，因为大雾黄色预警，港口封闭，一直滞留在码头，无法正常开船，而邮轮上的客人大闹前台、推搡安保人员，有些人甚至开始动手。最终乘客困在上海港三天，三天后邮轮公司宣布全额退款。

我国 15 个邮轮港口每年都要上演数十起大大小小的"霸船"事件，不仅影响了港口及周边的交通秩序，也侵害了其他旅游者、相关单位和部门的权益，造成了恶劣的社会影响，更对中国旅游者的形象产生了严重的不良影响。

这些"霸船"事件的发生，一方面由于我国邮轮消费者对国际邮轮出行方式不习惯，对国际海事法律不了解；同时我国邮轮旅游相关条例办法不健全，保险赔偿制度不完善。

另一方面，现代网络社会信息传输速度快，媒体通常对负面新闻大肆报道往往会给邮轮旅游方式带来不良的影响。旅游者"霸船"情绪高涨，通常都是想以此对邮轮公司和旅行社施压，获取更高的赔偿，最大限度满足自身的权益。

第四节　邮轮餐饮管理

餐饮是邮轮活动中基础的也是极其重要的环节。邮轮餐饮部是邮轮上最庞大的部门之一，每日需要直接面对的旅游者也是最多的。餐饮部作为邮轮上的一个关键部门，需要为旅游者提供更加安全、完善、独特的服务。

一、餐饮部门

邮轮餐饮部以餐饮部总监为领导，下设餐厅运营、酒吧运营和行政总厨三大部分，各部分负责邮轮餐饮部的不同事宜（如图6-2）。

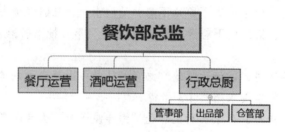

图6-2　邮轮餐饮部门结构图

餐厅运营主要负责邮轮上各类餐厅的管理，如何根据邮轮品牌和特色设置不同的餐厅、选择与哪些第三方合作、引进怎样的特色餐厅、怎样安排餐厅的菜肴等，都是餐厅运营需要把握的重要事项。

酒吧运营是邮轮餐饮中的一个特殊模块。作为邮轮活动中的一个特殊收益部分，酒吧运营的成功与否与邮轮的收益息息相关。除了餐厅本身的酒水服务，酒吧的运营能够提升旅游者的餐饮服务体验。在基本的餐饮需求满足的情况下，各式各样的酒吧能够为旅游者提供不同的享受，使旅游者感受到优质和到位的服务。

行政总厨的主要职责是管理安排邮轮上所有的餐食，包括餐食的生产和餐饮的服务。管事部的工作内容较为琐碎，需要考虑到很多因素：餐饮的时间安排、客人用餐地点的安排、用餐环境的卫生等影响旅游者餐饮满意度的方面。出品部是食品生产的部门，主要为旅游者制作、提供餐食，是餐饮服务中最为重要的一个环节，直接影响旅游者的餐饮体验。仓管部主要负责邮轮上的库存管理，管控船上物资采购与物流安排。邮轮上的仓库在航行前需要使储存量达到最大化，才能尽可能地满足旅游者的需求，当邮轮航行至下一个港口或抵达目的地城市后储存量减小，仓管部需要根据库存管理系统，保持船上餐饮物资库存水平。

二、餐饮供应管理

邮轮上的餐饮供应管理具有高度技术性、专业性和复杂性。从最开始的餐饮供应计划开始，供应管理部门就需要综合考量之前的旅游者消费倾向、预期的供应变动、实际行程设计和预测的供求量等。合理的供应管理能够使邮轮餐饮管理实现高效率和高收益。

邮轮物资的供给相比其他普通的物资供应较为特殊，实行全球采购供给制。目前国际豪华邮轮的船供食品安全标准比较完善，但邮轮上没有食品检验设备，只有食品标准。以中国为例，出于食品卫生安全考虑，邮轮公司多在上海等港口城市的国际大型超市选择补给供应。

当邮轮到达港口后，需要专业人员进行接受和存储物资的工作。首先是需要按照各类食物的存储标准，将食物尽快地运送上邮轮；其次，需要将运送上船的物资用安全卫生的方式进行处理，并对已经有问题的物资进行轮换，保证高质量的物资供给；最后，在物资运送过程中，不能有任何不健康、不安全的行为。在物资供应的一系列环节中，都需要达到卫生部门和海关等相关部门的卫生检验检疫要求。

三、餐饮生产管理

餐饮生产管理主要为食品配备、生产和存储的一系列过程。

邮轮上的食品生产环境区域较其他场所更加封闭，从厨房设计开始就需要更加卫生安全的环境把控。厨房的通风设备、排水系统和垃圾处理系统等，都需要足够的安全、卫生，也需要满足工作人员的基本工作需求。由于场所限制，邮轮上准备食物只能在既定的种类和数量上进行操作，对于食材控制和火候控制都要达到一定的标准。

四、餐饮服务管理

餐饮服务管理主要包括旅游者就餐时间地点安排、旅游者需求服务、餐厅环境清洁、食品运送服务等一系列影响旅游者满意度的活动。

由于邮轮旅游的特殊性，而旅游者的用餐时间相对比较集中，餐饮服务人员需要合理安排好旅游者的用餐时间。通常服务人员会根据不同舱位划分不同的用餐时间，不同餐厅的开放时间也有所不同，但旅游者的用餐习惯较为主观，服务人员需要按照实际情况，及时、高效地为旅游者安排用餐事宜。

旅游者一般可以选择在餐厅用餐，也可以选择在客房用餐。无论旅游者如何选择用餐地点，服务人员都需要提升旅游者的就餐体验，为旅游者提供更加方便的用餐选择。

第五节 卫生、健康与安全管理

一、邮轮安全管理

在现代社会中，各行各业都会面临不同的安全问题，安全问题也得到大家越来越多的关注。由于邮轮旅游产业的特殊性，邮轮安全也是旅游者关注的重点，加强邮轮安全管理，不仅能够保证邮轮的正常运营，在保证旅游者安全的前提下，也能够提升旅游者的游玩品质。

邮轮安全管理（Cruise Safety Management）是指为了保障邮轮在营运过程中，所参与的人、船、物和环境等不受到威胁、不发生事故，而采取的一系列活动的总称。

中国国家市场监督管理总局提示：旅游者出行时旅游目的地是否存在危险、旅游时间长短、旅行的目的、住宿及食品卫生条件的优劣和旅行者个人行为，都是威胁旅游者出行安全的重要因素。

二、邮轮常见安全问题

1. 卫生安全

对于旅游者而言，卫生问题是对旅游者造成威胁的重要因素。旅游者在出行期间，接触到的任何人、物、环境，都直接影响了旅游者的健康。由于国际邮轮具有载客量大、人员密度高、聚集时间长、内部环境狭窄、饮食相对集中、航行地点多等特点，公共卫生风险也相对较大。

[案例]

2015 年韩国中东呼吸综合征（MERS）疫情扩散，国内大热的赴韩邮轮游纷纷调整航线，取消韩国部分的港口登陆，调整为日本登陆。"海洋量子号"邮轮从停靠仁川协调至日本港口，"蓝宝石公主号"停靠口岸也从韩国釜山、济州改为日本港口。歌诗达邮轮、皇家加勒比国际邮轮、公主邮轮和天海邮轮等多家邮轮公司宣布将采取措施积极应对 MERS，加强对邮轮游客和船员的健康检查，确保卫生安全。

中东呼吸综合征是 2012 年 9 月在沙特阿拉伯发现的，由一种β属冠状病毒 2C 亚群引起的发热呼吸道疾病。该病的潜伏期为 2—14 天，主要临床表现为发热、咳嗽、呼吸急促和呼吸困难等急性重症呼吸道感染症状，部分病例会出现肾功能衰竭，小部分病例仅表现为轻微呼吸道症状或无症状。

目前中东呼吸综合征冠状病毒的传染源和传播途径尚不完全明确。在中东地区的病例，接触骆驼等动物传染源而感染的可能性大。有证据表明，在与病例密切接触的家人和医护人员中可以发生有限的人传人。

2. 天气安全

和陆地旅游相比，海洋旅游受海啸、台风等天气因素的影响较大，由此引发的海上事故对旅游者也产生巨大的影响。随着邮轮旅游产业的发展，现代邮轮越来越往大型化方向发展，大都在万吨以上。在设计和建造上，都有着非常严格的标准。例如，现代邮轮都是双层船底，船体基本采用合金钢，能够将船身受损的可能性降到最低；在对外部环境的监测上，现代邮轮配备了兼具卫星导航与自动避碰的全球自动定位系统，并加装水下平衡翼装置，可以预防强风巨浪和保持船舶平稳。

[案例]

天气影响邮轮案例

① 2010 年 8 月，云顶香港有限公司旗下"天秤星号"因台风原因取消靠泊日本港口，航期由"四天三晚"改为"三天两晚"，取消"岸上游"，全部行程为"海上巡游"。

② 2015 年 9 月，皇家加勒比邮轮"海洋量子号"因台风影响原因将日本航线全部改为韩国仁川、釜山航线。

③ 2018 年 7 月，受台风"安比"影响，原定计划靠泊上海吴淞口国际邮轮港码头的"海洋量子号"和地中海"辉煌号"取消靠泊计划。

④ 2019 年 8 月，受超强台风"利奇马"影响，原定靠泊上海吴淞口国际邮轮港的地中海"辉煌号"和皇家加勒比"海洋光谱号"无法按原计划抵港，航线被迫发生变更。

3. 目的地安全

邮轮被称为"移动的海上度假村"，邮轮即目的地。在邮轮旅游的行程中，岸上停留时间和港口的登陆时间都相对较短，长时间的海上航行给邮轮旅游带来了一定的安全隐患。2008年以来，海上恐怖势力给旅游者安全造成了极大的威胁，而停留港口的地缘政治关系和国际关系也对旅游者造成了严重影响。

4. 环境安全

随着邮轮产业的发展，邮轮成为日益增长的海洋污染源（如表6-4）。据数据统计，每年成千上万的污水中，77%的船舶污染来自邮轮；每年约20亿吨的废物直接排入海中，其中，邮轮废物占比24%。治理邮轮污染逐渐成为邮轮业发达国家、政府、行业以及企业的工作重点。

表6-4 邮轮环境污染

主要污染	主要表现
建造材料污染	装修材料中含有一定的有害物质，这是会造成室内空气污染的主要原因，不合格的板材、涂料黏合剂是主要的污染物
不清洁燃料	几乎所有的船舶使用的燃料是柴油，而且对于船舶用柴油，我国并没有设定详细的标准，导致很多不合格的柴油被使用，产生大量硫化物、氮化物，造成严重的大气污染及水污染
燃料泄漏	原油污染是海洋生态环境的一大"杀手"，邮轮游艇航行中的燃油泄漏，以及发生海上交通事故和意外沉底之后会导致其装载的燃油直接倾入海洋，造成严重的海洋污染，这几乎是造成海洋污染最主要的污染源，加上近些年，人类海上活动频繁，一旦造成燃油泄漏很难处理
港口环境污染	邮轮停靠在母港内，不仅其燃烧燃料会产生很多硫氧化物、氮氧化物及颗粒物，还会产生很多生活污水和垃圾，造成港口内的大气污染、水污染，港口一旦污染便会影响整个邮轮产业的形象，这大大不利于邮轮游艇产业的发展
抛弃物污染	邮轮主要的功能是观光旅游，也会产生很多生活垃圾，很多邮轮没有自己的废物处理系统，所产生的垃圾经常是直接排入大海，造成了严重的固体废物污染

三、邮轮安全政策

1. 疾病控制与预防中心船舶卫生项目（VSP）

美国疾病控制与预防中心（Centers for Disease Control and Prevention，CDC）是美国卫生及公共服务部所属的一个机构，总部设在亚特兰大，是美国创立的第一个联邦卫生组织，是美国的政府机构，其宗旨是在面临特定疾病时协调全国的卫生控制计划。20 世纪 70 年代，由于在邮轮上爆发了几次疾病，美国公共卫生服务疾病控制与预防中心（CDC）引进了船舶卫生项目（VSP），美国海关和边境保护署及美国海岸警卫队可协助强制执行检疫指令。该项目主要目标是通过帮助邮轮行业建立和完善卫生制度和设施，从而尽可能降低胃肠道传染病的发生风险，其事务主要是邮轮卫生检查、胃肠道疾病监测和暴发调查处置、邮轮建造指南、培训与咨询。

2. 出入境邮轮检疫管理办法

2017 年 1 月 1 日，原中国国家质量监督检验检疫总局出台的《出入境邮轮检疫管理办法》正式实施。

根据中国实际情况，国家质检总局创新邮轮检疫模式，规范邮轮检疫监管，控制邮轮公共卫生风险，学习借鉴先进邮轮监管模式，制定出台了《出入境邮轮检疫管理办法》。

该办法规定了对国际邮轮实行风险管理，明确了邮轮的检疫方式（靠泊检疫、随船检疫、锚地检疫、电讯检疫），规定了船方申报检疫信息和突发公共卫生事件的义务，明确了检疫人员处置突发公共卫生事件和监督管理的职责。

国家市场监督管理总局统一管理全国出入境邮轮检疫监管工作，设在各地的出入境检验检疫部门负责所辖口岸的出入境邮轮检疫监管工作。

第六节　邮轮人力资源管理

一、邮轮人力资源管理

邮轮人力资源管理（Cruise Human Resource Management）是指在邮轮产业发展中，每个管理环节所涉及的人或人事方面所需要具备和掌握的各种概念和技术。

由于邮轮行业的特殊性及其需求，邮轮产业的发展涉及几十个工种和岗位，包括邮轮运营管理、邮轮销售、邮轮领队船上服务、安全保障、港口管理、船舶驾驶、设备维护、餐饮、住宿和娱乐等。目前，我国的邮轮旅游人才培养主要侧重的是海乘人员的培养，邮轮运营管理、航海和轮机等专业人才培养较少，邮轮销售和邮轮领队的培养领域也存在空白。随着邮轮产业的发展，邮轮专业人才将会出现明显的缺口。为邮轮旅游提供智力支持和人才保障，是亟须解决的重要课题。

二、全产业链人才需求

随着邮轮产业规模不断扩大，邮轮产业呈现出明显的聚集效应，形成了较为完善的产业链条，逐渐培养和吸引众多邮轮人才，为邮轮产业的发展提供了坚实的支撑。根据全产业链需求结构，可以将邮轮人才划分为以下三类（如表 6-5）。

表 6-5　全产业链邮轮人才需求

分类	领域
邮轮产业链上游人才	邮轮设计与建造、邮轮采购供应
邮轮产业链中游人才	邮轮运营与管理、邮轮服务管理、邮轮产品开发、邮轮市场营销等
邮轮产业链下游人才	邮轮港口运营、邮轮港口服务、邮轮码头接待、邮轮检验检疫

1. 产业链上游人才

根据统计数据显示，邮轮的设计与建造还集中在欧洲，意大利芬坎蒂尼、德国迈尔船厂和法国 STX，占据邮轮建造市场份额的 95%。邮轮的设计和制造属于技术和资金密集型产业，需要大量的技术服务和配套产品，也需要大量的产业链上游人才。中国的邮轮建造还处于起步阶段，缺乏大量的专业技术人才，在邮轮设计制造的技术上，还存在很大的不足。

2. 产业链中游人才

邮轮产业链中游主要包括在全球经营的大型国际邮轮公司及其在港口和港口城市的业务经营。邮轮产业链中游的发展，需要邮轮运营管理、邮轮服务、邮轮线路设计、邮轮产品开发、邮轮市场营销、邮轮活动组织及邮轮游客服务等专业人才。产业链中游的人才需求更集中于邮轮旅游本身，也是产业链中需求最大的一个部分。

3. 产业链下游人才

邮轮产业链下游主要包括邮轮码头及配套设施的建设和相关服务。随着邮轮产业的快速发展，邮轮母港建设加速，越来越多的沿海港口进行城市规划，建设邮轮码头和母港，这些都需要具有专业素养和管理经验的人员进行管理维护。

三、行业人才需求

1. 基础型人才需求

基础型人才主要包括邮轮旅游产品营销人员、直接为邮轮游客提供服务的船上乘务人员及其他为邮轮旅游者直接提供服务的工作人员等。基础型人才直接代表邮轮企业和邮轮旅游目的地的形象，服务质量的好坏和专业素养的高低都会直接影响邮轮旅游产品销售，以及邮轮游客出行的满意度。

2. 管理型人才

管理型人才是具有专业知识和丰富社会经验的人才，具有很强的组织能力和应变能力。邮轮产业管理型人才主要服务于各大邮轮企业的管理实践，需要对自己所属岗位具备充分的了解和认可，培训和支持基础型人才，并为其负责。

3. 决策型人才

决策型人才是邮轮企业核心管理层人员，被给予更高的战略重视。决策型人才除了对企业的运营情况了解外，更需要具备宏观、长远的目光。外籍邮轮公司在中国市场的决策型人才大多数由总部直接委派，但一些本土的优秀管理者也逐渐进入邮轮企业的核心管理层。

四、邮轮各部门岗位职责

和普通的油轮、货轮相比，邮轮的绝大多数工作人员都要为游客提供服务。邮轮工作人员主要分布在四个部门：航海部、轮机部、广播部和酒店服务部。其中，酒店服务部包含的子部门最多，需要的人员也是最多的。

1. 航海部

航海部主要负责邮轮航海、保养和邮轮营运中的货物装载、装卸，设备和货物的保管；主管导航仪器、信号设备和通信设备等驾驶设备；负责救生、消防器材管理；负责货舱系统、污水系统的使用和处理。

航海部的职员一般分为船长、驾驶员（大副、二副、三副）、值班水手等。其中船长和大副属于管理级海员，二副、三副属于操作级海员，水手属于支持级海员。

船长是船舶的领导人，负责船舶的安全和行政管理工作，对公司负责。其主要工作是最大限度地保障船舶和生命财产的安全，发挥邮轮的正常航海；严守国际公约，承担应尽的国际义务，遇到紧急情况时，快速而果断地处理各项事务。

大副主持甲板日常工作，协助船长完成船舶航行和航行值班工作，主要负责运输和甲板的保养工作，制定、组织和实施甲板部的各项工作计划等。

二副和三副主要履行航行和停泊规定的值班职责，主管航海设备的正确使用、日常维护和救生、消防设备的日常管理和维护工作。

水手主要负责基础的设备养护维修工作。

2. 轮机部

轮机部主要负责主机、锅炉及各类机电设备的管理、使用和维护保养；负责全船电力系统的管理维护工作。

轮机部海员可以分为轮机长、轮机员（大管轮、二管轮、三管轮）、电机员、铜匠、修理工、值班机工。其中，轮机长和大管轮属于管理级海员，二管轮、三管轮、电机员属于操作级海员，铜匠、修理工、值班机工属于支持级海员。

轮机长是全船机械、电力、电气设备的技术负责人，全面负责轮机部的生产和行政管理工作。

大管轮受轮机长的领导，维护船舱的正常工作秩序，主管各类设备的使用和维护。

3. 酒店服务部

酒店服务部是邮轮上子部门最多、最复杂、人数最多的部门。餐饮部、娱乐部、客房部和医疗部等其他服务部门都属于酒店服务部。

（1）娱乐部

娱乐部负责安排邮轮上的所有娱乐活动，该部门需要众多的服务人，例如舞者、演员、歌手、主持人、健身教练、儿童看护员和操作技术人员等。娱乐部的工作人员除掌握专业技能外，还需要具备足够的协调组织能力。除了旅游者外，邮轮上的工作人员在闲余时间往往也会参与到旅游者的娱乐活动中，因此，互动能力也十分重要。

（2）客房部

客房部需要具备良好的组织管理能力和沟通能力。根据实际情况，客房部员工的工作内容较为基础，以客房服务员、洗衣房员工、行李员和保洁员为例，这些都需要工作人员足够耐心，用最细致的服务为旅游者提供最满意的服务。

（3）医疗部

邮轮作为"移动的海上度假村"，在一定时间内，几百名到上千名的旅游者在一定的空间内生活，医疗部是十分必要的。根据邮轮和旅游者的需要，邮轮上需要配备具有职业资格的医生和护士，部分邮轮还会单独聘请理疗师和牙医等专业性更强的医师。

五、邮轮人才能力标准

1. 符合岗位职务要求

一艘能够搭载 3000 游客的豪华邮轮，至少需要 1000 名船上工作人员。为了给来自不同国家和地区的邮轮游客提供服务，邮轮上的工作人员通常都来自不同国家和地区。除了具备国际化人才的基本素质之外，邮轮工作人员应该符合岗位职务的基本要求，熟练掌握岗位工作技能，才能更好地胜任工作，适应邮轮行业岗位任职需要。

2. 具备国际化视野

随着世界邮轮经济和邮轮产业的快速发展，邮轮产业人才需要具备国际化视野。管理者和决策者需要具备全球化的思维和较强的创新意识、国际沟通能力与处理信息的能力，需要从行业出发，发展邮轮产业。基础工作人员必须具有包容的心态，适应多元文化环境，保持自己的文化特色，顺应国际化发展趋势；需要具备较强的学习能力，不断改进服务的内容和品质，为旅游者提供最优质的服务。

六、中国邮轮人才发展战略

基于世界邮轮产业的发展和世界人才发展战略需要，邮轮人才战略总体目标为培养数量充足、结构优化、素质优良的专业邮轮人才队伍。

1. 构建人才管理体系

邮轮产业属于复合型产业，其中涉及制造业、交通运输业、旅游业、金融业等一系列相关产业。各行业协会、邮轮公司及相关领域部门，需要就邮轮产业发展实际和人才发展趋势，构建合理的人才管理体系，为邮轮产业不断提供高质量的专业人才。

2. 构建人才专业标准体系

邮轮产业涉及众多的行业部门，聚集众多的专业人才，这些专业人才在满足现行的国际通用行业标准外，也需要结合中国邮轮产业发展的实际情况，制定符合中国的行业人才标准，以提升邮轮产业从业人员的专业水平。

3. 构建人才教育培训体系

邮轮产业人才培养需要不断向国际化教育水平迈进。实施邮轮产业人才战略，需要加大对各类邮轮专业人才的教育和培养，注重对邮轮人才的职业道德和专业素养的培育。多层次、全方位的人才教育培训体系需要整合优化政府、企业、社会、学校和相关部门的优质资源，在此基础上，形成规范、科学、标准的人才教育培训体系。

[案例]

天津海运职业学院的人才探索实践

2007 年，天津海运职业学院在全国开设首家国际邮轮乘务专业，旨在培养胜任邮轮基层服务和管理工作的技术技能型人才。几年来，国际邮轮乘务专业在专业建设方面做出持续努力，毕业生分布于皇家加勒比邮轮、歌诗达邮轮、丽星邮轮、星梦邮轮等国际知名邮轮品牌。

2012 年，学院发起成立中国高等院校邮轮人才培养联盟，有效整合邮轮专业教育教学资源，在邮轮乘务专业教学计划制定、课程改革、实习实训、师资队伍建设、系列教材编写、招生就业等方面皆取得优秀成绩

2013 年，学院偕同联盟院校与美国皇家加勒比邮轮公司展开合作，2014 年正式建成并投入使用国内唯一高仿真环境的美国皇家加勒比国际邮轮人才培训中心，实现邮轮专业学生从校内实训、实习就业、培训外派等一站式培育，开创了中国邮轮高等教育与世界顶级邮轮企业深度融合的人才培养新模式，成为中国第一个酒店式邮轮人才综合培养基地。

2016 年，学院与天津邮轮游艇协会、天津国际邮轮母港有限公司共同发起成立天津邮轮游艇协同创新中心，旨在连接政府、企业、社会、学校及各相关部门，为邮轮事业的发展提供更详尽的数据、情况和趋势，为政府决策提供可靠依据。

第七节　邮轮旅游服务注意事项

根据邮轮旅游的特征和目标群体，在提供邮轮旅游服务时候要注意以下两个方面。

一、产品方面

要实行以自助旅游为主、团队旅游为辅的方式。因为旅游者对邮轮旅游的认知度不高，目前参加邮轮旅游的人数较少，在旅游淡季难以成团，加上旅游者需求的多样化，团队方式难以满足每个旅游者的个性要求，所以平时采取以自助旅游为主，旅游旺季时因散客难以确认，采取以团队为主的方式。邮轮线路的旅游团队实际上和自助游没有太大的区别，因为游客登船后一切的活动都是自由安排，而在船上的时间占据了整个旅游时间的 60%—80%。但仍存在两点区别：一是由于团队机票的高折扣直接降低了整体报价的价格，二是团队有领队。

二、服务方面

高质量的服务是邮轮旅游的内在要求，此外邮轮旅游的复杂程度较之普通团队旅游也非常高。旅行社除了要提供一些基本的旅游知识和注意事项，还要针对邮轮旅游产品提供更多的信息和服务。在设计邮轮旅游线路的同时，需要

提供关于邮轮的足够信息，比如邮轮的抵离港时间、登船要求及注意事项、邮轮闸门关闭时间（一般为邮轮离港前一小时关闭）、邮轮上所有设施和特殊活动的详细介绍，以及邮轮的排水量、体积、行驶速度及载客人数的介绍等。

【思考题】

1. 分析邮轮运营管理的复杂性。
2. 我国邮轮港口的主要类型。
3. 我国邮轮运营中应重点关注的领域和原因。

第七章 邮轮旅游营销

【学习目标】

- 了解邮轮旅游消费者购买行为特点。
- 掌握邮轮旅游产品内涵和分类。
- 掌握邮轮旅游产品开发策略。
- 了解国邮轮旅游产品促销策略。

【知识要点】

- 邮轮旅游者主要类型
- 邮轮旅游 4p 营销策略

第一节 邮轮旅游消费者与购买行为分析

一、旅游需求与影响旅游需求的因素

旅游需求是指在一定时期内、一定价格条件下，旅游者愿意并能够购买旅游产品的数量，也就是指在某一价格下所有旅游者对旅游产品需求数量的总和。

影响旅游市场需求的因素包括以下几点：

1. 旅游者收入

一般来说，人们的收入越高，对商品的需求越大。因此，从旅游市场需求来看，经济发展水平、国民总收入及消费者的个人收入分配情况等因素，对旅游市场需求影响重大。

2. 旅游者规模及构成

一般说来，人口总数越多，市场需求越大。但是，人口数量与特征、年龄与性别、地理分布、消费构成等因素，也影响着旅游市场需求。因此，分析旅游者规模与构成可以明确现实与潜在的旅游者数量、旅游者消费水平及构成（吃、住、游、购、娱等方面）、滞留时间、旅游者对旅游产品质量、价格、服务等方面的要求和意见等。

3. 旅游动机和旅游行为

旅游动机是激励旅游者产生旅游行为、达到旅游目的的内在原因。人的动机有很多的类型，如身体健康动机，包括休息、运动、游戏、治疗等消除紧张的欲求；文化动机，包括了解和欣赏异地文化、艺术、风俗、语言、宗教等求知欲望；焦急动机，包括在结识异地朋友、探亲访友、处理日常工作、家庭事务等时厌倦熟悉的事物、逃避现实和免除压力的欲望；地位与声望的动机，包括考察、交流、会议、从事个人兴趣等能够满足自尊、取得个人成就和为人类做贡献的需要。旅游行为是旅游者旅游动机在实际旅游过程中的具体表现。旅游行为主要包括客源地旅游者何时旅游、何处旅游、由谁决定旅游与如何旅游四个方面。

二、邮轮旅游需求与消费

1. 邮轮旅游需求

20 世纪中叶前的 100 年间，传统邮轮曾在海上盛行，后来由于航空业的出现和迅速发展，作为海洋交通工具的跨洋型邮轮基本上退出历史舞台，取而代之的是作为一种集交通工具、住宿、餐饮和娱乐休闲于一体的综合型邮轮旅游业。邮轮旅游业在世界范围内还属于年轻的产业，距今只有 30 余年的历史。邮轮旅游在发达国家是在社会上层人士中备受推崇的一种旅游方式，近年来随着邮轮旅游业发展趋于成熟和大众对它的逐渐熟悉，逐渐走进了西方国家中产阶级的家庭里。据国际邮轮公司协会（CLIA）统计，2018 年全球邮轮乘客总人数达 2852 万人，2019 年全球范围内有 2920 万人参加邮轮旅游，其中 1760 万人来自北美。北美游客中有 1179 万人（占 67%）来自美国和加拿大，581 万人（33%）为国际游客。

据 2013 年皇家加勒比中国委托第三方完成的一项大型调研结果显示，中国邮轮游客的平均年龄为 38 岁，比欧美游客更为年轻，46.2% 的游客为三口之家或三代同行的家庭游客，20.4% 为夫妇或情侣，10.6% 为与朋友或同事同行，70.1% 的游客来自月收入在 1 万—2 万元的中等收入家庭。90% 以上的游客为企业的一般雇员和管理人员，从事教育、法律、金融行业的职业人士，民营企业的老板，自由职业者及退休人士。调查显示多数邮轮游客为第一次选乘邮轮，客人倾向选择短途航线。2013 年，国际邮轮公司运营的从中国出发的航线 99.2% 以上为 3—7 晚，平均行程长短为 4.5 晚，与更青睐 7—14 晚行程的欧美游客形成鲜明对比。中国游客在岸上和船上的购物花费高于欧美游客，酒吧消费则低于欧美游客。每到一个港口城市，中国游客上岸观光率几乎为 100%。

2. 邮轮旅游消费

（1）消费水平高

丽星公司著名的"处女星号"邮轮航行路线途径新马泰三个国家，目前北京市场上的价位是 8000 元起，价格浮动受很多因素的影响，比如价格会因邮轮舱位标准的不同而变动，8000 元的价格水平也只能是买到邮轮的标准舱位。标准舱位在邮轮舱位中属于中下水平，房间内没有窗户，床位跟酒店的单人床比起来也相当窄。即使是丽星邮轮香港航线的"双鱼星号"，其价位也最少要每人3000 元，比起来参团港澳游只需 1000—2000 元来说，其消费水平也是属于比较高的层次。更不用说地中海邮轮和加勒比海邮轮，其消费更是普通旅游者望而生畏的。

邮轮旅游对于消费人群的经济实力要求相对较高，因此一直被看作高端消费，按照国际邮轮旅游的发展规律，当一个国家或地区的人均 GDP 达到 6000美元到 8000 美元时，人们的生活方式、消费理念将随之发生变化，邮轮旅游将得到快速发展。2010 年，中国人均 GDP 已超过 4000 美元，部分发达城市人均GDP 已突破 10000 美元，这些地区已具备了邮轮旅游消费的能力。在中国经济发展和居民生活水平提高的同时，国际邮轮旅游业也在寻找新的发展空间，世界各大邮轮公司同时看上了中国这个规模庞大的市场，不断把触角伸到中国内地各大港口城市，邮轮旅游也开始被国内居民认知，邮轮旅游消费市场逐渐形成并快速发展。

（2）设施齐全，服务质量高

邮轮旅游的服务是五星级的。在花费大额金钱的同时，也必定会享受高层次的服务，邮轮上服务人员均训练有素，懂得多国语言。邮轮上提供了各种娱乐设施，有多国风味餐厅、酒吧、游泳池、电影院、歌剧院和图书馆等，还为商务游客准备了中央会议厅。

衡量邮轮的豪华程度要看乘客和服务人员的比率，通常的情况是 3:1，而这个比值越小则说明越豪华，即一个服务人员对应的客人越少，服务越有质量。邮轮上的服务没有等级之分，每位乘客在船上都可以平等地使用所有的设施，都能平等地享受相同的服务，如餐食、饮料、娱乐等。服务品质绝对不会视舱房的价格而有所区别。例如，在歌诗达邮轮上，游客在船上的活动空间大，会感觉非常舒适。为保证邮轮上的每位客人都能得到同样优质的星级享受，歌诗达拥有超大规模的服务团队，乘客和服务人员的比例高达 2:1，这意味着每两位乘客就拥有一位专职的服务人员贴身服务。

（3）重游率高

很多去过新马泰的游客也会搭乘"处女星号"邮轮。一方面，邮轮旅游可以大致分为两个部分，即船上的娱乐休闲和停靠港的游览活动，而邮轮上的时间占了整个旅游时间的 60%—80%，所以停靠港的游览景点是否曾经去过，对于游客不起关键作用。另一方面，邮轮公司一般会把海岛、海滩作为其行程当中的一个停靠港，而海岛是众多旅游目的地当中重游率最高的。

目前，世界邮轮旅游主要有加勒比海航线、地中海航线、北欧航线、东南亚航线和阿拉斯加航线五大航线，针对中国游客的航线主要是东南亚航线，一般从中国香港出发，赴新加坡、马来西亚和泰国旅游。而新马泰是中国出境游客最为熟悉的目的地，虽然海上航游与直接飞抵目的地的经历不同，但对于有过新马泰旅游经历的人来说，这条航线对他们的吸引力不大。近几年上海推出了几条通往韩国、日本的航线，但所涉及区域仍然有限。欧美航线所需时间长、费用高，如加勒比海航线、地中海航线、北欧航线和阿拉斯加航线虽然吸引力大但价格昂贵，一般在 2 万人民币/人次以上。这类产品国内市场难以接受，市场规模小。此外，邮轮上的设施服务多是针对欧美游客生活习惯而设置的，国内游客很不适应，这在一定程度上削弱了邮轮对于国内游客的吸引。

（4）亲水特征

邮轮旅游的亲水性是毋庸置疑的。这个特点对于喜好水性的旅游者来说有强大的吸引力，邮轮旅游的全过程基本上都在航行着的邮轮上进行的。而对于抗拒水的旅游者来说又是一个致命的缺欠。对于这类型旅游者来说，他们不仅会对水有天然的抵触情绪，而且还会产生海上旅游的不安全感，而这种心理因素一般都是先天形成的，后天改变的可能性不大。

（5）慢旅游特征

休闲度假旅游产品具有慢节奏的特点，邮轮虽然是在海上日夜航行，但对于游客来讲，却可以使长途旅行中枯燥的路途时间变为休闲假日的时光，从而有更充沛的精力在停靠港地区游览。

三、邮轮旅游消费者主要类型划分

邮轮旅游属于西方发达国家的中高端旅游消费产品。邮轮旅游轻松闲适，活动空间相对固定，家庭、亲子、蜜月、朋友之间结伴同游成为邮轮游客的主要类型，也有一部分公司用中短途邮轮线路奖励员工或召开销售会议等。总之，邮轮消费群体非常庞大。在世界范围内，邮轮旅游客的一般标准是 25 岁以上，平均年收入超过 4 万美元。有关研究显示，2008 年全球邮轮旅客的平均年龄已经从十年前的 65 岁下降为 49 岁，平均年收入超过 10 万美元，57% 的邮轮旅客接受过大学教育，而且拥有正式工作，属于典型的中产阶层。

1. 按客源地划分

邮轮旅游者客源来自世界各地，但目前比较集中的主要来自北美和欧洲，亚洲比重在增加（如图7-1）。邮轮旅游的客源分为海外游客和国内游客。

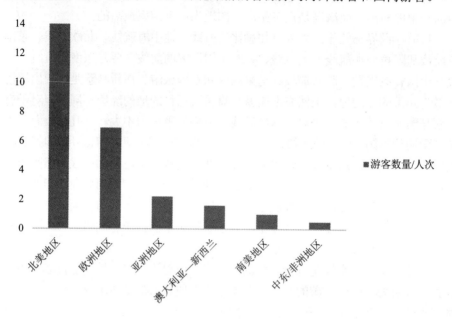

资料来源：Cruise Market Watch

图7-1 2018年全球邮轮游客客源分布

国内的出游客源类型又以"银发族"和"亲子游"为主。

中老年人群体稳稳占据了我国邮轮出游人群的主体地位，并将在一段时间内继续保持。在45岁以上的中老年群体中，又分为中年人群体和老年人群体。中年人旅游者普遍具有既"闲"又有钱的特点，在整个旅游市场中占据中坚力量，旅游消费频次较高，对于豪华邮轮这种高端产品的需求也比较旺盛；对于老年人旅游者来说，他们在旅游产品购买决策上受成年子女影响较大。

除此之外，目前国内邮轮旅游的特点也是中老年旅游群体偏好的原因之一。具体表现为：（1）邮轮旅游推崇的是个性化服务，尤其是岸上游览项目，游客可随意安排自己是否跟随或任意选择游览项目。与传统的团队游相比，邮轮旅游自主性强，更适合行动缓慢的老年人，旅游满意度及舒适度更高。（2）受国内现行带薪休假制度及法定休假时间所限，国内邮轮旅游的航程往往不长，绝大多数为3—5天的短途航线，这对中老年人来说恰到好处。（3）受我国旅游市场现有的消费能力和消费文化特征影响，国内邮轮旅游产品价格普遍不高，与老年人群体勤俭节约的传统观念相符。

同程旅游发布的出游报告统计显示，中小学生和学龄前儿童群体占比为 11.23%，约为中老年群体的 1/8，虽然比重较小，但却蕴含着一个庞大的细分市场，即家庭"亲子游"市场。出游报告数据表明，同行人数为 3 人及以上的占比达 51.86%，有 79.8% 的人预订了家庭房。这些数据均可归为家庭"亲子游"的需求。目前国内旅游市场消费主力为中青年，这类群体绝大多数已初为父母，受高等素质教育的影响，大多赞同"读万卷书，不如行万里路"这一观点并予以实践。众所周知，小朋友出游是否安全及是否开心是家长最担忧的问题。邮轮旅游既能增长小朋友的见识，丰富其阅历，又能一并解决住宿、餐饮、娱乐、安全等琐碎事务，自然成为越来越多家长出游的首选。如今，多数大型邮轮都设有专门的儿童俱乐部，有专门的工作人员带领不同年龄段儿童做手工、筹办化装舞会、参加船长见面会等适合他们的游戏；还有儿童游泳池、青少年水疗馆，有的甚至建有水上乐园、旋转木马、溜冰场等儿童设施，以及迪士尼演出节目；小朋友还可以在这里结识很多玩伴儿。除此之外，家长也可以通过各种娱乐健身活动放松身心，享受休闲的度假时光。

2. 按旅游目的划分

邮轮游客按旅游目的划分可分为：观光游客、休闲度假游客、商务游客、科学探险游客等。

3. 按组织形式划分

邮轮游客按组织形式划分可分为：团队游客、自助游游客。

4. 按旅游者心理与消费喜好划分

邮轮游客按心理与消费喜好划分可分为：焦虑型旅游者、热情型旅游者、精明型旅游者、豪华型旅游者、探奇型旅游者、精通型旅游者。

5. 其他划分

邮轮游客可以按照游客人口统计特征，如年龄、性别、性格、收入水平、受教育水平、生活方式、婚姻状况等进行划分。

四、邮轮市场的划分

邮轮需求市场主要根据"谁在邮轮市场上购买产品"而划分为个人需求市场和邮轮旅游中间商两种类型。

1. 个人需求市场：个人需求市场主要由邮轮旅游者构成。邮轮旅游者是邮轮产品的直接购买者，是邮轮旅游市场营销链条上的终端。它的形成得益于旅游者需求的逐渐转向。邮轮旅游者（Cruise Tourist）根据世界旅游组织（The World Tourism Organization）对旅游者的定义可以将邮轮旅游者定义为：离开惯常环境连续时间不超过 12 个月，搭乘邮轮在海上巡游而非工作目的，途中停靠某地作短暂逗留，逗留时间不超过 24 小时的人。邮轮旅游避免了走马观花式的游览，其中心是固定的，即整个旅游行程围绕邮轮展开。其间停港靠岸，岸上的游览活动多是自愿的，时间一般不会超过一天，晚上登船住宿。这样的方式具有两个优点：首先避免旅游度假中旅途的奔波，确保了其舒适度；其次邮轮上具备多种娱乐设施，可以开展多项娱乐项目，满足从儿童到成年不同年龄层次的人群的娱乐需求。

2. 邮轮旅游中间商：这是指协助邮轮旅游企业推广、销售邮轮旅游产品给最终消费者的集体和个人。它主要包括邮轮旅游批发商、邮轮旅游经销商、邮轮旅游零售商、邮轮旅游代理商，以及随着互联网的产生与发展而出现的在线网络服务商。邮轮旅游中间商在邮轮旅游市场营销中占有特殊的地位，对邮轮旅游产品营销渠道的形成和运行起着重要的作用。一般来说，邮轮旅游中间商的功能主要体现为市场调研、促进销售、开拓市场和组合加工产品等。

五、目前我国邮轮旅游消费者特征与消费行为分析

据歌诗达邮轮公司不完全统计，在我国乘坐邮轮出海的游客，大多来自苏浙沪、京津、珠三角等沿海地区的中心城市。

专家认为，在中国邮轮市场中，主要消费群体还是中青年人。他们在经济上相对独立自主，在生活上追求更高的品质，是当下和将来整个社会群体的中坚力量。与此相比，中国现阶段的老年群体经济实力远不如国外同龄群体，在生活方面更趋于恬淡安适，充满怀旧气息，对变革性新事物的接受能力较弱。但若以家庭的形式参与，也许可以让这一群体成为邮轮消费的第二大力量。

综合旅行社从事邮轮产品销售的信息，当前国内邮轮的目标顾客主要集中在以下四大类：第一，热爱社交的白领。白领往往有较强的社交性和情感性的需求，更愿意尝试多样的文化体验、西式饮食、歌舞和高级娱乐场所等。第二，全家出游的家庭。家庭出游比较注重功能性，考虑经济实惠。邮轮可以让一家人享受天伦之乐，同时还可满足家庭成员的不同娱乐需求。比如，上海某国际旅行社组织参加"海洋迎风号"的中国游客就有几百人，游客以家庭形式居多，年龄在 40 岁左右。邮轮上各类设施应有尽有，不仅适合老年群体，也有适合大人及小朋友的专用设施及活动，是中国家庭度假旅游的新选择。第三，接受海上会议的商务人士。在邮轮上从事商业活动，在欧洲已广受欢迎。海上会议往往结合功能性、社交性和情感性三种特性，一改陆上会务的刻板与严谨，将商务活动带入轻松惬意的海上旅途中。目前，把邮轮旅游作为一种特别的奖励方式也日益受到品牌企业的关注。在一望无际的海上举办会议、进行奖励，可以

成为公司职员难得的经历与体验。皇家加勒比公司负责人就表示，公司客户的奖励旅游也是迅速发展的市场。比如，北京一家公司就曾以包船形式组织了1.2万名营销员，分9批乘坐皇家加勒比邮轮旅游，行程7天6夜。第四，蜜月旅游的情侣。海上旅行是一种很容易和浪漫联系在一起的出游方式。邮轮能提供更多的私密和休闲空间，为蜜月旅行更增一份温馨甜蜜。

从消费者年龄层面来分析，"80后"一代已经逐步成长为旅游产品的核心消费群体，这批缺乏艰苦生活经历和长期饱受溺爱的一代秉持着新的消费观念，他们倾向付出其可支配收入的更大比例用于如旅游等休闲产品的消费。个性和潮流的需求、偏感性的消费观与可以获得丰富的信息是这类人群的特点。随着"80后"一代经济支付能力的进一步提升，其对国内旅游市场消费的拉动能力将显著增加。

从出游群体组成来看，以中老年团队为主的爸妈游客群人次占比最高，其次为带孩子出游的亲子客群，二者为邮轮游消费主力客群，而蜜月游、闺蜜游等其他类型客群紧随其后。在出游时间方面，亲子家庭主要集中在暑期和国庆节，其中尤以暑期7月下旬和8月上旬出游最为密集。亲子家庭更青睐阳台房和套房，希望给孩子和家人带来更舒适的旅程，因此在邮轮产品选择上，亲子家庭人均单价要高于其他类型客群；中老年人时间充裕，他们出游时会潜意识地避开节假日高峰期；蜜月游、闺蜜游客群出游时间全年较为分散。

在邮轮行程安排方面，超过八成的客户出游天数在4—8天，其中42.9%的客户青睐5晚6天航期的邮轮线路，4晚5天航期的邮轮线路预订人数紧随其后。由客户产品预订数据分析，当前邮轮旅游消费仍以近海短程线路为主。家庭游、夫妻游、青年团队游更多地选择日本、东南亚方向邮轮，而中老年团队游、夕阳游则有更为充裕的时间等选择中东、欧洲、美洲邮轮；此外，部分中老年游客对国内三峡邮轮同样充满兴趣。在单价超过2万元的远洋航线中，目前出游人年龄主要在45—70岁，年龄结构在近年来有年轻化趋势，过去一年通过途牛预订远洋航线的40岁以下客户人次占比超过20%，有越来越多的年轻客户开始选择体验更丰富、岸上行程更多元化的长线邮轮休闲度假。

六、邮轮旅游产品的购买动机分析

1. 游客旅游产品购买动机

由于人们的旅游需求是复杂的、多变的，因此，导致人们的旅游动机也多种多样。一般来说，一个人同时会有多种需要，产生多种动机，只有最强烈的动机才会引发行为。因此掌握了旅游者的动机结构，也就等于掌握了旅游者的行为导向。旅游动机对旅游行为具有明显的预示作用，常见的旅游动机归纳为以下 6 种：

（1）身心方面的动机

之前，旅游消费者更偏向于走马观花的旅游模式，"了解"是游客出行最主要的目的。而现在，人们则倾向选择度假体验的旅游模式，"享受"才是现在游客旅行的意义，为了健康或为了寻求精神上的乐趣。长期的紧张工作、城市环境的喧嚣、繁杂的家务不仅造成身体的疲劳，而且精神上也十分疲惫，心理上易产生压抑感，这一切损害了人们的身心健康，妨碍了正常的工作。人们为了解除身体的疲劳、精神的疲惫和心理的压力，调节身心，需要暂时离开工作环境和家庭环境，摆脱俗务，于是产生旅游动机，包括度假、疗养、参加体育活动、参加消遣娱乐活动、观光等。在现代，旅游与健身，进而与娱乐越来越多地联系在一起了。

（2）文化方面的动机

文化方面的动机是要满足认识和了解异国他乡的情况、扩大视野、丰富知识的需要，如了解异国他乡的文化艺术、风俗习惯、政治经济、宗教等状况，以及进行学术交流和艺术交流等。

（3）运动旅游动机

运动旅游动机是游客希望通过旅游活动来达到锻炼身体、增强体质的一种动机。体育旅游已成为现代旅游体系中的一个重要分支，包括徒步旅游、骑马或骑骆驼旅游、野营旅游、登山旅游、狩猎旅游、滑雪旅游、自行车旅游、自驾车旅游、探险旅游，以及漂流攀岩等旅游活动，每年都吸引大量体育旅游爱好者。

许多现代人看多了花花草草，享受田园风情也早已成了"老调子"。新玩法是让人们活动筋骨、锻炼腿脚，响应国家号召，全民去健身。

（4）社会方面的动机

社会方面的动机也可称之为交际动机，是为了社会交往、保持与社会的经常接触而产生的一种动机，如探亲访友、旧地重游、开展社交活动、宗教朝圣等。

（5）地位和声望方面的动机

这是人们为满足个人成就和个人发展的需要而产生的动机。旅游者希望通过旅游得到别人的承认，引人注意、受人赏识、获得良好的声誉等。属于这类动机的有事务、会议、考察研究、追求业余癖好和求学等旅游活动。

（6）商务方面的动机

商务方面的动机是人们为达到一定的经济目的而产生的旅游动机，包括贸易、经商、购物等。例如，我国每年举办的广交会和各地举办的交易会期间，来洽谈贸易的大批客商就是出于经济方面的动机。由于商务游客的动机与度假、观光游客的动机不同，因此表现在对酒店设施、服务等方面的要求也是不同的，如商务客人对会展设施要求尽可能完备，对服务的效率要求比较高。

2. 游客邮轮旅游产品购买动机

游客选择邮轮旅游消费，也许想体验从未有过的体验，也许是销售商极力推荐，或者只是因为朋友对邮轮旅游的良好印象，抑或想实现自己的一个梦想或仅仅想远离一个寒冷的冬季，根据调查归纳起来邮轮消费者动机如下：

（1）选择一种省心省事的度假方式

全程开、装行李只有一次，用不着到处找旅馆或用餐的地方，消除了游客的紧张感，最大限度地增加了游客的实际假期时间。我国假期集中、时间短（法定节假日多为三天左右，春节和国庆小长假也不过七天），使得我国旅游消费者在选择邮轮旅游时，不得不考虑时间成本。调查数据显示，如今我国邮轮旅游项目中最受欢迎的邮轮产品为6—8天，而在实际中，消费者选择2—5天的居多。我国旅游消费市场现有的消费能力还比较有限，结合现行带薪休假制度的普及不够，邮轮旅游的季节性很明显，会出现在黄金周期间船票一票难求的紧张局面，而淡季却彻底没人。这就需要更多的休闲时间保障，国外的邮轮产业发展迅速，和它的休假机制有密切关系。

（2）能使自己短期摆脱喧嚣尘世的烦恼

邮轮是海上流动的酒店，带给游客一种全新的体验：没有晨铃惊扰，不用"急行军"赶景点，忘却时间的存在；远离烟雾、污染、心理压力、疲劳、单调、交通；把自己融入美丽的风景中，在海风吹拂下，从一处美丽游弋到另一处美丽……

（3）可以享受到周到体贴的服务

邮轮有完善的设施、高规格的服务，有更多的放松、舒适、休闲、娱乐和消遣：床边的早餐、浴缸里的热水澡、喝下午茶等。例如，皇家加勒比邮轮为游客提供皇家套房服务。皇家套房服务由皇家加勒比匠心打造，为金色船卡宾客专享。该服务涵盖贵宾抵达码头、登船、下榻套房、用餐、游玩到离船的全套专享服务，旨在为每一位套房客人提供皇家超凡的邮轮体验。

（4）更多的人与事的新体验

邮轮上有各种类型的游客，相对固定的时空能有更多的交往，邮轮旅游中社交的机会无处不在——用餐时、购物时、锻炼时、娱乐时等；彼此间有更多的相同点——选择了同一艘邮轮、同一个航程、同一个目的地等。例如，皇家加勒比邮轮为游客提供非同凡响的海上会奖旅游，无论是举办商务会议，还是开展激励活动，皇家加勒比的商务专家都会尽其所能为商务旅行游客提供专业知识，提供个性化的商务活动选择，量身定制主题团队活动，适应个性化的商务度假需求，安排落实整个海上商务假期里的所有细节，确保每一个项目都能成为非凡盛举。活动包括：颁奖典礼、私人酒会、年会、培训会、订货会、新品发布会等众多形式的团体活动，以邮轮为场地尽情施展。设备包含：免费使用的圣光设备、投影机、DVD 播放机、等离子电视、讲台、多功能壁挂式屏幕、电视墙（多画面）、无线或翻领麦克风、专业舞台灯光、声音板等。

另外游程跨洲越国，带来很多异地自然与人文的新体验。

（5）对发生浪漫故事的期待

1997 年，电影《泰坦尼克号》在国内风靡，人们在为浪漫的爱情故事唏嘘不已的同时，也将目光移到了那艘承载了几千人的豪华邮轮上。中国人对邮轮的最初印象多半来自这部经典电影。一艘号称永不沉没的巨船，富丽堂皇的内部设计与经典浪漫的爱情故事完美融合，不免给邮轮旅游披上一层神秘面纱。那时，邮轮旅游在中国老百姓眼中还只是一幅幅唯美的电影画面。

悠闲、放松的心情，舒适、豪华的环境，营造出更加浪漫的氛围，游客更容易在这里谈情说爱，电影、戏剧、歌曲、读物中有很多以邮轮为背景的浪漫故事。如今，乘坐"海上移动的五星级宾馆"，在吃喝玩乐的同时环游世界，这个以前在电影中出现的场景，正开始变成普通人也能拥有的现实。

（6）更安全旅行经历和透明的价格

邮轮之旅在很多人看来，奢华、昂贵已经成为代名词。过去，邮轮旅游的价格一直都是七八千元到两三万元不等，这也是其不可能大规模推出的主要原因之一。但随着邮轮线路的不断丰富，邮轮游的价格也逐渐放下身段。其实，目前的邮轮之旅价格并不算贵，有的线路只要三四千元，赶上旅行社推出优惠活动，还可以享受更多折扣。

登、离邮轮需要进行安检，受到严格控制，邮轮的环境得到高水平的管理，因为任何异常情况均能迅速被发现解决，因而更安全。邮轮旅游是一种全包价旅游产品，客人事先知道他们所花的费用。

3. 邮轮旅游消费趋势

基于同程旅游在邮轮营销和产品设计方面的实践分析，针对细分市场进行产品再设计的"邮轮+"正在成为我国邮轮消费的一大趋势。"邮轮+"主要是指在邮轮已有元素的基础上针对特定人群推出定制化活动或其他特别安排。从2014 年至今，同程旅游已先后推出了针对足球球迷群体的"海上世界杯"，针对中老年群体及其子女的"花样爸妈"和健康讲座等专题邮轮线路。2016 年度，同程旅游继续发力"邮轮+"，推出了融合东西方文化的"量全旗美"旗袍展示等文化主题邮轮产品。"邮轮+"的基本思路在于瞄准细分人群进行针对性的产品创新，将邮轮固有元素与特定群体的需求相结合，将不同文化元素相融合，让用户获得更加丰富的邮轮度假体验。

根据各级政府部门近年来颁发的有关邮轮港口建设及邮轮经济发展规划分析，多港口布局将是未来邮轮旅游的一大发展趋势，同时也是市场需求的重要趋势。顺应这一趋势，同程旅游在 2016 年启动了"多港口布局"，近海邮轮旅游产品覆盖了天津港、厦门港、广州港、上海港等 12 个港口。

第二节　邮轮旅游产品构成

一、邮轮旅游产品

旅游活动是由多种要素组成的，主要包括食、住、行、游、购、娱等。旅游产品既包括了有形的实物产品，又包括了无形的服务产品，旅游产品是一个整体概念。

从旅游供给的角度来说，邮轮旅游产品指旅游经营者借助邮轮及其服务设施向旅游者提供的满足需要的系列活动和服务。它是一种非实物型生产产品，专门为满足游客观光游览、休闲度假等需要而特别设计并提供，被现有的和潜在的游客所认同，包括有形的（如邮轮、邮轮服务设施、游乐项目等）和无形的（邮轮服务、游客感受等）两部分组成。从旅游需求的角度看，邮轮旅游产品是邮轮旅游者通过向旅游产品供应商购买，在一次旅游活动中所消费的全部产品和服务的总和。邮轮旅游者通过对旅游产品的购买和消费，达到心理上和精神上的满足。

二、邮轮旅游产品的整体含义

邮轮旅游产品有三个层面：分别是核心产品、有形产品和扩展产品。

（1）核心产品

核心产品是旅游者购买的基本对象，它是由对旅游者核心利益的满足而构成的。旅游者的核心利益即是通过购买旅游产品来满足其观光娱乐和休闲度假的需要。当然，这种利益通常是无形的，在很大程度上与旅游者的主观愿望如气氛、过程、便利、愉悦、放松等感受联系在一起的。

（2）有形产品

邮轮有形产品是使核心产品有形化而形成的，能够满足旅游者需求的实实在在的产品，如邮轮所提供的餐饮、菜品和各种休闲娱乐项目。有形产品应具备特色、品牌、服务质量和安全等特征。

（3）扩展产品

邮轮旅游扩展产品是指游客能够在邮轮上得到的所有有形的和无形的附加服务和利益。邮轮旅游扩展产品是能够解决邮轮旅客的所有问题，甚至包括游客未想到的问题的组合产品。

三、邮轮旅游产品的构成要素

1. 基本要素

邮轮旅游产品构成的基本要素主要是指水景吸引物，包括海洋、湖泊、河流、运河及其沿岸的港口、峡谷、山峰、瀑布、温泉、气候条件等自然风景资源，文物古迹、城乡风光、民族风情、建设成就等人文旅游资源，以及具有邮轮特色和水上特色的、适合并能满足旅游者需要的邮轮休闲活动项目等，它是开展邮轮旅游活动的先决条件和吸引旅游者选择邮轮的决定性因素，也是构成邮轮旅游产品的基本要素。

2. 必备要素

邮轮及邮轮设施是完成邮轮旅游活动所必须具备的物质条件。邮轮是旅游者为了娱乐和休闲度假的目的而往返旅游目的地并实现旅游的载体，邮轮设施包括供邮轮航行的设施设备、餐饮设备、住宿设施、通信设施、观光设施、游乐设施等，使邮轮经营者勇于直接服务于旅游者并满足其观光娱乐和休闲度假的凭借物，是邮轮企业取得效益的基本条件，也是构成邮轮旅游产品的必备要素。

3. 核心要素

邮轮旅游产品的核心要素是邮轮服务，旅游者购买并消费邮轮旅游产品，除了消耗少量的有形物质产品如餐饮产品外，主要是对邮轮提供的各种服务的消费，包括为满足其游览、观光、休闲、度假等核心利益的服务，也包括满足游客游览过程中维持正常生活的基本服务。因此，邮轮服务是构成邮轮旅游产品的核心要素。

四、邮轮旅游产品设施介绍

1. 邮轮的设施

邮轮建造的年代对邮轮的体验有着直接的影响。过去的客班轮与现代的豪华邮轮带给旅客的感觉明显不同。邮轮的设施主要由船上设施和邮轮舱房构成。

2. 船上设施

邮轮上的空间一般包括客房空间、非公用（船上员工）空间以及公共空间。供船上员工使用的空间一般位于客房甲板以下，包括船上员工客房、餐厅和娱乐设施空间。其他非公用空间包括船长驾驶室、船上厨房和机械区域等。公共空间是游客汇集的场所。常见的区域有接待区、餐厅、演出大厅、泳池区、健身区、礼品店、医疗设施、展示区、赌场，此外还设有儿童乐园、酒吧、攀岩壁、棋牌室、多功能厅、网吧、电子游戏室、图书馆、教堂等。

邮轮客房：邮轮上设有不同等级的舱房，主要有内舱房、海景房、阳台房和套房四个等级。

内舱房：在邮轮中部，只有门朝走廊，没有窗户，房间类似商务酒店的标准间，一般有隐藏式的上铺。内舱房也会根据邮轮的不同而不同，例如皇家加勒比邮轮内舱房还分为普通内舱和皇家大道内舱。皇家大道内舱有窗户可以看到船中央的皇家大道。

海景房：在船舷两侧，有能看见海的窗户，房间类似商务酒店的标准间，一般有隐藏式的上铺。

阳台房：在船舷两侧，有朝海的阳台，房间类似星级酒店的标准间，一般为一张大床，可以给孩子加床。有些大的邮轮，还有朝向步行街的阳台房。

阳台套房：在船舷两侧，有朝海的阳台，房间类似星级酒店的套房，一般都可以给孩子加床。

豪华套房：一般在船头，有多个房间，有些还有自己的温泉池。套房会根据豪华程度和功能再进行区分，如家庭豪华套房、水疗豪华套房、行政豪华套房等，各个邮轮也不同。

邮轮餐厅：邮轮的餐厅主要分为免费餐厅和特色餐厅（付费餐厅）两种（丽星"处女号"除外，该船所有餐厅均付费）。免费餐厅包括主餐厅和自助餐厅，特色餐厅（付费餐厅）也分为可自由点菜的餐厅与自助餐厅两种。当然在主餐厅中需穿着正式，穿着短裤、拖鞋等服饰是不得体的表现。付费餐厅和自助餐厅对穿着没有要求。

主餐厅：一般的邮轮上通常是1—3个主餐厅不等，相对高级的邮轮会配备4—5个主餐厅，如"海洋量子号""蓝宝石公主号"等。主餐厅要求穿着正式，一般也会有身穿西装或燕尾服的服务人员。主餐厅的点菜模式为三道式，三道式是指前菜、主菜和甜品三道。此外餐厅会免费提供白开水，如需其他饮品如饮料、酒水等须自行付费。因为邮轮旅游是从西方引进的产品，所以餐点的服务时间上遵循西方人的作息时间，主餐厅一般在晚餐时才开放运营，由于游客较多会分两个批次。根据邮轮不同，时间也略有不同：第一批从下午5点到下午6点，上下浮动半小时；第二批从下午7点到下午8点，上下浮动半小时。午餐多为自助餐，主餐厅不开放。旅客如计划在正餐厅用餐，上船时需自行预约晚餐时间。

　　自助餐厅：自助餐厅不限制穿着，也没有开放的时间限制，在邮轮上全天开放，24 小时服务，适合各类人群的各种作息时间，而且自助餐厅随进随吃，主食、海鲜不间断供应，自由度非常之高。

　　特色餐厅（付费餐厅）：相比于主餐厅等免费餐厅来说，特色餐厅环境更为优雅，顾客较少，菜样更多，服务生以外国人为主，并且相当热情。付费餐厅的餐饮价格一般高于主餐厅，自己点菜时一道菜可能要花费约 500 人民币，适合高消费群体。餐厅中蜘蛛蟹、大龙虾、各种贝类、炒菜、熟食种类俱全，能体验更好的美食与服务。当然也有比较便宜的火锅、日料寿司等，一般消费低于高档餐厅。

　　邮轮休闲娱乐设施：邮轮不仅有酒店的作用，而且也有着非常丰富的娱乐设施。大剧院、游泳池、水上乐园、购物中心、海上音乐厅、剧场、户外影院、攀岩墙、甲板跳伞、甲板冲浪、图书馆、艺廊、礼宾俱乐部、水疗中心、健身中心、青少年活动中心、海上多功能运动馆、电子游戏中心等多种多样的娱乐设施，琳琅满目，数不胜数。邮轮简直就像是一座移动城市。

　　大剧院：这里有经典的歌舞表演，典雅、现代、华丽、新颖的装饰与顶尖科技结合，展现出不同凡响的剧院魅影。歌舞剧奥德赛，新奇乐器、现代音乐、和声及舞蹈完美融合，令人惊叹的不仅是音乐的美妙更是人类的想象力。看点是横跨整个剧院的黄金琴弦、大地竖琴、皇家巨弓和云鼓。明星嘉宾秀：由邮轮特邀艺术家奉上的艺术珍品。无论是歌唱家、舞蹈家，还是魔术家、杂技表演者都是在其领域各有建树的杰出艺人。

　　泳池：包括室内与室外两种。室外泳池位于邮轮顶层，宽敞明亮。室内泳池服务设施较多，一般泳池旁边配有酒吧和咖啡厅。两种泳池一般为免费项目，酒水和饮品为收费项目。此外，还有水疗中心和健身房。健身房拥有先进的健身设备，包括专业动感单车训练、美国海军 TRX 阻力训练和 Beachcamp 训练系统，还有新一代足部承压分析仪及免费咨询服务；全方位服务的水疗中心提供美容沙龙和水疗，有凯特王妃钟爱的 Elemis 系列产品，特别引荐剑桥大学医师提供"素颜激光""玻尿酸"等美容服务，还包括按摩、修指甲和身体护理。

　　邮轮免税店：说起邮轮上吸引游客目光的地方，绝对少不了免税店的存在了。几乎所有的邮轮上，都会有宽敞明亮的精品店。其实，很多船上的免税店都是外包的，全球知名的免税店承包商目前有 Starboard Cruise Services、Harding Retail 和 Dufry Ltd 三家，颇有三分天下之势。

　　Starboard Cruise Services：Starboard 在 96 艘邮轮上设有店铺，已稳固地成为全球最大、最具主导地位的邮轮零售商，在邮轮零售市场上占有最大的份额。其年销售额接近 8.5 亿美元。Starboard 的服务对象包括皇家加勒比邮轮、精致邮轮、嘉年华邮轮、歌诗达邮轮、诺唯真邮轮、星梦邮轮、水晶邮轮、银海邮轮和荷美邮轮等。

Harding Retail：Harding Retail 作为全球第二大邮轮零售商，目前拥有 64 艘邮轮的店铺运营权。Harding Retail 在 64 艘邮轮上有超过 250 家店铺，包括精钻会邮轮、嘉年华邮轮、P&O 邮轮、冠达邮轮、世邦邮轮、弗雷德·奥尔森邮轮、皇家加勒比邮轮、丽晶七海邮轮、途易邮轮、维京邮轮、汤姆森邮轮、马雷拉邮轮和撒加邮轮等。

Dufry Ltd：Dufry Ltd 正在迅速占领邮轮零售渠道。迄今为止，它在 27 艘邮轮上都有零售特许权。Dufry 与诺唯真旗下的"喜悦号""畅悦号"和嘉年华的"灵感号"签署了合作协议。Dufry 为下列邮轮提供零售服务：嘉年华邮轮、诺唯真邮轮、荷美邮轮和普尔曼邮轮。

五、邮轮旅游产品的特点

1. "海上流动的度假村"

一艘大型邮轮好比一座"海上流动的度假村"。邮轮旅游是一种组合型的海洋休闲旅游产品，一种多功能、复合型及可塑性很强的旅游产品，它可以组合海上休憩、观光、度假、健身、会议、婚庆、潜水、探险等内容。由于它的这些特点，邮轮被人们称为"海上流动的度假村"，成为高端旅游者追求和向往的目的地。

2. "移动的微型城镇"

作为一个流动的度假村，大型邮轮一般都配置各类市政设施，包括电力系统、给排水系统、垃圾及污水处理系统、移动通信系统、有线电视系统等，类似一座"移动的微型城镇"。

3. "没有目的地的目的地"

大型邮轮拥有一应俱全的各类娱乐设施，乘客所要感受的就是这种海上的、充实的休闲娱乐方式，上岸观光则作为一种调剂。邮轮航行并无明确的目的地，邮轮本身就是目的地。在一艘能够周游世界的邮轮上，餐厅、剧院、酒吧、活动中心、图书馆等娱乐设施一应俱全。游客可以观看剧院的各种表演，也可以在健身房健身、在游泳池畅游等，这无疑让人们更加享受行程，成为现今旅游新方式。

4. 高技术的集合体

一艘大型邮轮拥有相当高的技术含量，甚至比飞机还高，如卫星导航系统、环保系统、海水淡化系统、电子控制系统，这些都代表着当今世界科技的前沿技术。

5. 投资巨大

建造一艘邮轮，其成本从每标准下格床位 15 万美元到每标准下格床位 35 万美元，平均约为 19 万美元。一艘载客量 2000 人的邮轮，其建造价格约为 3 亿至 5 亿美元，投资额巨大。

第三节　邮轮旅游产品开发

2014 年 4 月发布的《2014 年中国邮轮旅游意愿调查报告》指出，2014 年国内邮轮旅游市场将迎来新一轮的快速发展期，日韩、东南亚地区将成为最受游客欢迎的邮轮旅游目的地。

报告指出，2013 年接待邮轮旅游的人数同比增长了 100%，2014 年邮轮旅游将继续保持几何式增长，78% 的问卷调查者计划在 2014 年选择邮轮旅游的出游方式，且 90% 的游客预计支出 2 亿元的邮轮旅游费用，45% 的游客在邮轮旅途中有明确的购物计划。调查结论显示，在选择邮轮旅游时，45% 的消费者最关注邮轮到达目的地及岸上观光线路，26% 的消费者最关注邮轮公司的品牌和服务，仅有 15% 的游客比较关注邮轮产品的价格。据邮轮专家解释，邮轮旅游虽然越来越平民化和大众化，但仍然以有一定经济基础的游客为主，他们注重旅游体验，更为关注旅游产品的质量。国内邮轮游客以家庭出游为主，占 80%，其中大部分携父母小孩出游。邮轮旅游因为舒适、少舟车劳顿同样受到老年人的青睐，年龄 60 周岁以上的游客占 2 成。同时，游客偏好选择航程约 5—7 天的短程游线；日韩、东南亚（越南、泰国）、欧洲（地中海）成为 8 成调查者最感兴趣的邮轮旅游目的地，是最热门的目的地。邮轮旅游产品开发应以邮轮消费者需求为中心，开发设计其喜爱的产品。

一、邮轮旅游消费特点

1. 欧美与中国邮轮游客消费习惯

邮轮产业与销售产品始于欧美，因为欧美人与中国人的收入不同，消费观念不同，行为习惯也有着较大的差异。一般来讲在船上消费最多的是酒水、免税店和赌场。欧美游客消费最多的是酒水，其次是赌场，最后才是免税店。中国游客在免税店的消费人次最多，其次是酒水和付费餐厅，去赌场消费的人很少。据统计，外国游客中有 58.6% 的游客会在船上额外消费，而中国游客中有 60.24% 的游客会在船上额外消费，但外国游客的消费总值高于中国游客，大部分中国游客只在船票所包含的项目内活跃，而外国人对付费产品尤其是酒水的需求量巨大，消费人次也最多。在船票方面，80% 的中国游客可接受 3000—5000

元以内的票价，但外国游客所接受的票价一般在 3000—8000 元。

2. 中国邮轮游客消费特点

2008 年之前主要以门店营销、宣传单页、会员直销、展会活动为主要消费渠道，2008—2015 网站预订、百度搜索、在线大促、预售积分加入销售行列并迅速发展，至今手机软件、手机网页、微信和其他移动端已逐渐成为销售主流。据携程统计传统邮轮销量占到 46%，在线邮轮销量占到了 54%。在线邮轮销量中 OTA 平台占到了总份额的 70.20%，占主导地位。而且中国游客预定周期较短，船期前一个月是售票高峰。

就消费来说，中国游客在邮轮上的额外消费是少于外国游客的，在国内游客人群中，30 岁以下人群占到了 48% 的比例，30—40 岁，41—50 岁分别是 24% 和 27%，偏年轻化。收入调查中家庭收入在 1—1.5 万元人民币每月的人占到了 50% 以上，而小于 5000 元的只占到了 8.96%。基于收入与年龄的原因，大多数人对于额外消费来说持观望态度，只是考虑购买而并非愿意购买，拿免税店来说：只有 25.37% 的游客愿意消费，大部分人还是处于观望的态度。而从中国游客邮轮的年龄占比来看，老年人占比仅次于年轻人，但碍于传统的消费观念，中老年人秉承着节省的消费观，极少出现额外消费的情况，这也就大大制约了邮轮业在中国的发展。据调查显示，中国游客也极少参与赌场活动。一个专门针对大陆游客的调查显示，对博彩赌场感兴趣的人只有 2.74%，而对于美食感兴趣的人高达 41.1%。当问及赌场筹码兑换等专业问题时，没有参与过的人数高达 73.4%。

3. 家庭游和团体游的不同

家庭游相对比团体游来说更加自由，调查显示，超过 1/3 的美国老人想要卖掉自己的房产，并长期在邮轮上居住。家庭游的自由度高，但消费也相对较高。据数据统计，91% 的国内旅客会通过参团或在旅行社购买船票，67% 的旅客会按照旅行社的安排和计划出游。由此可见绝大多数游客依赖于旅行社出行游玩，而且国内游客相较于国外游客对于线上线下的各类旅行社有着更大的选择性与依赖性。

4. 邮轮上的小费制度

由于邮轮产业是外来引进的，而且外资邮轮在中国也占据了绝大部分市场，外国人给小费的习惯在邮轮上也得到了延续。

小费，另名为小账，是在服务中顾客感谢服务人员的一种报酬形式。小费是英国伦敦人发明的，当时饭店的桌子上摆着写有 "To Insure Prompt Service"（确保迅速服务）的碗。顾客向碗中投掷硬币以换取服务人员更好更迅速的服务。久而久之，人们简化了读法，只把首字母连在一块成为现在的 tips，中文翻译为小费。所谓小费大概是总支出的 5%到 25%。

一般情况下，餐厅的服务生和客房服务生都是要给小费的，以皇家加勒比邮轮为例：普通舱房为 14.5 美元/人/晚，套房为 17.5 美元/人/晚。歌诗达邮轮则按照年龄收费：12 周岁以上为 14.5 美元/人/晚，4—12 周岁为 7.25 美元/人/晚，4 周岁以下免费。

近年来各大海外邮轮公司改变了小费收取策略，他们采用信用卡与船卡绑定的策略，每叫一次服务自动从信用卡扣取小费，做付费水疗按摩或其他的付费项目时也会根据总消费扣除相应百分比的小费，各邮轮公司价位不等，但也相差不大。

二、开发原则

作为邮轮旅游市场供求的重要载体，邮轮旅游产品开发是邮轮公司对邮轮旅游产品的规划、设计、生产和推广，其目的在于诱导和满足邮轮旅游市场的需要，其开发设计应该遵循市场、经济、特色和合理原则。

1. 市场原则

市场原则也称为针对性原则，即在调查研究的基础上，考虑不同目标消费者的特征与需求，进行有针对性的产品设计。只有这样，才能保证产品的适销对路，才能最大限度地满足目标消费者的需要。

2. 经济原则

经济原则也称为效益性原则。邮轮公司经营的重要目的之一就是获取利润，开发邮轮旅游产品时应该对停靠港、运营成本、预期收益等进行可行性研究，从而保证产品的开发效益。

3. 特色原则

特色原则也称为新颖性原则。特色即卖点、创新点，是邮轮旅游产品具有吸引力的根本所在。求新、求异是旅游者普遍具有的一种心理，这就要求邮轮旅游产品要精心设计、特色鲜明。

4. 合理原则

合理原则也称为科学性原则。邮轮航线是邮轮公司对外销售邮轮产品的最主要形式，其设计规划应该考虑产品推出的季节性、沿线港口的区位性、景点的观赏性和水域的适航性等，以此保证邮轮产品的科学合理。

三、中国邮轮旅游市场产品消费中存在的问题

第一，邮轮旅游产品的消费文化尚未形成。

在旅游活动从观光游览向休闲度假模式转变的过程中，绝大多数中国消费

者还缺乏较为成熟的休闲旅游心态及对邮轮旅游文化的理解。很多游客仅仅把邮轮当作一种交通工作，选择邮轮出行的主要动机之一是目的地观光，而不是为了去享受悠闲的船上时光。加之包船这样一种形式的存在，使得旅行社完全垄断很多航次的全程旅游资源，游客岸上游览的自主选择性不是很强，从而造成对邮轮旅游的认可度不高。

第二，外资邮轮公司占据中国邮轮旅游市场的主导地位，然而其对中国市场的预测和把握不准，缺乏对市场环境的分析和对目标消费者的消费行为分析。

中外邮轮旅游市场风格迥异，邮轮公司将在国外较为成熟的航线运作方式引入中国市场，船上活动组织也在很大程度上保留西式的做法，却因为文化的因素得不到市场的积极响应。基于休闲时间、消费特征等问题，邮轮产品短途化趋势明显，但同时也造成产品同质化程度偏高，对再次购买者的吸引力不足。

第三，邮轮旅游产品操作难度较大，本土邮轮公司刚刚起步，品牌知名度不高。

产品特质不突出，往往采取低价策略，而忽略服务的品质和邮轮本身的高贵体验，存在产品运营经验不足等问题。在未来的邮轮旅游市场中，竞争会越来越激烈，针对目前问题，各大邮轮公司应该积极应对，尽量避免陷入价格战的僵局、造成价低质劣的困境，要通过致力于研究中国消费者的诉求，开发更为成熟的邮轮旅游产品满足市场需求，从而实现邮轮市场的健康可持续发展。

中国真正意义上的邮轮旅游产品供给始于 2006 年意大利歌诗达邮轮公司在中国市场母港航次的开辟，自此邮轮旅游开始进入快速发展期。目前，中国市场上的邮轮旅游产品主要由外资邮轮公司供给。意大利歌诗达邮轮公司、美国皇家加勒比邮轮公司、云顶香港有限公司（丽星邮轮）已相继开辟从中国母港出发的邮轮航线，固定在中国运营的国际邮轮从 2006 年的 900 个客位增加到目前的 16000 个客位。外资邮轮公司在中国市场的竞争格局已初步形成。美国公主邮轮也在 2014 年 5 月首次进驻中国市场，为中国游客提供从上海出发的高端"公主礼遇"邮轮航次。此外，意大利地中海邮轮正在中国市场以旅行社形式积极销售其欧洲远程航线，水晶邮轮、精致邮轮等外资邮轮公司也对中国市场兴致盎然。中国本土邮轮公司从无到有，从 2011 年开始，中国邮轮有限公司、厦门环球邮轮有限公司、海航旅业邮轮游艇发展有限公司相继成立；2013年 1 月，中国内地首艘豪华邮轮"海娜号"在三亚首航。

目前，中国已有 16 个港口城市接待过国际豪华邮轮，其中上海、天津、三亚、厦门 4 个港口城市已建成 5 个高标准的国际邮轮母港中心，青岛、舟山、珠海、海口等城市也不同程度进行着邮轮码头的规划和建设。中国交通运输协会邮轮游艇分会（CCYIA）的统计数据表明，从 2006—2012 年，中国港口接待邮轮数量从 115 艘次增加到 285 艘次，同比增幅达到 148%；其中搭载中国游客出境的母港航次从 24 次增长到 170 次，增幅超过 7 倍。邮轮港口的水深条件、码头设施和便捷的通关服务为邮轮公司获得战略性发展空间提供依托。

目前，邮轮公司在中国市场上推出的邮轮旅游产品中，较为成熟的航线主要是东北亚航线、东南亚航线和台湾航线。东北亚航线主要是从上海、天津出发，停靠日本福冈、冲绳和韩国釜山、济州等港口；东南亚航线主要是从三亚出发，前往越南、新加坡、马来西亚等地；随着政策的进一步落实，从厦门、上海、天津直航台湾的航线也受到游客的青睐。2013 年，冬季航线也在市场上出现。绝大多数的邮轮航线是短途航线，以美国皇家加勒比邮轮公司"海洋水手号"为例，2014 年以上海为母港出发的 40 多个航次中，最短 3 晚 4 天，最长 6 晚 7 天。长线产品也开始进入中国市场，意大利歌诗达邮轮公司 2013 年宣布将在中国市场运营首条 86 天环球航线，游客的航线选择更加丰富。

在产品营销过程中，各大邮轮公司展开了激烈的竞争，美国皇家加勒比邮轮公司的邮轮吨位大且娱乐设施丰富，意大利歌诗达邮轮公司以浪漫和意大利风情作为卖点，丽星邮轮则强调其休闲特征和较高的性价比。在产品市场中，中低端产品较为常见，家庭旅游和公司旅游占很大比例。产品定价模式采取船票加港务费、燃油附加费的形式。在分销渠道方面，有市场化分销和旅行社包船两种形式。在市场化分销中，邮轮公司为代理商定期举行产品培训和说明会，代理商销售邮轮船票后获得代理佣金。包船则是邮轮公司将整条船的舱位出售给旅行社，旅行社对产品进行包装销售，这种形式需要旅行社有很强的市场预测能力。

四、邮轮旅游产品开发方向

据 CLIA "邮轮旅游时间安排和结伴方式调查"显示，游客出行平均计划提前 5.6 个月，平均预订提前 3.7 个月。结伴方式以夫妻为主，占 79%，其他分别是朋友同事（26%）、恋人（8%）和单身（1%）。这种旅游消费方式，决定了"大众化邮轮旅游"模式，即国际邮轮越造越大，建造成本分摊得越来越少，船客越来越多，船次越来越多。虽定位休闲度假，但拼的是规模效益，走的是"量"。和北美市场不同，外企在中国市场却大打"顶级奢侈""贵族体验"等营销牌。随着消费政策的放宽、消费环境的改善、消费观念的成熟，未来邮轮旅游市场的规模将逐步扩大，对邮轮旅游产品也将提出更高的要求。比如，邮轮旅游中的京津关系，就不同于一般的入境接待。从北京出发到邮轮码头要 3 小时，往返需要 6 小时，如何开发推广短线产品（3 天），这是一个问题。现在，北京对邮轮旅游的市场需求极大，应该顺应中高端的休闲需求，回归"休闲度假"定位，快速做大市场规模，不应走"客"，而应走"量"，结合国情特点，在"邮轮商务游"上做足文章。针对目前市场供给及产品销售情况，在合理把握产品开发原则的基础上，建议从以下 5 个方面进行产品开发与优化。

1. 明确产品市场定位

在竞争激烈的邮轮旅游市场中，邮轮公司应该审时度势，将业务集中在既定的目标市场上，通过目标市场营销策略的实施，获得一定数量的市场份额。在中国邮轮旅游市场日渐繁盛的过程中，消费者也呈现出多样化的特征，既有初次参加邮轮旅游的新游客，也有经验丰富的巡航者；既有家庭型的邮轮旅游者，也有公司会奖性质的度假者。不论是外资邮轮企业，还是本土邮轮公司，一定要做好市场细分，找准在中国市场的顾客群，形成清晰的产品定位，并向目标市场传递清晰的产品形象。这种定位既要使消费者获得邮轮旅游产品是区别于传统出境旅游的中高端休闲度假旅游产品的认知，又要使消费者对各大邮轮公司差异化的产品品牌特点有清晰的辨识，因此邮轮旅游产品的定位不宜太过宽泛，而应该重点进行自身特点与卖点的塑造。例如，美国皇家加勒比邮轮公司在进入中国市场之初，就以中国邮轮市场进入大船时代进行广泛宣传，其梦幻的大船空间、丰富的娱乐活动让消费者对其产品颇为青睐；意大利歌诗达邮轮公司"海上意大利"的品牌定位也很富特色，值得学习和借鉴。

[案例]

皇家加勒比邮轮公司的探索与创新

美国皇家加勒比邮轮公司面对日新月异的科技发展及人们多样化需求，以超大型、高科技为主导，不断地进行产品创新，为游客带来了邮轮体验的变革，不断刷新邮轮史上的纪录。美国皇家加勒比邮轮公司在进入中国市场之初即瞄准了中高端市场，以中国邮轮市场进入大船时代进行广泛宣传，其梦幻的大船空间、丰富的娱乐活动让消费者对其产品颇为青睐。从"海洋量子号""海洋航行者号"到最新的"海洋光谱号"，皇家加勒比在中国市场的布局均为超大吨级的邮轮，承载量和邮轮内的设施也在不断提高和优化。在中国邮轮市场进入调整期的 2016—2018 年，与其他邮轮公司相比，皇家加勒比邮轮公司的票价仍然可以保持相对高位，取得了较好的业绩。目前皇家加勒比邮轮在中国开辟邮轮运营母港最多，且自北向南占据了中国主要邮轮母港，覆盖了中国主要邮轮市场客源区域。就航线上看，皇家加勒比是目前中国市场中航线布局最广的邮轮公司，除了传统东南亚、日韩邮轮航线之外，欧洲、大洋洲、北美洲、太平洋的产品也不胜枚举。其产品特色如下。

　① 高科技、现代化。

北极星：北极星是皇家加勒比量子系列标志性设施，是吉尼斯世界纪录"最高邮轮观景台"称号保持者。当宝石型玻璃舱攀升至高于海平面88.6米的高空，感受360°辽阔无边的视野，蔚蓝海面、晴朗星空尽收眼底（如图7-2）。

图7-2　北极星图

南极球：VR游戏和蹦床，在南极球中感受反重力带来的乐趣；自由落体从北极出发，穿越地心，抵达南极，享受超现实体验（如图7-3）。

图7-3　南极球

270度观景厅：270度的海景，有阳光、海水、安逸和遐想。演出时，整块落地玻璃被瞬间切换成蕴含尖端科技的屏幕，影像通过18个投影及12米长的机械手臂展现在人们面前。

机器人调酒师：充满科技元素奇趣无穷的机器人酒吧，只需下达指令，它就会为您调制属于您的精彩特饮（如图7-4）。

　　皇家大道：皇家大道是皇家加勒比邮轮上的一大亮点，众多一线大牌都能在皇家大道找到，旅游者在休闲娱乐外，也可以感受到购物的快感。

图 7-4　机器人调酒师图

　　② 超凡运动。

　　甲板跳伞：甲板跳伞是皇家加勒比邮轮最具挑战性的项目之一。甲板跳伞通过垂直风洞产生气流，在专业飞行指导员的帮助下，体验邮轮上空飞翔的极限乐趣，挑战心跳加速的刺激体验（如图 7-5）。

图 7-5　甲板跳伞

甲板冲浪：在 12 米长的模拟器上，可以跟随教练的指导或匍匐于冲浪板上，或挑战自我、踏浪而上，纵情享受冲浪体验。

攀岩墙：皇家加勒比独有的 12 米高攀岩墙，设置了由易至难，不同的斜面角度，满足从初学者到攀岩高手的多重需求，并配备专业教练在旁看护指导（如图 7-6）。

图 7-6　海上攀岩墙

③ 其他运动

健身房：皇家加勒比邮轮的海边健身中心，拥有众多先进的健身设备，在放松健身的同时，也能欣赏到美丽的海上风光。

慢跑径：一边慢跑散步，一边欣赏壮丽海景。

室内、室外泳池：游完泳在甲板上沐浴阳光、小憩一番，或在按摩池中放松身心。无论天气如何，旅游者全年都能感受到游泳的快乐。

④ 全球美食

皇家加勒比邮轮"海洋光谱号"，共设有 8 个免费餐厅、10 个收费餐厅、11 个酒吧和 2 个饮品站。无论人们的味蕾有多挑剔，都能在"海洋光谱号"上体验非凡的满足。创意中式菜肴、优雅意式时令菜品、精选美式美味和清新日式料理，加上缤纷酒水饮料，四海饕餐融会一起，旅游者可以尽享异国美食。

2. 优化产品航线设计

尽管中国一些城市的人均收入达到了中等发达国家水平，但是带薪休假制度尚不完善，全民休闲消费的习惯尚未形成，对邮轮旅游的认知也不是太高。邮轮公司在进行船舶运营调度之时，应该根据市场状况进行资源的合理配置，适当调控投放中国市场的邮轮运力，在稳健提升过程中避免恶性竞争、价格战等局面的出现。在进行邮轮旅游航线设计时，将短途邮轮旅游产品打造成为契合市场实际的主导产品，完善经典的短途日韩航线、越南航线、新马泰航线和中国台湾航线，同时调研消费者喜好，评估远程航线的可能性，择优开发阿拉斯加航线、中东航线、大洋洲航线等。在市场从观光游览向休闲度假转型的过程中，还可以推出过渡型的邮轮旅游产品，比如适当延长岸上观光时间、进行目的地港口深度游览体验等。此外，邮轮公司在进行航线设计时，还可以进行航程分段销售，以此增加产品供给的灵活性。

[案例]

皇家加勒比邮轮"借力"2020 年东京奥运会

2019 年 5 月，皇家加勒比发布 2020 年中国市场计划，确认将继续派遣三艘邮轮进入中国市场，除去此前的航线外，增加奥运主题航线、长航线、暖冬航线和过夜深度游航线，还增加了岸上观光服务。

尽管距离东京奥运会正式开幕还有一年，皇家加勒比邮轮已经提前部署 2020 年暑期的东京航次，旗下的"海洋光谱号"和"海洋航行者号"都会在东京奥运会期间在东京过夜停靠，停靠时间与奥运重点赛事时间相符合，旅游者可以在距离港口不远的奥运赛场观看奥运赛事。

"海洋光谱号"的两个奥运特别航次将于 2020 年 7 月 25 日和 8 月 2 日从上海母港出发前往东京；"海洋航行者号"则在 2020 年 7 月 26 日从香港出发前往东京，并于 8 月 2 日从东京返回，这些航次都会在东京过夜停留。

皇家加勒比邮轮中国区总裁赫尔南德斯（Bert Hernandez）表示："我们在亚洲部署的船只经过精心设计，一定能够为客人提供难忘的度假体验，我们很高兴在 2020 年夏季的东京为我们的乘客带来终生难忘的体验。"

3. 强调产品过程体验

邮轮旅游作为一种较高层次的消费形态，对游客构成吸引力的除了丰富的邮轮旅游航线，还有在旅游过程中愉悦的感官享受和综合体验。邮轮公司对邮轮旅游产品的关注，不仅仅局限在航线的设计，还应该包括船上设施、旅客服务、娱乐活动安排以及氛围营造等。由于文化背景的不同，中国游客的消费偏好和欧美游客有很大差异，比如欧美航线上盈利较好的酒吧在中国航线上却门庭冷落，邮轮公司对船上经营项目的调整很有必要。再者，休闲旅游见山见景，邮轮旅游则是见人见生活，在对邮轮上的传统娱乐设施和娱乐项目进行改良的基础上，还应该在国际化氛围中融入更多的中国元素，增加中国游客喜爱的参与性活动，丰富邮轮产品的体验内涵，从而更好地激发游客的兴趣，使得游客在有限的邮轮空间上活动也能很好地满足其求新、求奇、求乐的需求，获得美好的旅行体验。

[案例]

皇家加勒比邮轮的产品定位

关于产品定位，皇家加勒比邮轮公司一直坚持产品优化，不是本土化。比如，在免费餐厅，要把中餐做好，但不能全是中餐。坐邮轮是出国，不能让旅游者就像没出国门一样。主餐厅和自助餐厅丰富的各国美食是皇家加勒比的核心竞争力，用餐环境和服务是皇家加勒比的强项，不会因为有些游客不讲究、不挑剔而降低服务水平和改变服务流程。

除此之外，皇家加勒比邮轮的目的地体验也在不断提升品质，从单纯的购物游向观光、美食、亲子、人文和历险等特色路线过渡，大巴、小车、自由行同时并举。为迎接邮轮市场进入消费 2.0 时代，皇家加勒比国际邮轮的岸上观光项目从 50 个增加到了 150 个，都是非购物的精品游，但都不是免费行程，就是为了给消费者更多选择。

4. 突出产品主题和特色

在邮轮旅游消费市场培育的过程中，主题和特色是不容忽视的产品元素。个性鲜明、定位明确的主题产品能够很好地吸引消费者的目光，成为培育新兴客源市场的突破点。在欧美市场中，主题邮轮游是比较常见的一种产品策略。以意大利地中海邮轮为例，就曾经将邮轮航次与足球、火车、自行车等元素结合起来，开发出多样化的邮轮旅游产品。邮轮上齐全的设施和轻松的氛围为主题活动的开展提供了平台，蜜月主题、节日主题等都可以在邮轮上很好地展现。各大邮轮公司在中国市场也进行了很多主题邮轮产品的尝试，今后可以紧跟时代热点延续这种较为成功的方式，挖掘更为丰富的主题活动。另外，定制化产品也非常贴合市场的需求，尤其对于一些小型的邮轮来说更为适宜，可以根据客户需求定制航线、娱乐活动、餐厅菜肴、会议接待、景点观光等内容，更好地展现邮轮旅游产品的丰富性和灵活性，更好地促进邮轮旅游市场的繁荣。

[案例]

海上最大乐高 MOC 展登陆地中海邮轮 "辉煌号"

2019 年 7 月，地中海邮轮宣布，迄今为止海上规模最大的乐高作品展——"积木星球·乐高海上时空展"将于 8 月 26 日正式登陆地中海邮轮"辉煌号"，届时将携手 8 位资深乐高达人，带来超过 20 组曾受邀参与全国乐高巡展的绝版作品，献上一场寓教于乐的大型海上乐高作品展。此外，"辉煌号"还特别增加了游戏互动体验区，丰富了展览的娱乐性，将创意与乐趣融为一体。

除了 8 月 26 航次限定的乐高 MOC 展之外，地中海邮轮"辉煌号"还有覆盖全年的"MSC 小小航海家"的丰富主题活动。其中，乐高海上学堂将增加全新课程内容，乐高建筑展打卡乐高魅力城市地标，乐高达人课程让孩子放飞创意和想象，更有乐高模型计时赛等多样的互动体验活动，让孩子们能通过开放、益智而充满趣味的方式探索大千世界。

地中海邮轮大中华区总裁黄瑞玲女士表示："随着旅游消费的升级，'邮轮+'时代也已悄然来临，除了一如既往地提供高品质的常规产品和服务外，独一无二的专属体验是提升竞争力的关键所在，这也是我们不断努力、力求突破的方向。本次大型乐高 MOC 展是地中海邮轮对屡获殊荣、备受欢迎的乐高海上乐园的进一步延展和升级，只为带来更立体、更与众不同的独家体验。"

5. 优化产品价格

北美和欧洲的销售模式以邮轮公司直销为主，旅游者更喜欢直接向邮轮公司订购邮轮旅游产品，预订时间一般也是在航线出售的初期，当邮轮即将出行时，产品的价格往往比之前更高或相同。和这些国家不同，由于市场状况，中国邮轮销售模式还是以包船和切舱为主。在初期，这种模式可以加速邮轮行业的发展，但随着邮轮市场的不断壮大，邮轮产品低价化、同质化的现象产生，带来产品和市场竞争的变化。

邮轮旅游的费用一般包括船票费、港务税费、签证费、服务费（船上支付）、岸上游览费、领队费、保险附加费、燃油附加费和假期附加费。由于邮轮旅游产品的销售周期较长，基本上为半年，优惠日期通常是邮轮出发的前一个月或三个月。在优惠日期前预定通常会赠送签证、第三位小童或长者免费和假期附加费优惠（5 折或免费）。当优惠日期截止，这些额外的费用就需要游客自行支付，使得邮轮旅游的花费有一定的增加。针对预定时间不同，消费者得到的优惠有所不同，邮轮公司给代理旅行社的返佣为船票的 10%—17%，部分邮轮公司则按人数返佣。许多代理商会在销售初期根据邮轮公司的返利来制定价格，在不超过邮轮公司的建议售价上尽可能地获取利润；到销售后期，当船票销售不理想或无法达到旅行社的营业目标时，旅行社通常会采取降价的措施，以保证总体的利润。

邮轮公司在进行船舶运营调度之时，应该根据市场状况进行资源的合理配置，适当调控投放中国市场的邮轮运力，在稳健提升过程中避免恶性竞争、价格战等局面的出现。此外，邮轮公司在进行航线设计时，还可以进行航程分段销售，以此增加产品供给的灵活性。关于营销模式，邮轮公司和代理商都应该根据不同地区和不同旅游者的喜好制定不同的方案和策略。

第四节　邮轮旅游 4P 营销策略

根据美国市场营销学家麦卡锡提出的 4P 分类法，可以将不同的市场营销组合变量分为产品（Product）、价格（Price）、分销渠道（Place）和销售促进（Promotion）四个部分。笔者把这种理念运用到邮轮旅游市场营销当中，进行逐一分析。

一、邮轮旅游产品（Product）

1. 邮轮旅游产品的特征

（1）服务内容多样性、综合性和复杂性

邮轮服务是邮轮管理者和员工借助一定的旅游资源或环境、邮轮及邮轮服务设施，通过一定的手段向游客提供的各种直接或间接的方便利益的总和。从游客需求角度看，邮轮服务包括核心服务和基本服务。从与游客的密切程度上看，邮轮服务涵盖了衣、食、住、行、游、购、娱等设施与人员服务的应急服务。从服务上来看，又分为硬件服务和软件服务。可见其服务的复杂性。另一方面，邮轮又是通过为游客提供一种愉悦的经历来完成的，游客愉悦的经历又是由多个邮轮服务细节组成的。

（2）服务借助的设施的特殊性

与其他旅游产品不同的是，邮轮服务所借助的设施是航行的邮轮。游客想往海洋、江河、湖泊等水域观光、休闲、娱乐和度假，必须借助邮轮这一载体才能得以实现。这就是邮轮旅游产品特殊性之所在。

（3）邮轮功能的多样性与产品的整体性

邮轮既有水上运输的功能（交通的功能），又具有旅游酒店、旅行社等旅游企业为游客提供旅游组织、食、宿、观光、游览、娱乐、购物等综合服务的多种功能，邮轮能够提供满足旅游者旅游活动中全部需要的产品和服务，因而邮轮旅游产品具有整体性。

2. 旅游产品的类型

（1）邮轮观光旅游产品

邮轮观光旅游产品是以满足旅游者乘坐邮轮观赏海洋、江河、湖泊及其沿岸自然风光、城乡风光、民族风情、名胜古迹、建设成就等为主要目的旅游产品。目前在我国，邮轮观光旅游产品仍是构成邮轮旅游产品的主要部分，各邮轮旅游公司为了更好地满足市场多元化的需求而竞相开发设计新的邮轮观光旅游产品，在单纯的观光产品基础上，注入了更为丰富的文化内涵，如主题性观光、参与体验性观光。

（2）邮轮休闲度假旅游产品

邮轮休闲度假旅游产品是指旅游者利用假期乘坐邮轮休闲和娱乐消遣的旅游产品。世界范围内，很多地区因为拥有阳光、沙滩、海风，终年气候温暖、水域不冻，沿岸拥有丰富多彩的自然风光和文化资源，可供登岸参观的旅游地为数众多，这些地方便成了理想的邮轮活动区域。还有深受欢迎的内河巡游，如中国的长江三峡、美国的密西西比河及其支流、法国的塞纳河、德国的莱茵河、埃及的尼罗河和俄罗斯的伏尔加河等。同时，由于邮轮本身也因乘坐悠闲、舒适并提供完善的各种娱乐活动设施，能为游客提供满足其休闲娱乐度假需求的服务，而成为休闲度假旅游者的选择。

（3）邮轮文化旅游产品

邮轮文化旅游产品是满足旅游者了解邮轮航行区域及其腹地文化需求的邮轮旅游产品。这种旅游产品要求蕴含较为深刻和丰富的文化内涵，其所吸引的对象一般具有较高的文化修养。

（4）邮轮会议旅游产品

邮轮会议旅游产品是指人们利用邮轮举行各种会议而购买邮轮旅游产品和服务的综合消费。这产品形式主要针对大公司、企业等，是一种比较新型的旅游产品。

随着中国旅游市场的发展，会议市场的潜力也正逐渐被挖掘。针对会议旅游的特点，根据参与者的喜好、需求和会议主题，为会议宾客提供定制化的服务，能更好地满足各类需求，为会议团队提供个性化定制服务，有助于提升企业文化和凝聚力。与普通酒店相比，邮轮会议旅游的项目综合多样，设施也日趋完善，具有极强的可塑性和独特性。中国邮轮会议旅游起步晚，所占比例较小，但同时这也意味着邮轮会议旅游在中国的发展空间很大。

二、邮轮旅游产品价格（Price）

邮轮产品价格是旅游者购买的邮轮旅游产品所支付的货币量，是邮轮旅游产品价值的货币表现。邮轮旅游产品的定价策略是旅游市场营销组合策略的重要组成部分，作为供求双方利益的调节者，产品价格对供求双方都是最客观的数量指标。旅游产品价格制定是否合理及其策略运用得恰当与否，直接关系到邮轮旅游企业市场营销组合的科学性、合理性，进而影响到企业市场营销的成败，产品定价策略在邮轮旅游市场营销组合策略中占有重要的地位。

1. 影响邮轮旅游产品定价的因素

主要有航线时间的长短、船舶的新旧与大小、品牌与定位、航线的不同、靠泊港口的数量等。

影响邮轮产品定价的因素很多，有内部因素，也有外部因素。概括起来，主要包括产品成本、定价目标、市场需求、竞争者和其他因素五个方面。

产品成本：成本是产品价格构成中最基本、最重要的因素，也是产品价格的最低经济界限。从长期来看，任何产品的价格都应高于所发生的成本费用，在生产经营过程中的耗费才能从销售收入中得到补偿，企业才能获得利润，生产经营活动才能继续进行。邮轮业的成本是按照服务内容进行核算的，主要包括游览、娱乐活动、餐饮、住宿和购物等。

定价目标：定价目标是产品的价格能实现企业要达到的目的。企业的定价目标要从属于企业的经营目标。企业面临的市场环境和竞争条件不同，企业的目标就会有差别。不同的企业有不同的目标，即使是同一企业在不同的发展时期也有不同的目标。在邮轮旅游产品投放市场之初，打开市场是企业的经营目标，尽可能地吸引顾客购买体验才是最重要的，因此在定价时应控制利润率，以确保每个航次的顾客数量。

市场需求：市场需求决定了产品价格的最高限度，当产品价格高于某一水平时，将无人购买。邮轮旅游企业为产品定价时要考虑市场情境与需求，科学定价。旅游产品市场竞争状况是指旅游产品竞争的激烈程度。旅游产品市场的竞争越激烈，对旅游产品的价格影响就越大。在完全竞争中，旅游企业被动地接受市场竞争中形成的价格，没有定价的主动权，只能依靠提高管理水平与服务质量去扩大市场占有率，在垄断市场上，某种旅游产品只是独家经营，那么其价格往往也是具有垄断性的。某些旅游企业对旅游资源的独占性，例如对一些著名的名胜风景区的垄断性经营，其制定的价格基本上是垄断性价格。在寡头垄断市场上，少数几家大型旅游企业控制与操纵旅游产品的生产和经营，它们之间相互制约与限制，因而旅游产品的价格是由寡头企业控制和协议制定的。

竞争者：企业为产品定价时必须考虑竞争者的产品和价格。企业可以将竞争者的产品及其价格作为企业产品定价的参考。

其他因素：产品的定价除受成本、需求及竞争状况的影响外，还受到其他多种因素的影响。这些因素包括政府或行业组织的干预、消费者心理、企业或产品的形象等。这些在邮轮产品定价的过程中都需要加以考虑。

2. 邮轮旅游定价策略

邮轮旅游作为一种产品，邮轮旅游企业可以运用一定的定价策略和技巧，灵活运用价格手段使其适应旅游市场的不同情况，来实现自己的营销目标，结合市场营销理论，邮轮旅游定价策略有以下4类。

（1）邮轮旅游新产品定价策略

新产品定价关系到邮轮旅游新产品能否顺利进入旅游目标市场，为以后占领目标市场打下基础。邮轮旅游新产品定价策略主要有撇脂定价策略、渗透定价策略、满意定价策略。

撇脂定价策略：撇脂定价策略是一种高价格策略，即在邮轮旅游新产品进入市场初期，将价格定得高些，以求在短期内获取较高的利润。这种价格策略犹如从鲜奶中撇取奶油，因而被称作撇脂定价策略。邮轮旅游产品能满足旅游者求新、求异需求，当企业推出新产品时，是引领一种新时尚新潮流，实行高价策略，有利于邮轮旅游企业在短期内取得高额利润，收回投资。例如，歌诗达邮轮推出了从上海至日韩的为期两周的新开发线路的旅游产品，该线路目前尚无邮轮公司进入，歌诗达根据其对于目标市场消费能力和顾客需求的分析，果断进行高端定价，推出奢华服务，一下就获得市场的认可及消费者的青睐。但是，该线路被其他的邮轮公司了解后，也开始制定相关的路线及配套服务。歌诗达邮轮了解该情况后，立即进行果断的产品降价及产品升级。

渗透定价策略：渗透定价策略是一种低价策略，即邮轮旅游企业在新产品投入市场时，以较低的价格吸引旅游者，以便迅速占领旅游目标市场的一种策略。这种定价策略有利于迅速打开新产品销路，扩大市场销售量与市场份额，但对产品品牌形象、企业盈利等都有负面影响，要慎重使用。例如，皇家加勒比邮轮为了进入亚洲邮轮旅游市场，多次推出"亲子"套餐，价格定位不高，非常契合中产家庭的消费预期。

满意定价策略：满意定价策略是一种折中价格策略，它是介于撇脂定价策略与渗透定价策略之间的一种价格策略，即邮轮旅游企业制定的新产品价格适中，旅游企业与旅游者都能接受的价格，因而被称为满意定价策略。

（2）心理定价策略

心理定价策略是指邮轮旅游企业运用心理学原理，根据不同类型旅游者在购买旅游产品时的不同购买心理对旅游产品进行定价，以诱导旅游者购买。

尾数定价策略：尾数定价策略也称为非整数定价策略，即旅游企业给旅游产品制定一个以零头数结尾的非整数价格，从而使旅游者产生经过精确计算的最低价格的心理。

整数定价策略：整数定价策略是指邮轮旅游企业把产品的价格定为整数的一种策略，采用整数定价，可以提高邮轮旅游产品本身的价值，使旅游者产生"一分钱一分货"的心理效应，满足旅游者高消费的心理，从而促进旅游产品的销售，提高旅游企业的经济效益。

声望定价策略：声望定价策略指邮轮旅游企业针对旅游者"价高质必优"的心理，对在旅游者心目中有较高信誉的邮轮公司旅游产品制定较高的价格，能使旅游企业获得单位旅游产品的最高利润，提高企业声望，同时也满足了旅游者购买这一产品后提高社会地位的求名心理和炫耀心理。

（3）折扣定价策略

折扣定价策略是指邮轮旅游企业为了吸引旅游者扩大产品的销售，或为了加强与旅游中间商的合作，在既定的旅游产品价格基础上，对旅游者或旅游中间商实行折扣价格的一种策略。

数量折扣策略：数量折扣策略是指旅游企业为了鼓励旅游者或旅游中间商大量购买旅游产品，对达到一定购买数量的给予一定价格折扣的优惠策略。

季节折扣策略：季节折扣策略是指邮轮旅游企业在产品销售淡季时，为鼓励旅游者购买旅游产品而给予一定价格折扣的优惠策略。

交易折扣策略：交易折扣策略也称为功能性折扣策略，即邮轮旅游企业根据各类旅游中间商在旅游市场营销中所担任的不同职责给予不同的价格折扣。

（4）差别定价策略

差别定价策略是指邮轮旅游企业根据旅游者对邮轮旅游产品的需求强度和需求弹性的差别，相同的旅游产品以不同的价格销售的策略。

旅游者差别定价策略：邮轮旅游企业对不同的旅游者，同一种旅游产品制定不同的价格，如给予学生、老人或家庭出游价格优惠等。

旅游产品形式差别定价策略：邮轮旅游企业对不同形式的同类旅游产品制定不同的价格，如邮轮上客房有不同规格和标准，其价格也是不同的。

时间差别定价策略：在不同的时间，旅游者对邮轮旅游产品需求有差别，节假日出游需求强劲。旅游企业对同一种邮轮旅游产品在不同的时间应制定不同的价格，根据旅游淡季、旺季、黄金周、双休日制定不同价格。

现阶段邮轮旅游属于高端旅游，主要目标群体是高收入、高文化水平的潜在旅游者，还兼有一部分生活宽裕的中产家庭。高收入是必备条件，那么高文化水平也是重要条件的原因在于，一些文化水平不高但是收入却很高的人理解不了邮轮旅游其中的文化内涵，邮轮旅游本身有其内在的气质与发展历程，要想融入其中去感受甚至享受，没有一定的背景知识很难被其吸引。以上所述的这部分目标群体对于价格的敏感度是最低的，而对于服务的要求却是最高的。再从国内市场上各邮轮公司的竞争状况来看还远谈不到激烈，根据市场规律这一时期的产品利润也应处于一个较高的水平。所以邮轮旅游产品的定价策略还应采取高价策略。产品的提升空间应该在于不断对服务的完善和产品个性化的创新。

因为旅游者有其不尽相同的需求和爱好，而邮轮旅游的方式又以自助游为最佳，所以其报价形式最好是采取灵活的套餐形式。这种报价的形式在国外航空公司推出的机票加酒店的配套里已经运用得非常普遍了。我们可以把邮轮旅游最基本的服务项目打包报价给旅游者，这些基本的项目包括机票、签证和邮轮船票。基本配套还应根据邮轮舱位的不同来分层次报价。在做好基本项目的整体报价后，还要把旅行社可以提供的项目做一个可选的、个性化的分项报价。这些可选的服务项目包括在母港地区的游览、住宿和餐饮，以及停靠港的特殊安排等。

三、邮轮旅游产品分销渠道（Place）

1. 邮轮旅游产品分销渠道的内涵

邮轮旅游产品从旅游企业传递给旅游者，实现旅游产品的价值和使用价值，是通过一定的分销渠道实现的。只有旅游企业的分销渠道畅通，旅游产品才能在适当的时间、适当的地点，以适当的方式提供给旅游目标市场，从而满足旅游者的需求，实现邮轮旅游企业的营销目标。

2. 邮轮旅游产品分销渠道功能

邮轮旅游产品分销渠道具有两大功能：首先，能够拓展远离旅游产品生产者和传递地点以外的销售点的数量；其次，能在旅游产品生产之前实现购买。具体来说，邮轮旅游产品分销渠道的成员应具有以下主要功能：

（1）提供销售点和便利的顾客可达性。其中包括为临时购买或提前预订做准备。

（2）信息功能。一方面，分发宣传册等产品信息以供顾客选择；另一方面，搜集关于市场环境的市场调研和情报信息，寻找预期购买者并与其沟通，为其提供建议和购买帮助，如提供产品知识。

（3）促销功能。建立与顾客的交流，协助补充旅游产品的促销活动。根据购买者的需求适当改变产品组合，促进旅游产品销售。

（4）风险职能，即营销渠道成员尤其是旅游经销商承担开展营销活动的有关风险。

3. 各国旅游产品分销渠道模式介绍

处于同一国家和地区的旅游分销渠道的差异不是很大。美国人一般通过旅行代理商购买国际旅游产品，而在购买国内旅游产品时，却较少通过代理商。亚洲人和欧洲人对于任何旅行活动，都倾向于实现进行广泛的咨询。日本人喜欢依赖有完全组团能力和国外分销网络的大旅游经营商。如果在对酒店的选择中，旅游代理商和旅游批发商是主要的决策者或影响因素，酒店的销售工作就应该直接针对这些中间商。在许多国家，与旅游中间商合作来增加客房的销售是至关重要的。

和欧洲相比较，美国的旅游代理商较为独立，规模也较小，平均只有 3 到 6 名员工。在欧洲，集团式的旅游代理商联号比较常见，而且每个代理商拥有很多旅行顾问。例如，英国 5 家最大的跨地区代理商联号的销售额，占全部代理商的一半；瑞典两家主要代理商联号控制着 85% 的代理商联号市场，相当于全国零售总额的 1/3。随着欧洲统一市场的形成，欧洲的旅游零售商将更加趋向于兼并联合。

日本的旅游行业由 10 家最大的旅游批发商控制，其中的 5 家位于日本最大的前 10 位旅游代理商之中。日本游客购买一次旅行，可能会经过 4 家旅游批发商；而美国的平均数是 1.6 家。日本旅游代理商组织和销售旅游团，必须得到政府的批准，目前大约有 800 家代理商得到了许可执照。这一要求的目的是，为了保证向消费者提供的单个旅游项目和包价旅游的质量和完整性。因而，日本的旅游批发商和代理商，非常重视保证其旅游产品的高质量标准。获得许可的旅游代理商，将包价旅游批发给零售代理商。

向日本市场销售分店产品，必须了解其严密和高度管制的销售渠道、保护消费者的法律、复杂的旅行设计和组织过程。因为，日本的旅游代理商一般经营完整的包价旅游产品，其中包括航空、住宿、地面交通、主题公园和城市观光等。在这种机制下，酒店要想单独向日本市场销售产品，可能不太合适，多数酒店需要和其他旅游供应商联合，进入日本市场。

4. 邮轮旅游产品分销渠道介绍

（1）寻找理想的零售商、代理商进行合作

为了扩大分销渠道，邮轮公司一般都会寻找理想的零售商、代理商来进行合作。丽星邮轮公司已经发展了中青旅等几家大型的旅行社作为其代理商，这种做法不仅可以使船票、机票以及相应的衍生服务经旅行社整合成一个完整的邮轮旅游产品，而且还可以利用旅行社的营销渠道扩展其销售网络。

外国旅游者大多是"自助型"订购邮轮旅游产品，而中国旅游者则是"团队型"通过旅行社购买邮轮旅游产品，因此销售渠道和登船手续对中外旅游者而言其意义是不一样的。在中国，邮轮以团队旅游为主，旅行社几乎是旅游者登船的唯一渠道，这在一定程度上制约了邮轮旅游销售渠道多样化的发展，航站楼内办理登船手续时间上的灵活性。中外邮轮旅游者对此的满意度评价都是稍高于"一般"，销售渠道多样化的拓展和登船手续的简化是邮轮市场开发的一个重要方面。

邮轮旅游作为国内高端旅游和休闲方式，目前正逐渐进入平常百姓的生活。然而，当邮轮旅游携手旅游电商，它将带来什么样的革命性变化？

（2）与旅游电商携手

因为人们对邮轮旅游逐渐有新的认识，所以旅游电商十分看好邮轮旅游。旅游电商站在旅游业的潮头，对市场的变化敏感，旅游电商与邮轮旅游携手，邮轮旅游将迎来营销制胜时代。邮轮产品销售比较烦琐与复杂。国际邮轮协会调查显示，80%的北美邮轮旅游市场通过旅行代理商预订。邮轮公司与旅游电商紧密合作，建立战略联盟是邮轮营销策略的发展趋势。例如，携程成立专门的邮轮产品和技术开发团队，与丽星、皇家、歌诗达等诸多邮轮公司合作，提供丰富的邮轮产品供游客选择。

旅游电商模式通过平台化、规模化，将各个邮轮公司的产品整合，可提供定位准确的产品组合与服务，有利于更好满足游客需要；同时，由于其便捷、透明、自由度大、选择丰富，远远突破了单个旅行社的线下门店销售的局限性，降低了交易成本；在线旅游电商巨头具有领先的品牌优势、庞大的中高端散客群体、先进的网络平台和客服，对邮轮旅游的销售与推广更为有利。

四、邮轮旅游促销（Promotion）

邮轮销售手段包括宣传广告、公共关系、招揽团体业务等。成功的邮轮产品促销方式很多，不可能有千篇一律的促销模式。邮轮旅游产品的促销手段可以分为以下 3 种方式。

1. 突出购买动机的促销策略。游客购买某种产品并不一定是真正需要该产品，而是出于某种似乎能满足游客心理上或者生理上的需要，受广告或其他因素的诱引而购买。在游客购买动机方面下功夫，可增加游客自豪感，可强调产品舒适和享受，可突出产品新奇性，可突出经济与方便。

2. 突出人员推销的销售策略。邮轮产品主要特点是向宾客提供劳务服务，具体说来是一种服务人员与游客之间的面对面的直接生产、购买和销售的同步过程。在这一过程中，服务人员既是生产者又是推销员，游客是直接的消费者和得益者，人的因素在这一过程中起绝对的作用。

3. 突出广告宣传和公共关系的销售推广策略。邮轮促销的任务是让游客知道他们可以在促销地点，以合理的价格，购买到自己所需要的产品和服务，说服、影响和促进他们购买邮轮产品和服务。促销离不开信息传播，实践证明，广告是最为有效的信息传播途径。邮轮的促销广告，概括地说要做到：引起注意、保持兴趣、启发愿望、导致购买。为了更好地发挥广告的作用，还应注意以下几点：一是广告设计要力求新奇醒目，不落俗套，引人入胜，方能在眼花缭乱的广告世界中唤起人们的注意，进而引起人们的兴趣；二是广告内容应力求雅俗共赏、生动有趣，应当力求使用信息接收者最熟悉的文字或图案、符号，从而增强广告对消费者的吸引力，增强广告的传播面和覆盖面；三是要准确地使用广告媒介，有的放矢。邮轮促销宣传主要包括：

①广告宣传

报纸、杂志、电视和互联网都是适合邮轮广告宣传的媒体。目前国内市场上亟须解决的首要问题就是媒体对邮轮旅游的认知度还很低，特别是在我国的中小城市。报纸、旅游杂志和互联网是介绍邮轮旅游相关知识的绝好途径，甚至可以开辟邮轮旅游的专栏。电视媒体的宣传可以通过一些旅游栏目在电视荧幕上带领潜在旅游者进行一次邮轮之旅。选择宣传媒体时要注意媒体的读者群体是否和邮轮旅游的目标群体相一致。曾见过在公交车上做的邮轮广告，笔者认为这并非明智之举。

②电子邮件或邮递

可以根据其消费水平把客户资料分为几个类别，针对不同的旅游需求来进行针对性的旅游宣传。要想做到最有效，要让旅游者不反感，就要提供针对性的内容，让客户看到他们想要看到的东西，最为简单有效的方法是提供分类订阅，即在用户订阅和退订的时候，列出一个分类目录让用户选择，这样就可将用户邮件进行分类，按照用户的实际需求给用户发送不同类型的电子邮件。切忌不分用户类型一味滥发邮件，那样不但达不到预期的效果，还有可能造成完全相反的效果，所发电子邮件可能被判定为垃圾邮件。

③举办推介活动

通过举办推介活动来扩大其知名度，利用一些知名俱乐部来推广邮轮旅游，在俱乐部内搞一些小型的活动和聚会来进行宣传，而俱乐部方面又可依据其会员的兴趣爱好有选择地请会员参加，这样便可大大缩小目标群体的范围，强化宣传效果。

④培训旅行社销售人员

通过对旅行社销售人员的培训来提高邮轮旅游的销售量和认知度。销售人员对旅行社的主要产品——团队旅游线路都非常熟悉，但是却对邮轮旅游产品了解还不是十分全面，这样在一定程度上阻碍了邮轮旅游产品的销售，甚至有损于公司的形象。造成这种情况的原因是邮轮旅游的销售难度高，不仅要熟悉邮轮的报价项目，还要对邮轮本身有一定的了解，才能说服旅游者接受这种新的旅游方式。所以，培训是解决这种问题最好的途径。

除了上述的4P原则，针对不同时期的具体要求，还可采取形式更为多样的营销措施。例如，影视营销在近几年比较火爆，由于旅游的"眼球经济"效应，冯小刚作品《非诚勿扰》片尾的几个绚丽的邮轮镜头，以及早期的《泰坦尼克》男女主角在邮轮上深情相拥的画面，对于潜在旅游客源来说是一个相当大的刺激因素。此外，大型、特色的节事活动亦可利用邮轮作为载体，进行流动的营销宣传，如可利用大连旅顺口区至山东的烟大轮渡，设立大连国际樱花节的海上分会场；或是在 4 月左右的樱花开放季，吸引知名邮轮公司开设往返中日的樱花邮轮航线，为邮轮产品造势。

【思考题】

1. 简述中国邮轮旅游的主要销售模式。
2. 设计适合我国邮轮市场的邮轮旅游产品。

第八章　邮轮产业政策

【学习目标】:
- 了解国际邮轮产业政策标准。
- 掌握我国中央和地方的主要邮轮产业政策。

【知识要点】:
- 国际邮轮产品遵循的政策及规范
- 我国邮轮产业发展面临的政策障碍

第一节　国际邮轮产业政策及规范

　　航运业在所有行业中属于最具国际化特征的行业。国际跨洋运输过程中运输货物及人员的贸易特征、多国籍船员及其船舶性质等都要求航运业的国际化属性，邮轮业也具有同样的特质。

　　在国际政策法规的范畴中，邮轮产业隶属于大航运业，是航运业中的一个组成部分。因此，邮轮业首先需要遵循国际航运业的政策与法规。

一、船籍注册

　　船籍是指船舶属于哪个国家的资格，即船舶的国籍。船舶所有人按照一国的船舶登记办法进行船舶登记并取得相应地的国籍证书，即代表着拥有该国国籍，才被视为具有国家的法律效力。船舶在正式登记时规定了船舶法定所有人、船舶管理人和船员应承担的法律后果，由此表明船舶具有某一国籍。《联合国海洋法公约》规定，注册处将船舶分配给一个特定的国家，就代表该船舶受该国的管辖和保护，有悬挂该国国旗的权利。想要使得船舶能在公海上航行，必须要悬挂象征国籍的一国国旗，无国籍的船舶在公海上航行则会被视为海盗船，各国飞机和军舰均可拦截。

　　任何国家都可根据主权自主原则来确定给予船舶国籍的条件。根据《联合国海洋法公约》规定，赋予船舶国籍的国家与该船舶之间必须有真正的联系，即一个国家不仅对船舶给予国籍，还必须对船舶进行正式登记，还要有船舶悬挂该国国旗所享有的权利等方面的具体规定。同时，对悬挂该国国旗的船舶有效地行使行政、技术和社会事务上的管辖和控制。目前，各有关国家对于船舶取得本国国籍的限制主要有下列三个条件：

①船舶所有权为本国所有；

②船员必须由本国公民担任；

③船舶建造地必须在本国。

对于任何公司及船舶法定所有人，船舶的国籍都极为重要。因为，从法律的角度来看，不同国籍的船舶会造成运营成本的差异。有些国家要求在该国注册的船舶必须完全雇佣本国国民或者必须达到一定比例的国民数量。悬挂美国国旗的船只，其美国船员比例、船舶构造和所有权的要求被认为是最具限制性、最严格的。目前从事沿海贸易的美国船舶配员规定，所有管理层人员、引航员以及75%的其他船上工作人员都必须是美国公民或居民。此外，从事沿海贸易的美国国籍船舶必须为美国公民所有，并在美国造船厂建造。施工本土化的要求适用于船舶的整个船体和上部结构，以及船舶所用的大部分材料。

二、海域划分

法辛和布朗里格（Farthing and Brownrigg）认为，"海洋自由"的概念源于1982年生效的《联合国海洋法公约》中的原则，该公约于1994年11月生效。本公约给几乎所有在海上和海下进行的活动（包括海床上和海床下的活动）创造了一种强有力的保护办法，承认各国拥有向海延伸200海里的经济区是该公约的一个重要组成部分。本公约规定了在公海航行、进出及通过船舶的自由度，但对于进入专属经济区仍然有一定的限制。该条例是为联合国所有签署国的利益而建立的，该协议旨在允许企业自由、公开竞争和经济自由。

三、邮轮废物管理及标准

加入国际邮轮协会（CLIA）组织的成员必须致力于海洋环境的保护，尤其是对于船只航行所处的海洋区域和其他水域的原始状态的保护。通过国际海事组织、美国、船旗国和港口国的协商，国际邮轮制定了一个统一的国际标准，适用于所有从事国际贸易的船舶。这些标准载于《防止船舶污染国际公约》（《防污公约》）。《防污公约》的国际标准被美国采用，并由其他国家立法和法规加以补充运用。美国对在美国水域内运营的外国和国内船舶均有管辖权，此外美国还有很多相关法律，如《联邦水污染控制法》《防止船舶污染法》《港口和水路安全法》及《资源保护和恢复法》等，同样适用于上岸处理的危险废物的管理。美国海岸警卫队同样执行国际公约和国内法律。

邮轮工业同样对保护环境提出要求，具体体现在船舶所采用的各种废物管理技术和程序上。邮轮国际协会成员须做出以下承诺：

（1）设计、建造和操作船舶，以尽量减少对环境的影响；

（2）开发改进技术，使其不超过环境保护的现行要求；

（3）执行《防污公约》固体废物（垃圾）零排放政策目标，通过使用更全面的废物最小化程序，使船上产生的废物显著减少；

（4）扩大减少废弃物的战略，尽量包括再利用和循环利用，以便将更小数量的废物带上岸；

（5）改进收集和转移危险废物的过程与程序；

（6）根据《国际船舶和污染防治安全操作安全管理规范》（ISM 规范），加强对船上环境实践和程序的综合监测和审计方案。

废物管理标准如表 8-1 所示。

表 8-1　废物管理标准

废物材料	具体做法
照片处理,包括 X 射线显影液废物	通过使用最佳的可行性技术，将废液中的银含量降低到现行法规规定的水平下，从而最大限度地减少向海洋环境的银排放量
干洗废液和受污染的材料	防止氯化干洗液、污泥、受污染的过滤材料和其他干洗店的废弃物排放到海洋环境中
印刷车间废液	防止印刷材料（油墨）和清洁化学品有害废物排放到海洋环境中
照片复制和激光打印机墨盒	启动程序以便于最大限度地回收复制照片和激光打印机墨盒，在任何情况下，这些墨盒都被送到岸上
未使用和过时的药品	确保未使用或过时的药品按照法律和环境要求得到有效和安全的处置
荧光灯和汞蒸气灯灯泡	通过确保适当的回收或使用其他可接受的处理方法，防止使用荧光灯和汞蒸气灯将汞释放到海洋环境中
电池	防止废电池排放到海洋环境中
舱底水和含油水残留物	满足或超过排放前清除舱底油和废水的国际技术要求
玻璃、纸板、铝和钢罐	尽可能地消除向海洋环境中排放《防污公约》中所列废物，这将通过提高再利用和可回收的机会来实现；除此之外，除非废物经过适当处理，并且能够按照《防污公约》和其他现行要求来排放，否则不会将废物排放到海洋环境中

续表

废物材料	具体做法
焚烧炉灰	通过减少废物的产生和最大化循环的机会来减少焚烧炉灰的产生，尽量减少废物的产生，并尽量增加可回收的机会
灰水	只有当船舶（对于定期航行于沿海国家领海之外的船舶）以不低于 6 节的速度航行时，才能排放灰水；除紧急情况或地理上有限制外，不能在离海岸 4 海里以内或与有管辖权的当局商定的其他距离，或是当地的地方性法规规定的其他距离内卸货；除此之外，排放的灰水要符合所有适用的法律法规要求，对于完全在美国领海内航行的船舶，其卸货应完全符合美国和个别国家的法律法规要求
黑水	所有黑水在排放前要先经过美国或国际法规认证的海上卫生设备（MSD）进行处理，定期航行在领海以外海域的船舶，只有当船舶离海岸超过 4 海里，航速不低于 6 节时，方可卸货；对于完全在美国领海内航行的船舶，其卸货应完全符合美国和个别国家的法律法规要求

四、海上安全（MARSEC）

MARSEC 的开发旨在建立适用于培训、认证和值班的船员能力的规范，以此确保乘客和船员的安全操作与安全环境。除此之外，MARSEC 的设立还专门用于应对 2001 年世界贸易中心事件后存在的潜在风险，借鉴了 ISM 规范，其中包括强制性安全和反污染标准。MARSEC 的内容包括海员培训、发证和值班标准国际公约，即 STCW 公约。2004 年 7 月，国际上引入了一套行为守则以此来缓解和解决有关航运安全的紧张局势。

MARSEC 要求船舶应携带指定的船舶保安员，并要求其中一名为负责守望的高级甲板官员。该人员将负责船舶的保安计划，责任包括：制定船舶保安计划；确保为官员和工作人员提供适当的适当培训；确保船舶符合安全计划；具备国际法律、国内法规知识、当前的安全威胁和安全问题等相关的知识。船舶保安员还要充当船舶、有关当局和公司保安员之间的联络人，负责相关问题的事后管理。通常，船舶保安员还会参与风险评估、制定策略和评估脆弱性等工作，要辨别潜在风险，制定相应的预防风险计划及事后应对管理措施。MARSEC 运营 3 个级别的安全状态：

1 级——所需的最低适当安全措施；

2 级——安全事故风险增加的情况；

3 级——可能或即将发生的安全事故（时间有限）。

港口将及时向船舶传达威胁级别，以便船舶有足够的时间考虑最佳行动。船舶的船长在港口可以声明以上威胁级别，可以选择解除威胁级别。

五、组织与协会

1. 国际海事组织

国际海事组织（前身为政府间海事协商组织）成立于 1948 年，是联合国负责制定国际海事政策和规范海事活动的机构。国际海事组织提供了跨国和跨区域的服务功能，协调各国为海上安全和推行国际惯例提供了可能。尽管执行条例的主要责任在于船旗国或船籍国，但国际海事组织是将国际航运条约和公约进行协调整合的"黏合剂"，负责确保各国对条例的遵守。例如，"港口国控制"补充了船旗国的执法内容，允许任何国家的官员检查外国船旗国船只，以确保它们符合国际要求。

国际海事组织的口号是"Safe, secure and efficient shipping on clean oceans."，这是该组织的使命宣言。这是一项艰巨而庞杂的任务，有权要求各国或个别国家进行执法，但该组织在规模上仍然相对较小。

国际海事组织一直在仪器的开发和使用上贯彻执行几个重要的条约和惯例，包括前面提到的《防污公约》及《国际船舶和污染防治安全操作安全管理规范》等。

2. 船级社

船级社的主要职能是定期对船舶进行检查，以确保船舶适航，并定期按照船级社的规则进行保养。船级社也会检查邮轮是否符合国际安全规则，包括 SOLAS、STCW 和 MARPOL。主要的船级社包括总部设在美国的美国船级社、英国劳合社船级社、挪威船级社、法国必维国际检验集团，以及意大利 Registro Italiano Navale 集团。

3. 协会组织

（1）国际邮轮协会（CLIA）

CLIA 是一个营销和推广组织，代表着 23 个邮轮成员公司和大约 19000 个北美旅行社。CLIA 成立于 1975 年，主要任务是负责推广巡航的好处。在执行这项任务时，CLIA 亦会按照其使命进行培训："教育旅行社，推广邮轮度假体验的价值、可取性及可承受性。"该协会于 2001 年与国际邮轮公司理事会（International Council of Cruise Lines）联合成立邮轮公司联盟（Cruise Line Coalition），为邮轮行业提供相关信息。

（2）佛罗里达—加勒比邮轮协会（FCCA）

该贸易组织成立于 1972 年，旨在为 13 个邮轮品牌提供一个论坛，讨论与会员有关的营运事宜。从这个意义上讲，FCCA 可以突出立法、旅游发展、港口安全等新兴问题，通过合作和部分伙伴关系制定相应的解决方案。此外，消委会也会进行有针对性的培训，例如为港口的士司机提供客户服务计划以及委托研究，以此来了解巡航活动的影响，该协会还成立了一个慈善基金会来帮助有需要的人。

（3）西北邮轮协会（NWCA）

西北邮轮协会是一个非营利性组织，代表着在夏威夷、加拿大、阿拉斯加和太平洋西北部运营的 9 家邮轮公司。该协会成立于 1986 年，最初是为了关注安全问题，但后来在处理政府法律和监管问题的关系上发挥了更为广泛的作用。此外，该协会还设法使各巡航地区与当地社区保持积极联系，以便解决诸如环境保护、经济发展和其他与工业有关的问题。

第二节　中国邮轮产业政策

一、旅游产业政策

1. 旅游政策的概念和内容

旅游政策是一个国家或地区为了促进旅游业发展，解决旅游业发展中有关问题而制定和实施的规范或法规，其概念也决定了旅游政策的全面性和指导性。全面性是指一个国家或地区的旅游政策面向该国家或地区的所有地区，并不局限于一个地区。除此之外，还需要综合考虑该地区的社会、文化和经济发展水平。无论旅游业的发展形势和模式如何变化，旅游政策制定的主体往往都是不变的，都是以国家政府为主导的权力部门，大多数相关部门在制定旅游政策方面都具有方向性和指导性。对于旅游业的利益相关者来说，例如旅游者、竞争者、社会公众等，他们通常没有制定旅游政策的权利，只能根据指定的旅游政策参与旅游业的经营，保证自身利益和带动旅游业的全面发展。

旅游政策是国家为实现旅游发展，从旅游发展的实际情况与社会经济条件出发，制定的一系列措施与办法，旅游政策的内容具体如下：

（1）按内容划分，旅游政策可分为基本旅游政策和具体旅游政策。

（2）按形式划分，旅游政策可分为直接旅游政策和间接旅游政策。

（3）按层次划分，旅游政策还可分为全国性旅游政策、地域性具体旅游政策和社区性旅游政策。

（4）按指涉对象划分，旅游政策又可分为一般性旅游政策、行动倾斜政策、区域倾斜政策、部门倾斜政策、行业倾斜政策、企业倾斜政策和项目倾斜政策等，它们从不同的角度对旅游业的整体发展提供政策的优惠倾斜。

2. 旅游政策的影响因素

旅游政策的影响因素有很多，其中最重要的因素之一就是国家旅游产业发展的宏观政策。其原因在于，国家旅游产业发展宏观政策是在兼顾国家乃至地区均衡发展的基础上制定的，具有较强的指导性和综合性。因此，国家对旅游业的宏观政策直接决定了地方政府的旅游业的发展情况，同时区域的经济和文化发展水平也会直接影响旅游政策的制定。一方面，在经济水平、文化水平较高的地区，旅游业的发展将得到更多的资金保障，也就意味着该地区可以为旅游业的发展提供更多的财政支持。另一方面，在一些经济落后的地区、国家通过旅游扶贫政策带动旅游及相关产业的综合发展，从而促进了当地经济产业结构的优化升级，带动了当地全面协调的发展。

3. 旅游政策的制定和实施

首先，旅游业是一个综合性和依托性都很强的产业，旅游信息的传递过程仅靠市场机制是难以保证旅游信息传递的有效性和及时性的。想要完善旅游市场的信息传递机制，就需要通过政府制定的旅游政策来提高信息传递的效率，促进旅游市场的公平竞争。旅游业的健康发展离不开政府的政策扶持，在旅游经济的运行过程中，政府的干预能够减少或避免市场失灵对旅游业发展造成的不利影响，使旅游市场的信息沟通更加合理，政府的适当调节能使资源得到有效配置和产业结构的优化升级。其次，旅游政策的制定还要考虑到当地的经济、文化和社会发展水平，要求政府要将旅游政策的制定和实施提升到与国家发展相关的战略水平，使政府部门自上而下实现科学制定和实施旅游政策的重要作用。

二、国家层面的邮轮政策法规

邮轮产业作为集聚多个经济行业的集合体，在链条上涉及了运输业、旅游业、制造业和服务业等。目前，我国邮轮行业尚未形成完整的法律体系，大多邮轮在具体运营中在保障和监管方面还存在空白区域，但随着国内邮轮市场的不断扩大，中央相继出台了一系列有利于邮轮行业发展的政策性指导意见（如

表 8-2）。

表 8-2　我国国家层面的邮轮政策法规一览表

发文部委	发文年份	发文名称
国务院	2009	《国务院关于推进上海加快发展现代服务业和先进制造业、建设国际金融中心和国际航运中心的意见》
	2009	《关于完善国际航行船舶港口供应市场管理工作的通知》
	2009	《关于加快发展旅游业的意见》
	2013	《国民旅游休闲纲要（2013—2020 年）》
	2016	《关于平潭国际旅游岛建设方案的批复》
	2016	《"十三五"旅游业发展规划》
	2017	《"十三五"现代综合交通运输体系发展规划》
	2017	《中国（浙江）自由贸易试验区总体方案》
	2017	《中国（辽宁）自由贸易试验区总体方案》
	2018	《关于促进全域旅游发展的指导意见》
	2018	《关于支持海南全面深化改革开放的指导意见》
	2018	《进一步深化中国（广东）自由贸易试验区改革开放方案》
	2018	《进一步深化中国（天津）自由贸易试验区改革开放方案》
	2018	《进一步深化中国（福建）自由贸易试验区改革开放方案》
	2018	《完善促进消费体制机制实施方案（2018—2020 年）》
	2018	《中国（海南）自由贸易试验区总体方案》
	2018	《关于完善促进消费体制机制进一步激发居民消费潜力的若干意见》
	2019	《粤港澳大湾区发展规划纲要》
	2019	《关于进一步激发文化和旅游消费潜力的意见》
交通运输部	2010	《关于做好〈港口经营管理规定〉实施工作的通知》
	2010	《外商独资船务公司审批管理暂行办法》
	2014	《关于促进我国邮轮运输业持续健康发展的指导意见》
	2015	《全国沿海邮轮港口布局规划方案》
	2016	《综合运输服务"十三五"发挥在那规划》
	2017	《关于促进交通运输与旅游融合发展的若干意见》
	2017	《深入推进水运供给侧结构性改革行动方案（2017—2020 年）》
	2017	《港口岸电布局方案》
	2017	《智慧交通让出行更便捷行动方案（2017—2020 年）》
	2017	《加快推进津冀港口协同发展工作方案（2017—2020 年）》
	2017	《关于加快推进旅客联程运输发展的指导意见》
	2018	《交通运输部贯彻落实〈中共中央国务院关于支持海南全面深化改革开放的指导意见〉实施方案》
	2018	《关于促进我国邮轮经济发展的若干意见》

发文部委	发文年份	发文名称
国家发改委	2008	《关于促进我国邮轮经济发展的指导意见》
	2011	《外商投资产业指导目录（2011年修订）》
	2011	《关于加强外商独资船务公司审批管理工作的通知》
	2014	《关于促进我国邮轮运输业持续健康发展的指导意见》
	2014	《关于旅游支持中国（上海）自由贸易试验区建设的意见》
	2016	《关于促进消费带动转型升级行动方案》
	2016	《关于实施旅游休闲重大工程的通知》
	2017	《北部湾城市群发展规划》
	2017	《服务业创新发展大纲（2017—2025年）》
	2017	《全国海洋经济发展"十三五"规划》
	2017	《增强制造业核心竞争力三年行动计划（2018—2020年）》
	2017	《服务业创新发展大纲（2017—2025年）》
	2018	《海南省建设国际旅游消费中心的实施方案》
文化和旅游部（原国家旅游局）	2016	《中国邮轮旅游发展总体规划》
	2016	《全国旅游标准化发展规划（2016—2020）》
	2017	《"十三五"全国旅游公共服务规划》
	2018	《关于在旅游领域推广政府和社会资本合作模式的指导意见》
工业和信息化部	2017	《船舶工业深化结构调整加快转型升级行动计划（2016—2020年）》
中国船级社CCS	2016	《邮轮规范》

[案例]

《交通运输部、公安部、文化和旅游部、海关总署、移民局关于推广实施邮轮船票管理制度的通知》

为落实《交通运输部 发展改革委 工业和信息化部 公安部 财政部 商务部 文化和旅游部 海关总署 税务总局 移民局关于促进我国邮轮经济发展的若干意见》，进一步优化邮轮口岸环境和功能，提升邮轮运输旅游服务水平，保障邮轮运输各方合法权益，维护邮轮运输市场秩序，在上海试点经验基础上，决定在全国范围推广实施邮轮船票管理制度，现将有关事项通知如下。

在推广实施范围方面：从事我国境内港口始发国际邮轮航线、内地与港澳的海上邮轮航线、大陆与台湾的海上邮轮航线经营的邮轮运输企业和境内港口经营人，推广实施邮轮船票管理制度。

推广实施方面有五项内容：一是推广邮轮船票直销。邮轮船票是邮轮旅客运输合同成立的证明，购票人可以直接向邮轮运输企业及其代理人，或通过有资质的旅行社购买邮轮船票，购票时应提供真实准确的乘船人有效出境入境证件等信息。二是实施凭证上船。邮轮登船凭证是邮轮乘客进出港及登船的通行凭证。乘客出示邮轮登船凭证和有效出境入境证件，依法配合查验。三是实施乘客信息提前申报与共享。邮轮开航前72小时停止船票销售，拟载运乘客（含领队人员）信息应当在邮轮离境当日（24时）前72小时完成预申报；实际载运乘客（含领队人员）、员工信息应当在邮轮离港前按规定向边检机关申报。四是推广使用行李信息条。乘客托运行李条上应当记载船舶名称、乘船人姓名、房间号码和乘船日期等基本信息以及关联乘客的条码（或二维码）。运用信息化手段，提升托运行李在海关、邮轮运输企业和港口经营人的可识别性和可追溯性，提高通关效率。五是加强部门协作监管。公安、交通运输、旅游、海关、边检等职能部门应当按照相关意见要求，主动加强与国际贸易"单一窗口"标准版的系统对接和信息互换共享，按职责强化监管协作。

在进度安排方面：各邮轮港口加快推进实施邮轮船票管理制度。天津、深圳、广州、厦门和三亚等邮轮港口争取于2019年底前率先实施。

加强三项组织保障：一是加强组织领导，形成工作合力。各地要充分借鉴上海试点经验，发挥属地优势，在邮轮港口所在地地方人民政府统一领导下，统筹组织，共同推进实施邮轮船票管理制度，简化、优化旅客进出港和登船流程，提升旅客服务体验。二是创新机制措施，确保制度有效实施。邮轮运输企业、旅行社等要加强人员培训和协作配合，完善票证管理系统，依托国际贸易"单一窗口"实现票证信息共享和管理，不断提高服务能力和水平。三是规范市场行为，做好事中事后监管。各部门要按照国务院"放管服"改革要求，做好市场监管和服务，规范邮轮市场运输、旅游等经营环节，引导企业有序竞争、不断提升服务品质。

三、地方层面的邮轮政策法规

当前阶段，邮轮产业进入了深度调整期，我国各地方政府也正在努力推进产业结构转型升级，积极寻求产业发展新业态、新突破。邮轮产业作为新兴产业，地方相关部门均制定并颁布了多项支持邮轮经济发展的政策、措施（如表8-3）。

表 8-3　我国地方层面的邮轮政策法规一览表

发文地方政府	发文年份	发文名称
上海	2010	《上海市邮轮产业十二五发展规划》
	2016	《上海市邮轮旅游经营规范》
	2016	《上海市推进国际航运中心建设条例》
	2016	《试点实施上海口岸邮轮免签政策管控方案》
	2016	《上海市旅游业改革发展"十三五"规划》
	2017	《邮轮检疫管理办法》
	2017	《2016 年上海中国邮轮旅游发展实验区工作情况及 2017 年工作要点》
	2017	《支持宝山区邮轮产业发展的若干意见》
	2017	《关于上海试点邮轮船票制度的通知》
	2018	《关于加快宝山邮轮经济发展的实施意见》
	2018	《关于促进本市邮轮经济深化发展的若干意见》
	2018	《上海市深化服务贸易创新发展试点实施方案》
	2018	《关于促进上海入境旅游发展的若干意见》
	2018	《关于促进上海旅游高品质发展加快建成世界著名旅游城市的若干意见》
	2018	《上海国际航运中心建设三年行动计划（2018—2020）》
广东	2009	《深圳关于加快邮轮游艇产业发展的若干政策措施》
	2016	《深圳市促进旅游业改革发展工作方案》
	2016	《关于加快广州国际邮轮产业发展的若干措施》
	2016	《广东省进一步促进旅游投资和消费的实施方案》
	2016	《深圳市旅游业发展"十三五"规划》
	2017	《实施珠三角规划纲要 2017 年重点工作任务》
	2017	《关于加快发展健身休闲产业的实施意见》
	2017	《实施〈粤港合作框架协议〉2017 年重点工作》
	2017	《广州市人民政府关于进一步加快旅游业发展的意见》
	2017	《深圳市邮轮旅游突发事件应急预案》
	2018	《广州南沙新区（自贸片区）促进邮轮产业发展扶持办法实细则（征求意见稿）》
	2018	《建设广州国际航运中心三年行动计划（2018—2020 年）》
海南	2012	《三亚市邮轮旅游发展专项规划（2012—2022）》
	2017	《海南省旅游发展总体规划（2017—2030）》
	2017	《海南省鼓励邮轮旅游产业发展财政奖励实施办法（试行）》

续表

发文地方政府	发文年份	发文名称
海南	2017	《三亚市人民政府关于印发争取国家层面协调重大政策的实施方案的通知》
	2017	《三亚市鼓励邮轮旅游产业发展财政奖励实施办法》
	2018	《海口市鼓励邮轮产业发展财政补贴实办法》
天津	2011	《天津北方国际航运中心核心功能区建设方案》
	2016	《天津市工业经济发展"十三五"规划》
	2017	《天津市口岸发展"十三五"规划》
	2017	《天津市人民政府办公厅关于贯彻落实"十三五"现代综合交通运输体系发展规划的实施意见》
	2018	《天津市邮轮旅游发展三年行动方案（2018—2020 年）》
	2018	《天津市人民政府办公厅关于促进全域旅游发展的实施意见》
	2018	《天津市人民政府办公厅关于印发天津市全面深化服务贸易创新发展试点实施方案的通知》
山东	2011	《山东半岛蓝色经济区发展规划出台》
	2014	《加快发展邮轮游艇产业责任分解方案》（青岛）
	2017	《服务邮轮和海上旅游休闲产业八项举措》
	2017	《青岛市人民政府关于促进海运业健康发展的实施意见》
	2017	《青岛市建设中国邮轮旅游发展实验区实施方案》
	2017	《威海市发展国际邮轮旅游产业财政奖励意见》
	2018	《山东海洋强省建设行动方案》
	2018	《青岛市扶持邮轮旅游发展政策实施细则》
福建	2017	《福州市邮轮产业发展规划》
	2017	《福建省人民政府办公厅关于进一步扩大旅游文化体育健康养老教育培训等领域消费的实施意见》
	2018	《关于进一步促进邮轮旅游业发展的扶持意见》
	2018	《关于促进厦门自贸试验区邮轮船供服务业发展的暂行办法》
辽宁	2017	《大连市旅游发展专项资金管理办法》
	2018	《大连市人民政府办公厅关于加快邮轮旅游发展实验区建设的实施意见》

[案例]

福建省十部门出台《关于促进邮轮经济发展的实施方案》

为加快我省邮轮经济发展，发挥邮轮经济产业链长、带动性强的作用，推进供给侧结构性改革、培育新动能、有效拉动内需、促进消费转型升级，根据交通运输部、国家发改委、工信部、公安部、财政部、商务部、文化和旅游部、海关总署、国家税务总局、国家移民局十部门联合印发的《关于促进我国邮轮经济发展的若干意见》，经省政府同意，制定以下实施方案。

第一，要明确邮轮经济发展总体要求。一是坚持以习近平新时代中国特色社会主义思想和党的十九大精神为指导的前提下，着力打造"海丝邮轮"品牌，推动邮轮经济产业链成为经济增长新亮点。二是坚持市场主体、政府引导。充分发挥市场在资源配置中的决定性作用，强化政府在统筹规划和政策支持上的引导功能，鼓励企业根据市场需求开拓和创新邮轮服务。三是实现到 2035 年，初步建成布局合理的邮轮港口和航线体系、优质高效的邮轮配套服务保障体系等发展目标，促进邮轮经济规模不断扩大，带动产业升级、经济发展和人民消费。

第二，要加快邮轮港口基础设施建设。一是要合理规划布局邮轮港口。2025年以前，优先考虑对既有和正在筹建的邮轮港口进行邮轮服务功能开发利用，对正在筹建的邮轮港口统筹规划建设邮轮服务配套设施，基本形成邮轮港口布局及配套服务功能；2035 年以前，基本建成全省布局合理、分工明确的邮轮港口体系。二是强化邮轮母港"龙头"带动。2025 年以前，在进一步完善厦门港邮轮服务功能的同时，着力打造集物资供应、酒店、高档写字楼、免税商场等于一体的邮轮产业综合体，使厦门成为东南沿海最具活力的国际邮轮母港和海峡邮轮旅游经济圈的核心港口。三是打造功能完备的邮轮始发港。支持福州依托松下港区起步邮轮港建设和运营，推进平潭国际旅游岛邮轮港口建设，指导平潭开展邮轮港区与相关配套建设。四是建设独具特色的邮轮访问港。结合我省丰富海岸线资源特点，按照具备邮轮停泊、旅客和船员上下船等基本功能的要求，配套建设以挂靠航线为主、独具地方特色的邮轮访问港。

第三，着力培育壮大邮轮市场。一方面，要培育邮轮市场主体。2025 年以前，重点培育一批省内邮轮产业骨干企业，发挥其示范带动效应，推动我省邮轮产业健康快速发展，努力把邮轮产业培育成我省新的经济增长点（有关设区市政府、平潭管委会牵头，省交通运输厅、工信厅、国资委参与）。另一方面，要发展邮轮物供产业。推进完善国际供船货柜转运制度，吸引国际邮轮公司在厦门邮轮产业园设立国际邮轮物资配送中心，实现邮轮船供"全球采购、集中供船"（有关设区市政府、平潭管委会牵头，福州海关、厦门海关参与）。最后，要拓展邮轮消费领域。推动商品质量数据从自建自用向全球共享开发转变，建立全球商品共享新模式、运行新机制、服务新体系。推动厦门国际邮轮母港和福州滨海新区、平潭国际旅游岛、莆田湄洲岛的邮轮旅游购物发展（有关设区市政府、平潭管委会、省文旅厅牵头，省交通运输厅、市场监督管理局、台港澳办、商务厅参与）。

第四，发展邮轮装备制造产业。首先，要提升邮轮装备制造能力。以厦船重工为龙头，积极推动建设邮轮建造及配套产业基地，吸引邮轮相关企业入驻，完善邮轮制造产业链条，推动船舶制造产业结构升级。其次，要延伸邮轮配套产业链。持续完善邮轮港口配套设施建设，同步建设邮轮岸电等配套设施，建立邮轮与航空、铁路、省际巴士等联程联动机制。最后，要深化邮轮产业交流合作。支持邮轮企业"走出去"，创建省外、国外研发合作平台，提升产品市场竞争力。积极推进与国内外邮轮经济发达地区产业合作，学习借鉴先进经验，加强产业链互补与合作，形成邮轮经济发展合力。

第五，加强邮轮发展政策扶持。一方面，要加强财政扶持引导。借鉴其他省、市先进经验，加大财政资金扶持力度。加大对邮轮港口建设岸电设备以及邮轮使用岸电的补贴力度，推进邮轮绿色发展。另一方面，要积极引入社会资本。引导邮轮企业做好与省产业股权投资基金、现代服务业基金、省企业技改基金等基金的对接，鼓励更多的社会资本投向我省的邮轮产业。最后，要推进通关便利化改革。积极争取对乘坐国际邮轮抵达厦门的外国旅游团队实施15天入境免签政策，推动口岸查验简化、优化工作，推进口岸部门随船查验工作。优先保障邮轮调度、引航，以及靠离泊的通行权。

第六，强化邮轮经济发展的五个保障措施。一是要加强组织领导。各地要切实加强对邮轮经济发展的组织领导，落实属地责任。二是要加强协调联动。各地要加强与省直各部门的协调和联动，充分发挥地区政策、文化等优势，立足先行先试，争取邮轮旅游政策实现创新试点，营造支持邮轮产业发展的良好氛围和政策环境。三是要加强邮轮旅游市场推广。举办福建邮轮旅游推介活动，推广邮轮旅游理念，培育邮轮消费模式，并多渠道开展国际营销。四是要加强人才培养。充分发挥院校和国家海洋旅游人才培训基地的专业优势，培育邮轮人才。五是要加强市场规范。引导邮轮公司和销售代理机构自觉规范市场行为，建立畅通的邮轮游客维权渠道，切实维护游客合法权益。针对游客不良行为，引入征信机制，依法制定相应的惩戒措施。

第三节 我国邮轮产业发展存在的法律障碍

一、市场准入制度存在的问题

首先，市场准入制度的行业界定不清。邮轮的法律性质具有双重性，这主要体现在海上旅客运输和跨境旅游服务两个方面。邮轮法律制度在 GATS 视野下具有旅游服务贸易和海运服务贸易的双重属性：作为一种跨境旅游的形式，邮轮可以归属于服务贸易中旅游贸易的范畴，但该跨境旅游的运输方式为海运，故邮轮旅客运输又属于海运服务贸易相关法律的调整范围。在现代邮轮产业制度下，邮轮的旅游功能日益彰显，传统的旅客运输功能弱化。游客在邮轮上享受更多的是海上观光、休闲、娱乐、餐饮等服务。

我国目前尚没有自己的本土邮轮船队，外资邮轮的市场准入制度主要由交通运输部的部门规章予以规范。现阶段的准入制度只看到了邮轮的第二产业属性，并未重视第三产业的发展意义，以至于在我国出现了有关邮轮产业规定不一致的现象。

2011 年 9 月，交通运输部出台的《关于加强外商独资船务公司审批管理工作的通知》明确允许外国邮轮公司在中国设立独资邮轮船务公司，并可依法开展"为自有或经营的船舶提供揽客、出具客票、结算运费和签订服务合同等"经营性活动。虽然此时我国允许外国邮轮在国内运营，但属于第三产业的邮轮旅游业务并未在国内开放。

直到 2012 年 2 月，原国家旅游局才准许外资邮轮公司设立的旅行社，可以开展组织中国内地居民从上海出发的邮轮旅游业务。然而，两个部门规定的分头管理会导致邮轮产业的市场准入界定不清，市场准入制度审批仍然存在桎梏。

2010 年交通运输部明确外国籍邮轮经过特案批准，可在华开展多点挂靠业务。这一举措被认为是邮轮运输业务市场准入方面的一项突破，即从原来的单点挂靠发展到现在特案审批的多点挂靠，但是现行审批制度并没有完全开放，仍然存在诸多限制，原因在于我国对邮轮特殊性的认识还不够充分。以前我国对邮轮的市场准入制度基本参照客轮货轮标准，认为邮轮挂靠属于国内运输。事实上，我们应充分认识到邮轮兼具旅游和运输的双重功能，甚至从某种程度上说，其旅游价值大大高于运输价值。

二、邮轮制造业存在的问题

首先，我国在邮轮建造技术上属于零起点。国际邮轮产业发展实践表明，从长远看，邮轮产业必须发展邮轮"重资产"，必须构造本土邮轮船队。作为一种高附加值的船型，长期以来，邮轮船舶的研发和制造技术主要集中在欧洲几个造船厂手中。芬兰、法国、德国、意大利四国船厂掌握着 2009 年至 2012 年全球 99.6%的邮轮订单，具有绝对垄断地位。我国虽然是世界造船大国，但与欧洲相比，我们在邮轮整体设计、建造工艺、实践经验、运营管理、配套工程、技术储备等方面还存在相当大的差距，现阶段通过建设自有船队来发展壮大邮轮旅游经济难度较大。

其次，我国邮轮建造面临融资困境。邮轮建造属于资金密集型行业，但航运金融业一直是我国航运业的软肋，邮轮建造面临融资难的问题。而且，我国邮轮建造融资方面尚没有相应的标准合同文本，国内企业通过融资途径建造邮轮的手段比较单一。此外，我国政府未对邮轮建造配置补贴和资助，加上 17%的增值税、进口设备关税、较长的建造周期、质量不高的船用设备等因素影响，船东大多需要在国外融资造船，贷款机构也往往指定国外船厂，导致本土造船厂失去了在国际市场上摸爬滚打的机会，游离在邮轮制造产业链的边缘。

三、邮轮服务业存在的问题

首先，邮轮船供服务存在机制壁垒。邮轮船供主要指为邮轮提供运营所必需的物资，如邮轮饮食等。邮轮船供服务属于邮轮产业的轻资产，对我国邮轮产业发展而言其潜力是巨大的。例如，一艘常规 10 万吨左右的邮轮，一般载客 4000 人左右，其每天行程中仅是食物消费额一项就约为 5 万美元。船供服务机制壁垒主要体现在市场准入方面。2009 年 10 月，交通运输部发布《关于做好〈港口经营管理规定〉实施工作的通知》，改变了船供市场原有专营垄断的状况，明确规定今后凡按照相关规定取得相应资质的企业均可从事国际航行船舶港口供应业务。但是由于没有实施细则出台，审批制的产生无异于画饼充饥。船供企业的营业执照对于一般小企业而言可望而不可即。以上海为例，大大小小的船供企业大约有四五百家，但是获得营业执照的仅有 4 家，即外轮供应公司、中远供应公司、上港集团供应公司和吴淞口邮轮码头公司。其余几百家可谓是"非法经营"，均无法直接与外轮接触，需要通过取得营业执照的企业来进行邮轮船供服务。船供企业的审批制导致了船供市场自身调节能力降低。

其次，邮轮船供服务存在政策壁垒。船供服务政策壁垒主要是行为定性问题。我国目前对邮轮船供服务管理主要参照普通货轮，没有将其定性为贸易行为，不能享受出口退税。一艘载客 4000—5000 人的邮轮船供采购量与几十人的货轮相比存在天壤之别。邮轮船供服务产生大额的国际贸易交易量，却无法享受国际贸易的优惠待遇。政策的限制导致我国船供企业给远洋邮轮提供的物资价格一般会比近邻韩国、日本高出 28%—33%。与国际同行相比，政策壁垒已经使我国的邮轮船供业输在"起跑线"上了。

最后，邮轮旅游服务存在过度竞争、低价揽客问题。高端邮轮卖出白菜价致使邮轮包船游出现"异化"。这主要是由于外资邮轮尚不具有在国内从事旅游服务的资格。国外邮轮旅游船票的营销方式是邮轮公司直接与旅客签订邮轮旅游合同。在我国，为了规避目前旅游市场对外资邮轮公司的限制，在现有分销合同模式下，国内旅行社包船的形式一般只能针对邮轮本身，并不包含邮轮上提供的旅游服务，而且国内旅行社对于邮轮公司确定的航次线路、靠岸港口等没有发言权。这种分销合同的权利义务关系的不对等使得"包船游"在中国邮轮旅游中出现了"异化"。这种邮轮旅游船票营销方式也使得邮轮旅游纠纷造成"霸船"等中国式维权问题。面对邮轮旅游纠纷，人们无法可依、有法难依。由于邮轮船籍国的规定以及邮轮航线的国际性，邮轮旅游消费者维权难问题也随之产生。

四、邮轮运输业存在的问题

一方面，邮轮运输过程的监管面临传统窠臼。目前交通主管部门对于邮轮的监管一直没有跳出船舶是传统运输工具的思维定式。我国对邮轮海运管理主要参照现行国家涉外航运政策和法律，如《国际海运条例》及其实施细则、《水路运输管理条例》及其实施细则和《港口收费规则》《代理费收费规则》等。参照传统海上客运货运模式监管，忽视邮轮以旅游功能为主的情形，未考虑邮轮产业发展的旅游服务的关联效应，存在很多进入性壁垒障碍。例如，在国际市场上博彩业是邮轮利润构成的重要部分，而如何经营邮轮上的免税店、博彩业等事项，国内都无先例可借鉴。

另一方面，邮轮边检以船为本的监管模式存在问题。2009 年 11 月，公安部出台了《邮轮出入境边防检查管理办法》，试行 4 条新措施，但我国口岸管理总体上缺乏针对邮轮的系统的规范细则，大多只能参照针对外籍货轮和客轮的政策法规与管理制度，难以适应以游客为中心的邮轮经济活动的各方面需求。我国邮轮边检所用时间远远高于国际惯例的 2 小时左右，邮轮安检程序烦琐，导致旅客等待时间过长。除此之外，还有一个问题是邮轮港口收费标准不一。目前我国港口收费费率标准较高，且港口收费种类繁杂，包括引航移泊费、带缆系泊费、船舶港务费、船舶代理费、客运代理费等。这些收费标准和种类适用于普通商船和客船，对邮轮这种集运输和旅游为一体的新生事物没有做出明确的收费标准和种类的规定。而且，我国各个港口的收费标准不一、收费数额不同也会影响我国邮轮母港的发展和邮轮对挂靠港口的选择。

五、邮轮税收障碍问题

首先，高税费导致邮轮船舶买卖存在"买不起"的问题。打造本土邮轮船队的另一种方式为购买二手邮轮。依据我国买卖二手船舶政策规定，买卖的二手船只能是 10 年以内船龄的。该规定针对货船尚可理解，但是邮轮下水后的第 5 年到第 26 年正是其青壮年期，邮轮公司通常不会轻易将 10 年左右船龄的邮轮卖掉。这导致在现有规定下出现二手邮轮"买不到"的现象。不但如此，邮轮购置税费过高也使得二手邮轮"买不起"。比如花费 10 亿人民币购买的邮轮，船东需缴纳的增值税、关税高达 2.5 亿人民币。一艘邮轮购置的税费相当于邮轮企业 3—4 年营业总额（不计任何成本）。

其次，邮轮船供服务存在"雁过拔毛"式收费。邮轮公司在要求提供船供服务时，往往会在采购货品总价之外收取 5%的服务费。这种垄断式的行政收费无异于杀鸡取卵、竭泽而渔。如前文所述，在国内船供服务企业提供的商品价格已经不存在优势的前提下，如此做法不但影响邮轮公司在国内的物品采购量，而且会使邮轮产业链的价值无形缩水，将降低邮轮产业的原有经济贡献率。

【思考题】

1. 国际船籍注册对邮轮运营有哪些影响？
2. 我国邮轮旅游政策限制有哪些？如何突破？

第九章 邮轮人才需求及培养

【学习目标】：
- 了解全球邮轮人才需求现状。
- 掌握邮轮公司岗位需求。
- 了解我国目前邮轮旅游人才培养现状。

【知识要点】：
- 邮轮公司的岗位需求
- 我国邮轮人才培养面临的主要问题

第一节 邮轮人才需求

一、全球邮轮人才需求现状

据有关报告显示，2017 年全球邮轮 449 艘，2019 年仍处于上升趋势。伴随着全球邮轮产业不断扩大，对于邮轮人才的需求也日益增加。

1. 欧洲邮轮人才需求现状

欧洲邮轮市场增长迅猛，全球份额从 2005 年的 22% 逐渐攀升至 2010 年的 30% 左右。依托高超的造船技术和先进的经营管理方式，欧洲地区成为全球邮轮旅游业重镇，在邮轮旅游业的全球化布局、分工和竞争中处于主导地位。其中，邮轮旅游重要接待市场的地中海地区成为邮轮旅游产业的巨星。

欧洲邮轮产业发展历史悠久，在一定程度上欧洲邮轮旅游人才供求相比我国国内已呈现饱和状态，在邮轮人才培养上值得国内借鉴。欧洲邮轮产业人才需求主要有三个特征：一是劳动密集性，邮轮的乘客与员工比例大约为 2.2：1。二是服务多样性，邮轮提供娱乐、运动、休闲、疗养、观光等多种多样的项目和服务，邮轮上的岗位有 100 多种，每种岗位要求的技能和素质均不一样。三是品质特殊性，邮轮是旅游消费中的奢侈品，顾客要求提供量身定做的个性化服务。

从素质结构上说，邮轮人才需要具备邮轮理论素养、综合心理素质、人际交往能力、创新组织能力和团队合作精神，而邮轮人才基本要求包括专业的服务精神、熟练的业务技巧、良好的沟通能力、流利的英语交流和持久的工作兴趣。这也决定了对于邮轮人才的培养也是多方面的，如餐饮服务与管理方向、前厅客房服务与管理方向、酒水与酒吧管理方向、宴会设计与管理方向、旅游市场营销方向等。

2. 北美邮轮人才需求现状

现代邮轮产业始于北美，诞生于 20 世纪 60 年代后期，当今国际前三大邮轮集团依次是嘉年华邮轮、皇家加勒比邮轮和丽星邮轮，其中嘉年华邮轮和皇家加勒比邮轮集团总部均位于北美。北美一直是世界上最大的邮轮市场，2009 年以前，北美邮轮乘客数量在世界上的份额始终大于 60%，但 2009 年开始份额已经降低到全球的 60% 以下，并呈持续下降趋势。尽管如此，北美邮轮旅游市场对于邮轮人才的需求仍然旺盛。

据由国内第三方数据机构发布的报告显示，2016 上半年中国邮轮市场（出境邮轮）总出游人次达 180.3 万人次，同比增长 79.76%，市场总收入（交易额）达 34.2 亿元。国内邮轮旅游市场呈现出的巨大潜力，让世界邮轮巨头纷纷瞄准中国。而面对越来越多的中国游客，各大国际邮轮公司又不得不面对另一个现实，那就是亟须从中国招聘大量邮轮专业型人才。

3. 亚洲邮轮的人才需求现状

亚太地区是世界邮轮旅游市场中较年轻、也是发展最快的一个地区。凭借其丰富的旅游资源和近些年不断兴建的邮轮专业港口，亚太地区渐渐成为全球继美国、欧洲之后，又一个全球性的邮轮旅游区，而且其邮轮旅游客源市场规模也在不断扩大，并且全球邮轮市场有"东移"趋势，对于邮轮专业人才需求不断增大，但邮轮人才供给明显不足。

据邮轮行业新闻报道，目前全球邮轮业雇用了大约 25 万名船员，每年需要雇佣 7 万名新船员来更换人员，以替换退休人员或离职人员。再加上新船的下水，大约 1 万名新船的人员投入服务。这意味着在接下来的十年里每年会有 8 万名新船员加入。对于菲律宾、印度尼西亚、印度和加勒比岛国，以及意大利、英国、荷兰、德国、挪威、瑞典和克罗地亚等国家来说，这一预测代表着巨大的就业机会。此外，中国、缅甸、泰国和越南正在成为新兴的邮轮人才市场。

邮轮产业是由豪华邮轮制造、港口接待、商贸、旅游、交通、会展、金融、保险、信息服务等构建起来的一个庞大产业链（群）。邮轮经济管理与运营管理的人才非常紧缺，邮轮产业发展对人才的需求问题凸显。主要存在的问题就是：邮轮管理人才培训重视程度不足；课程设置不合理，难以形成系统的教学体系；学校的教学理念陈旧，无法满足企业的要求。

二、邮轮岗位

邮轮旅游产业因兼具运输、旅游、旅馆、餐饮、设施、活动等多元属性，这一多元属性决定邮轮岗位需求类型、分类方式众多。

按活动范围分类，可分为岸上和船上两部分。在岸上，主要有邮轮售票、通关、采购、物流等；在船上，主要有甲板和机舱、餐饮、酒店、休闲娱乐、免税店等。按公司管理分类，主要有岸上办公室和邮轮运营两个部分。其中，岸上办公室主要有销售、营销、客户管理、海事运营、商业运营、采购、人力资源、财务、信息技术、法务等；邮轮运营主要有航行、技术操作、安全保障、酒店管理、餐饮、娱乐、客户关系、医疗、人力资源等。

根据不同的邮轮特点，对于岗位的具体安排会有所差异。以"云顶梦号"为例，主要岗位有餐饮部服务生、海关协调员、前台接待、礼宾部行李员、活动中心职员、娱乐部职员、登岸导游部职员、客房部职员、客房部私人管家、人事部职员、健身中心职员、免税店销售、俱乐部收银、俱乐部安全员、幼儿看护职员、中心厨房厨师、VIP 客服职员、美容美发中心职员、水疗中心职员、中/英文老师、医务室护士、IT 部门职员、调酒师茶艺师、灯光/音响师、DJ/KJ、摄影师等。图 9-1 为"云顶梦号"全景图。

图 9-1　"云顶梦号"全景图

三、薪酬

邮轮空间大，就像一座航行在海上的度假城市，各种设施一应俱全，集商务、会议、餐饮、医疗、文化、休闲、娱乐、旅游、观光为一体。它的岗位具有工种多、薪水高、层次性强、晋升快等特点，能满足各个毕业生对岗位的偏好，使他们较快成长为国际化的高端管理人才。

员工工作待遇较高，工作环境好。在国际邮轮上工作，住宿、餐饮、健身房、活动室等基础设施完善，随时在一些著名港口停留，可以就地旅游观光，进行环球旅行，工作能力和英语水平都可以取得很大的提升。

对于整个大的就业环境来说，邮轮公司的薪酬是比较可观的。以天津海运职业学院为例，有关薪酬统计如表9-1。

表 9-1　邮轮乘务专业员工薪酬一览表（美元）

各类	美洲航线	欧洲航线	东南亚航线
行政管理类	2050—5500	1820—4030	1230—2330
人事管理类	2250—5300	2080—4200	1650—2600
财务管理类	2360—5500	2190—4400	1860—2500
餐饮管理类	1170—4500	1060—4000	870—2300
客房管理类	1180—4500	1040—4000	880—2300
娱乐管理类	1190—3500	1030—3300	890—2300
外贸管理类	1180—6000	1040—5500	890—3000

具体工作待遇如下：

①国际邮轮管理专业毕业生上岗后第一合同期，视工作岗位不同，工资底薪为 700—1720 美元/月，奖金另计，一般为其基本工资的 2—3 倍。累计月薪资能达到 1350—5500 美元。

②工作时间为 6—10 小时/天，可轮班休息，如超过工作时间，将另安排补休或者补加班费，提供食宿、医疗（除牙病外）、保险、职业服装。

③邮轮上的工作时间：6—10 个月合同期（自离境之日计算），邮轮公司可根据工作需要延长或缩短一定时间。下船后，可以休假 6 周—8 周，视工作岗位不同，享受带薪假期。

④邮轮公司一般按照挪威海员法、美国劳工法或相关邮轮公司所属国规定签订工作合同，并按照相关法律规定购买保险。

⑤员工在邮轮上包食宿（套房含洗手间、电视、储物柜等），吃丰富的自助

餐，穿统一服装，有专门员工餐厅、娱乐活动场所等相关场所。

四、邮轮工作岗位要求

邮轮被誉为"漂浮在海上的五星级酒店"，它集餐饮、住宿、娱乐、交通、购物、游览于一体。岗位众多，同时对服务人员的要求也更高。需要服务人员能够针对不同顾客提供个性化服务。主要包括四个方面：

1. 语言能力

（1）良好的英语交流能力

较强的英语交流能力是邮轮公司对于邮轮乘务人员最基本的要求。其高级服务人员和管理人员还应掌握一到两门外语，如日语、韩语、粤语等，并达到听说无障碍。英语为工作语言，但游客的多元化，也需要不断增加自我的语言种类。

（2）良好的沟通能力和跨文化交流能力

邮轮穿梭于世界各地，邮轮乘客也来自不同国家和地区，具有不同的文化背景，每艘邮轮都须配备上百名甚至上千名员工，他们也来自世界各地。因此，对于邮轮乘务人员来说，需要懂得世界各地不同的风俗人情，知道如何与世界各地的朋友友好相处，只有这样才能更好地与同事相处，才能更好地为乘客服务。

2. 旅游知识

娴熟的职业技能是必不可少的，邮轮的旅游形式需要员工掌握一定的海上旅游知识以及相关的酒店服务管理知识和技能。各大邮轮公司对邮轮乘务人员的需求量很大，尤其是餐饮部、客房部、前厅部门等。针对不同部门有不同的职业技能要求，而企业需要的是能适应多部门需求的员工，因此要求邮轮乘务人员应具备多岗位工作的能力。同时，邮轮属于高端消费，需要为游客提供更专业、更高端的个性化服务，所以邮轮乘务人员需要掌握娴熟的职业技能。

3. 身心健康

（1）良好的心理承受能力

邮轮乘务是一个特殊的职业群体，需要长期在海上漂浮，必须经受与家庭、社会分离所产生的孤独感等各种复杂因素对其身心的影响。同时，邮轮乘务人员每日工作时间很长，有时甚至长达 11 小时，工作强度也很大，容易产生工作倦怠。为此，邮轮乘务人员必须要有良好的心理承受能力，才能适应这一特殊的工作环境。

（2）健康良好的身体素质

邮轮行业的工作环境特殊，对员工的身体素质要求更高更好。例如邮轮长期漂浮在海上，遇到恶劣的天气会造成船体晃动，为此邮轮乘务人员必须具备最基本的抗晕船能力，再加上邮轮乘务人员工作时间长、工作强度大，要求邮轮乘务员要有健康良好的身体素质。

4. 海事培训

邮轮乘务与酒店工作人员不同，除了需要具备酒店管理的知识和技能外，还需要掌握坚实的邮轮管理和航运业的知识和技能。每一位邮轮乘务人员在上船工作之前，都必须参加由交通运输海事局组织的海员专业培训，考取海员专业培训合格证，并获得国际海员证才能正式上船工作。

综上所述，邮轮管理人才的培养，不是一朝一夕就能完成的。在面对高速发展的邮轮产业时，我们要根据产业链的管理人才需求，结合引进人才身上的先进经验，培养我们本土的国际管理人才，形成符合中国邮轮产业链的管理人才梯队和人才储备，为未来邮轮产业链的正常运转打下坚实基础。

第二节　邮轮人才培养

一、中国高校邮轮人才培养现状

自20世纪80年代起，邮轮产业迅速发展，市场需求不断扩大，邮轮旅游呈现快速增长趋势，已经成为极具发展潜力的新兴业态。邮轮产业的发展，对邮轮专业人才提供了大量需求，迫切需要加大邮轮人才培养力度和强度。国家重视邮轮产业发展为专业人才教育提供了政策保障，交通运输部发布了《关于促进我国邮轮运输业的指导意见》，这一系列的政策，有力拉动我国邮轮产业的发展。各大高校陆续开设了邮轮相关专业。

国内的邮轮具有"起步晚、发展快"的特点，但是邮轮专业人才的增长速度赶不上邮轮旅游产业发展速度，导致国内邮轮专业人才供给呈现出数量不足、结构单一、层次较低、质量欠佳的问题，与我国迅猛发展的邮轮产业需求形成极大的反差，不利于整个邮轮产业的健康可持续发展。因此，邮轮人才供给侧亟须丰富和发展。

1. 高校与邮轮企业合作"订单班"

由于邮轮人才培养的专业性，各大专院校在开设此类专业时大多与邮轮输出机构或邮轮公司合作开设"订单班"，如青岛酒店管理职业技术学院与邮轮人才输出机构——青岛鹏腾国际经济技术合作有限公司签约合作，已向其输送邮轮人才300余人，同时与英国嘉年华集团公主邮轮公司、美国皇家加勒比邮轮有限公司等积极洽谈，预备成立"国际邮轮乘务管理订单班""区域性人才培养基地"和"专业实习实训基地"。世界第三大国际邮轮公司——挪威邮轮公司中国区邮轮培训中心也落户该校。

2. 高校邮轮人才培养现状

伴随邮轮经济的迅猛发展，陆续有高校开设邮轮专业课程，然而单纯就邮轮服务人员而言，国内的邮轮一线工作人员在语言、法律法规的理解、把握和遵守方面都不占优势，语言能力强、服务意识好、综合素质高的服务人员目前仍不能满足邮轮公司的需要。究其原因，高校邮轮专业教学模式是通过传统的餐饮管理和酒店管理转型而来，没有深入系统研究邮轮从业人员所需的综合素养，多数只是技能上的培训。

目前全国开设"邮轮"相关专业的学校，高职（大专）层次共 50 所高校；成人教育层次共 13 所高校；本科层次共 14 所高校；研究生层次共 2 所高校（详见附录五）。相关专业主要有国际邮轮乘务、国际海乘、邮轮乘务，许多专业开设国际邮轮乘务方向或国际乘务方向等邮轮相关专业，旨在培养出专业型邮轮人才。通过区域与专业类型进行汇总，如表 9-2 所示。

表 9-2 全国开设邮轮专业汇总表

各项		培养层次及类型			
		高职	专科	本科	研究生
区域	华北	4	2	2	0
	华中	19	5	3	0
	华南	8	4	2	1
	华东	17	2	4	2
	西南	2	0	2	0
专业类型	高铁邮轮服务管理	0	0	1	0
	国际邮轮乘务	19	9	3	0
	国际邮轮及管理	1	0	1	0
	海乘	3	0	0	0
	海事管理	1	0	0	0
	酒店管理及相关方向	11	0	2	0
	旅游管理及相关方向	4	0	6	0
	旅游管理 MTA（海洋旅游方向）	0	0	0	1
	旅游英语及相关方向	2	0	0	0
	商务英语（邮轮乘务方向）	0	0	1	0

各项		培养层次及类型			
		高职	专科	本科	研究生
专业类型	涉外旅游及相关方向	1	1	0	0
	休闲服务与管理（邮轮乘务）	1	0	0	0
	应用英语（邮轮乘务方向）	1	0	0	0
	邮轮乘务	6	2	2	0
	邮轮服务与管理	1	0	0	0
	邮轮管理 EMBA	0	0	0	1
	邮轮海乘服务管理	0	2	0	0

由此表可以看出对于邮轮旅游人才培养高职类层次占比最大，专科和本科层次占比少，研究生层次极少，反映出我国邮轮人才培养学历偏低，对于高学历邮轮专业人才的培养还不够重视。从区域分布可以看出华中、华东、华南地区对邮轮旅游培养人才的高校数量占比大，其中大部分是邮轮母港城市所在省份高校。

除此之外，相关教育及旅游主管部门应加快邮轮旅游人才培养，鼓励国内高校加强邮轮旅游学科专业建设，深化与国外专业机构和高校的交流与合作，加大培养邮轮旅游业发展所亟须的邮轮经营管理、邮轮旅游销售、邮轮旅游服务等多种类、多层面专业人才，逐步建立起邮轮行业教育培训体系。

政府也应加强宏观调控引导，出台邮轮人才培养的利好政策，加大对邮轮人才培养的财政投入力度，统筹规划布局和资源配置。同时，发挥桥梁作用，搭建企业与院校沟通交流的平台，提供优惠政策吸引合作项目落地，为邮轮人才培养提供有力的支持和保障。

3. 中国邮轮人才招聘

普遍的邮轮公司岗位招聘薪酬高于国内酒店行业。根据国际邮轮业知名品牌挪威邮轮发布的一则招聘信息显示，其招聘的"助理餐厅主管"月薪最低3703.25 美元，"助理客房经理"基本月薪达到 4530.39 美元，该邮轮其他招聘岗位的薪酬也高于国内酒店行业的同类岗位。

高薪资是国际邮轮对许多应聘者最大的吸引力。但高薪资也伴随着高标准，想要成为一名正式的国际邮轮服务人员，除了要具备熟练的英语听说能力，还要具备较好的身体和心理素质及独立能力，也要熟练掌握国际邮轮服务标准，了解相关国际邮轮品牌企业文化、管理理念、服务风格等。

关于国际邮轮资源部招聘情况，目前应聘人员主要有两个群体：一个是有工作经验的酒店行业从业者；另一个主要是来自各个高校的毕业生。据介绍，国际邮轮乘务专业、管理专业，以及英语、旅游管理、酒店管理等外语和经管类毕业生，都是招聘的重点对象。

首先，招聘单位会根据船东的需求，对学员进行针对性岗前培训。其次，不断强化师资力量，在培训计划制定上不断调整，满足客户个性化需求。国际邮轮通用语言是英语，比起菲律宾、印度等以英语为官方语言的国家，中国学生没有语言的天然优势，所以会着重加强语言方面的培训。对定向培养的高校人才，在校期间学生进行国际邮轮相关基本知识的学习，包括船东的企业文化、管理理念、人才标准、服务标准、礼仪文化。

面对国内邮轮招聘代理公司资质参差不齐、招聘信息虚假宣传等现状，想要鉴别该公司是否正规，一是看它是否具有海事局授予的海员外派机构资质证书，二是看此公司是否具有和船东签订的正规招募派遣合同。这两点尤为重要。

二、邮轮人才就业前培训市场：以天津海运职业学院与皇家加勒比邮轮集团人才培养项目为例

我国邮轮人才培养机制正在逐步完善，2012 首届中国高等院校邮轮人才培养联盟召开成立大会。"中国邮轮人才培养联盟"由中国交通运输协会邮轮游艇分会、天津海运职业学院及十余家本、专科邮轮人才培养院校协商并共同发起成立，主旨为满足国际邮轮市场对邮轮乘务专业人才的需求，推动中国邮轮人才培养院校之间的合作，打造中国邮轮高等教育的"常青藤联盟"，以期在招生、培养、实习、就业等方面实现共同发展。

会议的主要内容是共同商讨中国高等院校邮轮人才培养机构联盟章程、国内外邮轮业发展及中国邮轮人才培养模式探讨、中国高等院校邮轮人才培养联盟与中国旅游出版社邮轮系列教材开发探讨。会议就邮轮人才培养、市场供需、专业建设等内容进行了热烈讨论。天津海运职业学院早在 2006 年就开设了酒店管理（邮轮乘务方向）专业，在邮轮人才培养、校企合作方面积累了一定的经验。通过邮轮人才培养联盟平台，高校建立起长期合作伙伴关系，增进彼此间的学习与交流，实现专业优势互补，共同推进中国邮轮旅游人才队伍建设。

1. 国际邮轮管理专业办学模式

邮轮旅游业被视为"漂浮在黄金水道上的黄金产业"，随着全球邮轮产业的发展和世界人民生活水平的不断提高，邮轮旅游作为潮流将成为一种常态，这种方式的旅游人数每年保持在 12% 的增长，远远超过其他旅游方式。中国已经从国际上最大的旅游目的地变成国际上最大的旅游客源地，乘坐邮轮人数也出

现爆发式增长，中国内地游客乘坐邮轮从 2004 年 1 万余人增加到 2015 年 97.4 万人，每年保持 48.2%的增长。因此，在全世界 400 条以上的大型豪华邮轮中配比一定数量的中英双语工作人员及中高级管理人员成为各大邮轮公司的迫切需求。

中国第一艘豪华邮轮"鼓浪屿号"2019 年 9 月 26 日在厦门举办邮轮命名暨首航仪式，并于 27 日从 21 世纪海上丝绸之路支点城市——厦门开启首航，正式亮相中国市场。走向世界的中国邮轮对英语流利、熟悉酒店管理、熟悉世界各国文化的高端服务人才的需求成为一种必然。

国际邮轮管理专业主要为豪华邮轮培养海上乘务与管理的专门人员，由于邮轮空间大，就像一座航行在海上的度假城市，各种设施一应俱全，集商务、会议、餐饮、医疗、文化、休闲、娱乐、旅游、观光为一体。它的岗位具有工种多、薪水高、层次性强、晋升快等特点，能满足各个毕业生对岗位的偏好与较快成长为国际化的高端管理人才，为青年学生的职业规划打下了良好的基础。

● 工作环境好：豪华邮轮设备先进，安全度高，生活条件设施优越。

● 积累财富快：收入高，开销少，上船期间免费提供食宿、医疗及基本生活用品，可迅速积累财富。

● 个人阅历广：全球航行免费环游世界，品味多元文化，结交外国朋友。

● 发展前景大：置身英语工作环境，能有效提高英语水平，体验发达国家旅游酒店业高水平服务及管理经验，获得一生享受不尽的宝贵阅历与人生财富。

● 权益有保障：用人单位为正式上邮轮工作的学员缴纳全额保险，享有劳动保护，年休假等优越福利。

2. 项目优势

（1）独特的专业优势，打造以国际邮轮为职业基础的应用性、高层次、复合型国际管理人才。

国际邮轮管理专业是继航空专业之后的热捧专业，就业前景乐观。学生在校期间，主要学习英语、旅游酒店管理、工商管理、国际邮轮管理等专业方向知识，享有世界旅游酒店人才培养的先进理念，其培养模式具有专业性、实践性、可靠性，国际化等特点。师资队伍采取传统师资、外籍专业师资、行业师资三个方面相互结合的方式。学生毕业后，不仅有一口较为流利的英语，还可以全面掌握国际邮轮管理、国际酒店管理专业知识，熟悉各个国家的风土人情，懂得基本的管理流程。

（2）工资待遇高，工作环境好。

员工工作待遇较高，工作环境好，在国际邮轮上工作，住宿、餐饮、健身房、活动室等基础设施完善，随时在一些著名港口停留，可以就地旅游观光，进行环球旅行，工作能力和英语水平都可以得到很大的提升。

（3）优秀师资，尽享丰富多彩的大学生活。

学校聘请大批外语及旅游管理、工商管理方面的教学专家。学生入学后，可使用学校的各种教学设施和图书资料，还可以参加院系组织的各类社团活动，让课余生活变得丰富多彩，既丰富了知识又可以提高综合素质。同时，加强与泰国、加拿大、英国、美国等大学合作，加强就业优势。

（4）校企结合，为就业插上腾飞的翅膀。

为解决学生的后顾之忧，加强与人力资源公司等企业进行紧密合作，学生一入学就与企业签订就业保障协议，学习至第三年或第四年就可以到邮轮上实习锻炼，将所学的理论知识与工作实践紧密结合。强化知识的实用性，为学生就业奠定坚实基础。

（5）环球旅行，真切体验世界各国风土人情。

在邮轮上工作，除了良好的工作环境之外，一个船期有机会经历 20 多个国家与地区，工作之余进行到达国体验与旅行，大大提高了工作者的人生经历与国际视野，国际语言水平更是突飞猛进，为未来的职业发展奠定宽广与坚实的基础。

（6）朝阳产业，职业发展可持续性强。

邮轮产业被视为"漂浮在黄金水道上的黄金产业"，作为中国旅游酒店业的高端产业，它涉及工业、旅游酒店业、交通运输业、海洋产业等多行业。目前邮轮公司工作理念先进，管理水平较高，属英语工作环境，这些有利条件都为邮轮公司员工的成长起到了很大的促进作用，所以，无论是在邮轮继续发展还是转到星级酒店、外语导游、国际领队、国际旅游机构、英语培训机构等行业发展都将有很大的发展空间，并且将有很多的发展和提升的机会。同时，国际邮轮旅游的发展让学生有机会按国际相应标准进行多方面的学习与锻炼，成为国际贸易、旅游管理方面的专门人才，在国内外都拥有良好的就业前景。

3. 课程设置及培养目标

（1）课程设置

● 语言类：基础英语/高级英语，包括听力（强化部分）、口语（强化部分）、阅读（强化部分）、写作（强化部分）；专业英语，包括酒店英语、商务英语、海乘专业英语（前厅、餐饮、客房）、旅游英语等，同时配有外教课程。

● 行业类：旅游地理学、涉外法规、大数据与邮轮营销、邮轮实务、旅游概论、移动互联网与旅游管理等。

● 管理类：经济学、领导力影响、人力资源管理、财务管理、度假村管理、会展管理等。

- ● 文化多样性类：国际沟通与礼仪、红酒历史与文化、美国历史、欧洲文学、音乐概论。
- ● 实训类：毕业论文、实习报告、职业指导、职业发展测评。

（2）培养目标：培养以国际邮轮作为职业基础的应用性、高层次、复合型国际管理人才。

（3）总体目标：打造邮轮产业人才培养基地。

对比世界邮轮市场，我国的邮轮业起步较晚，邮轮海乘职业培训更是长期处于空白。邮轮事业的发展需要培养更多的人才。菲律宾有邮轮培训基地，可以与菲律宾的培训机构建立合作关系，全面进行专业培训。

学生在登轮之前开展为期近一个月的岗前培训，包括邮轮概论、邮轮的岗位要求、邮轮的服务标准等内容，由于参加培训的学生已经取得了国家海洋局规定的上岗证、安全证、救护证等各种证件，所以岗前培训结束后将直接进入邮轮公司工作。

培训基地在打通人才输送渠道、填补人才培养空白的同时，也有助于解决高端人才的就业问题。我国在职业培训方面与国外相比还有一定差距，缺乏职业技能的培训，通过培训基地联合高校培养人才，力争把高校毕业生培养成合格的邮轮人才。

三、我国邮轮人才培养面临的问题

1. 国内邮轮业起步晚、发展快

根据《2019 年中国邮轮发展报告》数据显示，中国乘坐邮轮出入境的人数从 2012 年的 65.37 万人次增长至 2013 年的 120.25 万人次，同比增长 45.6%。据《2019 年中国邮轮发展报告》显示，2016 年我国全国共接待邮轮 967 艘次，同比增长 66.4%；邮轮旅客出入境 441.69 万人次，同比增长 81.7%。

据统计数据显示，中国客源数量排名全球第二，上海成为亚洲第一邮轮港、全球第四始发港、全球第八邮轮港。不断为邮轮产业注入新活力、邮轮港口追求高质量发展、邮轮航线寻求多样化、开拓入境旅游市场成为我国邮轮产业发展新趋势。

中国邮轮旅游发展仍然处于优化调整期，各大邮轮公司正在努力调整战略适应市场发展新形势，改变以往包船为主的单一模式，陆续投入更多为中国市场量身订造的新型邮轮、大型邮轮。同时，内河邮轮产品价格首次探底回暖，市场逐步升温，沿江部分城市开始规划现代化邮轮港口；沿海主要邮轮港口正在更新设施、提升服务，朝着"规范化、便捷化、高质量"目标迈进；邮轮旅游服务机构不断推出形式多样的"邮轮+"旅游系列产品。

2018 年以来，我国邮轮经济开始进入全产业链构建阶段，邮轮建造取得实质性进展并不断探索新技术，多家央企和民企启动进入邮轮经营与管理领域，港口邮轮物供不断探索新路，邮轮金融出现良好开端。总体上，2019 年我国邮轮产业仍将继续围绕市场的优化调整和产业链构建这两大主旋律走进 2020 年。

2. 邮轮专业人才严重匮乏

（1）邮轮管理人才培训重视程度不足

目前，学校培养邮轮专业人才的目标定位主要是邮轮服务员，培养内容主要为基本的服务接待流程和操作技能等，缺乏对邮轮产业运营的人才培养。本科院校开设邮轮专业的也很少，这远远不能满足邮轮产业的需求。

（2）国际邮轮人才供不应求

目前国际邮轮公司每年在中国市场招聘需求量非常大，但符合所有招聘条件的人才并不多，这主要由于国内与国际服务标准体系的差异以及语言方面的障碍。早期，国际邮轮公司给中国人的岗位大多比较低端，只能从事保洁等薪资较低的岗位。近年来随着国际邮轮企业对中国市场的重视，中国人在邮轮上不仅可以从事各类服务岗位，还可以从事部分管理岗位和技术岗位，并享受公平的薪资制度和福利制度及晋升渠道。随着以中国为母港的国际邮轮越来越多，他们对国内邮轮服务型专业人才的需求也必然逐年增长。

邮轮运营主要需要三类人才：一是邮轮管理人才；二是邮轮销售人才；三是邮轮服务人才。邮轮涉及航海、住宿、餐饮、海关、医疗、法律、通信等众多部门，都需要相关的专业人才进行组织、管理、协调和运作。目前，无论从哪个层面来看，国内的邮轮人才都很欠缺。

"以山东省为例，山东省共有高等学校 126 所，其中开办国际邮轮乘务管理专业的高等学校屈指可数。"青岛酒店管理职业技术学院国际邮轮乘务管理专业负责人尹萍介绍说，每年培养的人才数量不超过 500 人，人才培养的数量远远不能满足快速发展的邮轮产业人才需求。尤其是 90%的院校国际邮轮乘务管理专业比较弱小，师资力量、实训条件等严重滞后，不能形成规模优势和质量优势，人才培养的质量不能符合行业产业的需求。国际邮轮乘务专业人才严重缺乏和设立国际邮轮乘务专业的学校相对较少的现状已远远不能满足邮轮产业的迅猛发展。因此，青岛酒店管理职业技术学院申请设立国际邮轮乘务管理专业，并成立了国际邮轮乘务特色班。此外，青岛远洋船员职业学院也已开设国际邮轮乘务专业。

可以说，大量培养邮轮专业人才，满足中国邮轮母港开港后大量的人才需求，对于邮轮产业升级和中国各个邮轮母港的发展具有重要意义。

中国邮轮业虽起步较晚，却是全球邮轮旅游发展最快的新兴市场。为了服务好中国游客，国际邮轮公司开始大幅增加中国籍服务人员。为了抢占这一市场，亟须我国院校开设国际邮轮乘务等相关专业，并与邮轮公司合作开设"订单班"。

3. 课程设置不合理，难以形成系统的教学体系

邮轮产业对于亚洲大多数国家来说算是一种新兴产业，具有业内经验的师资和相关专著较少，并且很少有介绍邮轮港口和邮轮的具体相关资料，最新的邮轮信息也没有专业的渠道获得，只能靠网页上零碎信息了解。市面上的商业类邮轮参考书版本虽然较新，但多为游记类文章，或是介绍各邮轮公司的邮轮，专业性较强的多为国外邮轮专业书籍，英文编写，学生阅读困难，不适合用作教学材料。教材较为缺乏，大多以旅游管理的教材为基准加上一些外文资料的翻译辅助，在课程安排上也是杂乱无章、毫无系统，难以形成统一规范。

4. 学校的教学理念陈旧，无法满足企业的要求

在教育过程中，以学校为主、企业为辅的培养理念，一如既往地按照"公共基础课—专业必修课—专业选修课"的模式，完全跟不上邮轮行业对人才的需求特征，培养的人才很难满足企业的需求。部分学校偏重服务性技能的教育，而忽略了管理技能方面的培养，这样培养的优秀人才与高职学生相比没有什么优势可言。特别是这种固定的培养模式，很难调动学生的学习兴趣，特别是没有针对学生的个性进行差异化的培养，很难在未来满足产业链的不同岗位需求。

实践教学过程中也存在一些薄弱环节：一是服务性实习过多，缺乏运营管理类的实习；二是语言功底薄弱，沟通能力受限。虽然邮轮专业注重英语的学习，但是在邮轮英语方面做得还不是很好，同时忽略了小语种的开设。

5. 邮轮行业人才的培养与挑战

邮轮管理职位的精髓就在于丰富的实践，只有在管理实践中才能逐步发掘和提升自己的专业管理能力。我国现阶段的邮轮企业发展呈现出四个方面的博弈，即运营与策略、经验与能力、传统与改革、外派与本土化之间的博弈。在这四方面要统筹兼顾，随阶段而有所侧重：运营要精细，但也要有长远的战略眼光；既要有经验性人才，也要有强能力人才；既要做好文化融合、文化适应，也要鼓励改革；既需要外派的高端管理人才，也要积极培育本土化的高端管理、运营人才。

邮轮产业不同于其他产业，其主需人才包括三类：船舶人员、产品类人员和高级战略管理人员。当前我国邮轮的人才是缺乏的，尤其是管理层级人才。因此，我国邮轮人才在这一方面存在着巨大的进步空间。

邮轮公司人才招聘是全方位的。邮轮对于人才的招聘要求分为五种：对邮

轮行业有深刻了解的、具有强大扎实的能力的、有良好的分析和计划能力的、能够掌握放权与掌权的平衡的、能够完美地适应这个世界的。目前，校企共建人才培养联盟已经成为高等院校校企合作的新形式，并在浙江、上海、山东等地高校中不断涌现，中国高等院校邮轮人才培养联盟也在这一形式下应运而生。邮轮产业作为全球休闲旅游产业中增长速度最快的新兴产业，自 20 世纪 90 年代至今，一直保持着年均 9%左右的增长速度。

近年来，随着欧洲、北美市场的日趋饱和，亚洲和中国市场成为邮轮产业的新增长点。按照世界豪华邮轮公司员工与游客 1:3 甚至 1:1 的配备比例，一般每艘豪华邮轮要配备 820—2200 名员工，加之邮轮产业战略东移，世界各大邮轮公司更倾向于在中国地区招募雇员。为满足地区邮轮业发展的需求，整合邮轮人才培养资源，中国高校成立邮轮人才培养联盟势在必行。

邮轮管理实践具有非常重要意义，结合外语水平能力在未来求职和职业发展中的重要地位，从业人员需要提升自身的知识性技能和整体素质，要对于自己未来的人生规划有更详细的目标。

四、校企合作

校企合作不仅可以加强邮轮专业人才培养的专业性，还有助于邮轮企业有针对性地培养邮轮人才。作为最早进入中国市场的邮轮公司，歌诗达邮轮集团（亚洲）有关负责人认为，随着中国邮轮市场的迅速发展，邮轮产业的人才需求预计将持续增加。自 2009 年起，歌诗达在亚洲与国内 20 多个学院及培训机构合作培养专业邮轮人才。自歌诗达邮轮集团（亚洲）与浙江旅游职业学院共同举办战略联盟签约仪式，歌诗达邮轮集团（亚洲）与浙江旅游职业学院国际邮轮乘务专业的深度合作在行业内属首开先河。歌诗达邀请集团内部经验丰富的邮轮专家做指导，向学生们分享经验及技能。优秀毕业生将会获得歌诗达邮轮集团（亚洲）旗下邮轮的工作机会，进一步提升其专业职业素养。皇家加勒比邮轮也一直在加大对于岸上人才培训的投入。

以天津海运职业学院为例，"2014 年 8 月，皇家加勒比邮轮与天津海运职业学院开展合作，创办全新的邮轮专业人才培训项目"。目前，已有近万名学员毕业并成功在邮轮公司实践。培训中心是天津市首个国际化邮轮人才培养基地，总建筑面积 1.3 万平方米，其中地上四层 9000 平方米，地下一层 4000 平方米，建有西餐实训室、中餐实训室、客房实训室、红酒实训室等，每年可承担按照国际邮轮行业标准开展的 2000 人的邮轮员工培训任务。

作为全国第一所建立国际邮轮乘务专业的高职院校，天津海运职业学院紧紧抓住天津建设国际港口城市、北方经济中心战略机遇，瞄准天津加快滨海新区开发开放和邮轮产业发展需求，培养高端技能型人才。美国皇家加勒比邮轮有限公司是当今世界最著名、实力最强的国际邮轮公司，旗下有 41 艘豪华邮轮，在世界范围内运行多条航线，覆盖七大洲 460 个目的地。双方合作，是强强联手，也是优势互补。美国皇家加勒比邮轮公司人才培训中心是天津国际邮轮人才培训基地，又是天津海运学院邮轮专业学生与加勒比员工的实习培训中心。这个培训中心的启动，将为提升天津邮轮产业服务质量、培育本土邮轮服务力量，乃至推动我国邮轮产业发展提供必要的载体支撑。

【思考题】

1. 简述邮轮上的基本岗位。

2. 邮轮上对人员素质有哪些基本需求？

3. 我国邮轮旅游人才培养中有哪些困境？如何解决？

附录一 全球邮轮公司运营数据

单位：美元

各项		嘉年华集团（Carnival Corporation & Plc）截至 2018 年 11 月底运营 104 条船		皇家加勒比集团（Royal Caribbean Cruises Ltd.）截至 2018 年 11 月底运营 60 条船	
		2018 年	2017 年	2018 年	2017 年
邮轮运营收入	每床每晚总收入（船票收入、船上消费及其他）	221.87	209.88	247.07	237.68
	每床每晚净收入	183.38	174.1	195.78	187.35
邮轮运营成本	每床每晚总邮轮营运成本（邮轮营运成本、市场营销、行政费用）	158.96	152.95	169.98	164.7
	每床每晚净邮轮营运成本	120.89	113.5	118.68	114.37
	每床每晚除燃油外净邮轮营运成本	101.59	98.38	100.19	95.93
利润	运营利润	39.64	34.13	49.31	47.22
	每床每晚净利润	37.58	31.66	47.26	44
销售实绩	乘客邮轮天数	89659639	87158757	41853052	40033527
	运力（舱位数*运营天数）（ALBD）	83872441	82302887	38425304	36930939
	满舱率	106.90%	105.90%	108.90%	108.40%
	收入净利润率	16.94%	15.09%	19.13%	18.51%

续表

各项		诺唯真集团（Norwegian Cruise Line Holdings Ltd）截至 2018 年 11 月底运营 26 条船		地中海邮轮（MSC Cruises Group）截至 2018 年 11 月底运营 15 条船	
		2018 年	2017 年	2018 年	2017 年
邮轮运营收入	每床每晚总收入（船票收入、船上消费及其他）	321.37	310.78	207.25	209.85
	每床每晚净收入	249.85	240.88	152.2	153.45
邮轮运营成本	每床每晚总邮轮营运成本（邮轮营运成本、市场营销、行政费用）	226.89	221	151.76	157.96
	每床每晚净邮轮营运成本	155.37	151.11	96.7	101.56
	每床每晚除燃油外净邮轮营运成本	134.53	130.31	81.93	86.73
利润	运营利润	64.7	60.4	36.5	33.99
	每床每晚净利润	50.68	43.76	26.22	28.83
销售实绩	乘客邮轮天数	20276568	18523030	16961533	13716516
	运力（舱位数*运营天数）（ALBD）	18841678	17363422	15198506	12357222
	满舱率	107.60%	106.70%	111.60%	111%
	收入净利润率	15.77%	14.08%	12.65%	13.74%

资料来源：《邮轮志》

附录二 全球邮轮游客数量与地域分布

1. 全球邮轮十大客源国排名

年份	美国	中国	德国	英国	澳大利亚	加拿大	意大利	法国	西班牙	巴西	挪威
2017 年	11.52	2.1	2.02	1.89	1.29	0.75	0.75	57	0.49	0.49	—
2014 年	11.21	0.74	1.77	1.61	1	0.8	0.84	0.59	0.45	—	0.15
2013 年	10.92	0.73	1.69	1.73	0.83	0.77	0.87	0.52	0.48	0.73	—

资料来源:《2014 年中国邮轮发展报告》《2015 年中国邮轮发展报告》《2017—2018 年中国邮轮发展报告》

2. 邮轮热门旅游目的地

年份	加勒比地区	亚洲地区	地中海地区	不含地中海地区在内的其他欧洲地区	澳大利亚/新西兰/太平洋地区	阿拉斯加地区	南美地区
2016 年	35	9.2	18.3	11.1	6.1	4.2	2.5
2017 年	35.4	10.4	15.8	14.6	6	4.3	2.1

资料来源:《2017—2018 年中国邮轮发展报告》

附录三 全球主要邮轮码头与泊位

地区	邮轮码头	泊位	备注
美洲	迈阿密邮轮母港	7 个世界上最现代化的邮轮码头、2 座邮轮客运枢纽站，12 个超级邮轮码头大厦，可同时停泊 20 艘邮轮	世界四大邮轮公司嘉年华邮轮公司、皇家加勒比邮轮公司、丽星邮轮、公主邮轮等均在迈阿密设立总部或者分支机构
	埃弗格雷斯港	7 个邮轮泊位，吞吐量达 376 万人	佛罗里达州第二大邮轮母港
	卡纳维尔港	7 个邮轮码头	既是货运港，也是邮轮港
欧洲	西班牙巴塞罗那邮轮码头	2 个邮轮码头，7 个专用邮轮泊位，可同时停泊 9 艘邮轮	地中海的主要邮轮港，地中海主要邮轮母港城市，欧洲接待规模最大的邮轮母港
	意大利威尼斯港	3 个专业的邮轮码头，可同时接待 9 艘大小不等的邮轮	
	英国南安普敦邮轮港	3 座邮轮码头，共 4 个邮轮泊位，每年接待邮轮超过 240 艘次	
	希腊比雷埃夫斯港	7 个邮轮专用码头，12 个泊位	
亚洲	新加坡邮轮母港	2 个邮轮码头，可同时停靠 8 艘邮轮	
	香港海运大厦邮轮母港	可同时停靠 2 艘大型、4 艘小型邮轮	
	上海吴淞口国际邮轮母港	4 个大型邮轮泊位（含 2 个 22.5 万吨级、1 个 20 万吨级和 1 个 10 万吨级）	年接靠运营能力达 800—1000 艘次，年通过能力达 357.8 万人次

地区	邮轮码头	泊位	备注
亚洲	三亚凤凰岛国际邮轮母港	二期工程，新建 4 个邮轮码头，包括 10 万吨泊位 1 个、15 万吨泊位 2 个、22.5 万吨泊位 1 个；建成后，可同时停靠 5 艘邮轮	
	天津国际邮轮港	共有 4 个泊位，靠泊能力 22.35 万吨	
	广州南沙邮轮母港	共 4 个泊位（含 22.5 万吨级和 10 万吨级）	2019 年正式投入使用
	深圳蛇口邮轮母港	共有两个泊位，1 个 22 万吨级，1 个 10 万吨级	华南地区唯一集"海、陆、空、铁"于一体的现代化邮轮母港
	厦门国际邮轮中心	含 4 个泊位，具备同时接待 3—4 艘中大型邮轮的硬件能力	

附录四　邮轮旅游手册

1. 各大邮轮公司旗下品牌

自歌诗达邮轮在 2006 年登陆中国市场，邮轮旅游正逐渐成为众多旅游者的必选项目，不同邮轮公司都有自己不同的特色和定位，旅游者在准备邮轮旅游时，可以根据自己的需求和喜好，进行选择。以下介绍目前几大邮轮公司旗下的邮轮品牌及定位：

邮轮集团	下属品牌	品牌定位
嘉年华邮轮集团	*歌诗达邮轮	意大利风情
	*公主邮轮	公主礼遇，奢华、尊贵
	荷美邮轮	现代的度假式邮轮
	嘉年华邮轮	最适合孩子的邮轮
	爱达邮轮	纯正德式邮轮体验
	冠达邮轮	真正卓越的海上奢华邮轮体验
	世邦邮轮	奢华
	P&Q 邮轮	
	风之颂邮轮	社会影响旅行，提供"完全不同的船上及岸上体验"
皇家加勒比邮轮有限公司	*皇家加勒比邮轮	世界上极具创新性的邮轮
	普尔曼邮轮	西班牙式的狂欢氛围
	精钻邮轮	小型豪华邮轮
	精致邮轮	让您享受明星般的待遇
	途易邮轮	给宾客带来家的感受
	CDF 邮轮	专为法国市场服务
诺唯真邮轮控股有限公司	*诺唯真邮轮	自由、休闲、让每天充满精彩
	大洋邮轮	
	丽晶七海邮轮	小型顶级奢华、豪华、高端、现代
云顶香港有限公司	*丽星邮轮	亚太区的领导船队
	*星梦邮轮	首个亚洲本土豪华邮轮品牌
	水晶邮轮	国际公认的豪华邮轮
地中海邮轮	*地中海邮轮	最独特的意大利风格
海达路德邮轮公司	海达路德邮轮	全球领先的探险邮轮品牌

注：*表示中国有母港的邮轮品牌

2. 基本舱位、费用介绍

（1）基本舱位

邮轮舱房通常会以"类型+人数"的形式命名，例如内舱双人房、海景三人房等。舱房类型主要分为内舱房、海景房、阳台房和套房四类，不同邮轮品牌会有一些细微的差别。

房型	介绍
内舱房	无窗、基本设施完备，性价比最高
海景房	有窗，但无法打开，可观赏海景，与内舱房差异不大
阳台房	有步入式阳台或露台（露台上方无顶盖，面积一般比阳台略大），可走出舱房观赏海景。
套房	一般均有步入式阳台（极少数无阳台），面积较大，房间配套设施更完备。套房客人可享受专属服务，如24小时管家服务、免费气泡酒、新鲜水果等

邮轮舱房对于可入住人数有比较严格的规定。比如双人房规定入住2人，多于2人则无法预订此类舱房，如仅有1人预订，则必须支付单房差，合计下来与2人入住的价格相差无几。

在常见的舱房中，双人房、三人房和四人房居多。一些邮轮上有少量单人房，如"海洋量子号"上的单人内舱房。部分邮轮也存在少数可入住多人（大于4人）的舱房，如"海洋量子号"的家庭连通房最多可入住10人，该房型由1间标准套房、1间阳台房及1间单人内舱房组合而成，3间房共用一个独立入口和门廊。

在选择舱房时，除了考虑价格，还应根据舱房的"类型+人数"选择出最合适出行需求的房间。

（2）费用介绍

邮轮旅游的人均费用，主要根据航线、天数、舱房和岸上游等，从几千元到数万元不等。邮轮旅游的报价通常分为两类：单船票和套餐。

类型	介绍
单船票	费用仅含船票和港口税及政府税，预订好船票后，须自行前往登船地
套餐	费用通常包含船票、机票、签证、上船口岸城市的住宿、接送和一部分游览，通常情况下不包含岸上观光和邮轮上小费

通常一张船票包括房间住宿、餐饮、享用指定的船上免费设施、参加指定的船上娱乐节目及活动。通常情况下，各种游戏、活动及晚上的歌舞表演、主

题舞会都是免费的，而温泉与美容疗养、洗衣、医疗中心，以及在单点餐厅享用主厨菜品、网络使用等都需要付费，此外如港务费、签证费用、岸上观光等个人消费也需要额外支付。

舱位不同，需要另行付费的项目也不尽相同。邮轮上有的餐厅针对某些舱位的客人是免费的，有的则是收费。通常越高级的舱位包含的免费项目就越多。

邮轮旅游除了邮轮服务费（即需要在船上支付的小费）外，基本都是一价全包的。通常，旅游者所支付的邮轮旅行费用（长线自由行和单船票产品除外），基本包含了船票（含住宿、免费餐厅餐食、免费设施使用、船上娱乐节目及活动）、港务费、税费、签证/登陆许可证费用、岸上观光费用和领队费。

3. 购买方式

同其他旅游产品一样，邮轮旅游产品也分为线上、线下两类销售渠道。目前，邮轮旅游产品以线上销售为主要渠道。通常，上游产品供应商（邮轮公司）以"包船+切舱"模式，将邮轮旅游产品提供给直销平台，由直销平台批发、代理、分销，将包装好的旅游产品及其他服务出售给旅游者。

4. 登船

登船要做的事有：行李托运、安检、上船登记、过海关。

（1）登船越早越好

最好提前半天到达码头，通常开船前 4—5 小时开始办理登船顺序，建议开船前 2 小时以上办理。和坐火车飞机不同，上邮轮就是你假期的开始，你早一刻上去，就早一刻开始吃喝玩乐。所以你如果不是当日飞抵，应当尽量在第一时间登船。

（2）行李托运和安检

一般情况下乘坐邮轮每个人可以携带 90 公斤的行李。到达码头应该先把大件行李交给船方的搬运工免费搬运，因为你离上船还有很漫长的路，要注意写清标签，行李会给你送到房间；护照证件、个人钱物、孩子的部分用品建议随身携带，以便随时需要；邮轮安检的要求和飞机差不多。

（3）上船登记，过海关

如果你是自己出行，到港之前要尽量先在邮轮官网上注册旅行资料（Register），然后打印出来，以节省办手续的时间，还可以自己调换舱位。

通常会把你的护照收走统一保存，无论大人小孩，每人会得到一张磁卡，请一定保管好这张卡，它既是房门卡，也是途中上下船的身份证，还是在船上消费的记账手段。当然，也可以在船上支付现金来开通邮轮卡。

5. 安全救生演习

按《国际海上人命安全公约》（SOLAS）规定，出于为所有乘客安全考虑，任何一个乘客登船 24 小时之内都必须参加在船上举行的救生演习。每个房间的门后都张贴有整个船体的平面图和刨面图，并明确标注了该房间乘客指定的紧急集合地点。演习过程中由多种语言解说，无论乘客是第一次还是多次乘坐邮轮，是否参加过类似救生演习，每次登船后，整船的所有人员都将参加救生演习。演习中乘客将会被告知如下内容：

①如处于紧急状况时如何穿戴救生衣、使用救生设备；

②紧急集合点的位置，以及如何快速达到。

全过程不超过 30 分钟，切记一定要参加并认真听讲。同时舱房内的电视会 24 小时轮播救生演习视频，以确保每一位乘客都能够快速掌握。

6. 餐饮

邮轮上的餐厅一般分为四种：主餐厅、自助餐厅、特色付费餐厅和各类小吃店。通常主餐厅和自助餐厅不收取任何费用，后两类餐厅的消费需要使用船卡记账，在下船前全部结清。此外，由于不同邮轮的设置和旅游产品的不同，并非所有的餐厅消费都包含在船票费用里。因此，旅游者在用餐时，也需要注意是否额外收费。

邮轮上的主餐厅通常会有 2 到 4 个，分布在不同的甲板，多为提供可以点菜的晚餐服务。用餐时间一般是固定的，会在餐厅门口放置指示牌加以说明，旅游者也可以在舱房里发放的邮轮手册上找到各类餐厅的开放时间。

7. 基础娱乐设施

邮轮作为"移动的海上度假村"，基本能够满足各个年龄段旅游者的娱乐需求。目前邮轮上的基本娱乐设施包括：电影院、大剧院、娱乐场、图书馆、免税店、青少年活动中心、健身房、游泳池、水疗美容中心。除此之外，不同品牌的邮轮也有自己独特的娱乐设施。例如，嘉年华邮轮的"Sky Course"和"Sky Ride"，皇家加勒比邮轮的甲板跳伞、"北极星"和"南极球"，星梦邮轮的绳索场。

旅游者可以通过房间内的《船上指南》，了解出行期间的邮轮活动安排、各类设施的预订、收费情况等。

8. 小费

一般在邮轮上都需要支付一定的小费，每个邮轮公司推荐给的小费，在细节上也有所不同。小费可以直接打在账单里，在离船前一天从船卡账户内自动扣除，也可以装在船上的专用信封里当面交给服务员。

各邮轮品牌小费明细表

皇家加勒比邮轮	普通舱费（包括银卡套房）：14.5 美元/人/晚
	银卡套房 JS 以上舱位：17.5 美元/人/晚
	额外费用：酒吧账单以及船只水疗和沙龙服务均收取 18%的酬金
星梦邮轮	套房及以上房型：150 港币/人/晚
	其他：120 港币/人/晚
	2 周岁以下免小费额外费用：无
丽星邮轮	套房及以上房型：130 港币/人/晚
	其他房型：110 港币/人/晚
	2 周岁以下儿童免小费额外费用：无
歌诗达邮轮	13 周岁及以上：普通房型 14.5 美元/人/晚；套房房型 17.5 美元/人/晚
	4—12 周岁：普通房型 7.25 美元/人/晚，套房房型 8.75 美元人/晚
	3 周岁及以下免小费
	额外费用：无
地中海邮轮	YC 套房 19.5 美元/人/晚
	内舱/海景/阳台/其他套房：14.5 美元/人/晚
	0—2 周岁儿童免小费
	额外费用：无
诺唯真邮轮	玺悦/haven 套房：25.5 美元/人/晚
	迷你套房：14.5 美元/人/晚
	内舱/海景/阳台房：13.5 美元/人/晚
	额外费用：酒吧账单收取 15%小费
公主邮轮	小费：13.5 美元/人/晚
	其他：迷你套房 14.5 美元/人/晚，迷你套房以上套房 15.5 美元/人/晚
	额外费用：酒吧账单收取 15%的小费
渤海邮轮	小费：80 人民币/人/晚
	其他：套房 100 人民币/人/晚
	4—12 周岁儿童 60 人民币/人/晚
	4 周岁以下儿童免收服务费
天海邮轮	小费：12.95 美元/人/晚
	S1、S2、NS 套房：14.5 美元/人/晚
	PS、RS 套房：15.95 美元/人/晚
	额外费用：无

9. 语言

通常每艘邮轮上的乘客都来自世界各地，因此每艘邮轮上都会配备掌握不同语言的员工，为乘客提供最方便的服务。随着越来越多的中国旅游者选择邮轮旅游，邮轮公司在招聘员工时，也开始招聘更多满足条件的中国服务人员。

10. 船上货币结算

所有船上的押金、二次消费和小费等都需要乘客预先或离船前支付。不同公司的邮轮货币结算方式不同。总体来说，有以下几种方式：

①现金：大部分邮轮公司以美元进行现金支付。

②信用卡：VISA 卡和万事达卡（双币种）为主，有些公司可以使用银联信用卡或储蓄卡。

③支付宝：有些公司的中国航线开设。

一般上船需要准备美元或者使用 VISA 和万事达卡，能确保可以正常结账付款。

11. 下船

每位乘客都有印有编码的消费清单，在邮轮假期即将结束或下船前的前一晚，包括每项消费的清单会送到客舱。如乘客对账目无异议，可以在离开邮轮的当天早上，进行刷卡销账。最重要的是领回护照。

如果需要在靠前的位置，需提前一天告知服务人员，他会安排你在靠前的位置下船。另外，手提行李能够节省时间。如果没有急事，下船时不用跟着人群去堵门，在船上公共场合等待，叫到号再下船，到港后要用将近一个小时办理海关手续。下船的前一天晚上把大件行李放在门口，由搬运工搬走，行李签的颜色根据下船时间而定，下船后在相应区域领取。

附录五　全国开设邮轮相关专业高校

1. 高职（大专）层次（共 50 家）

序号	学校	专业	层次	备注
1	天津海运职业学院	国际邮轮乘务	高职	
2	三亚航空旅游职业学院	国际邮轮乘务	高职	
3	三亚理工职业学院	国际邮轮乘务	高职	
4	三亚城市职业学院	酒店管理（邮轮乘务方向）	高职	
5	海南经贸职业技术学院	旅游管理（邮轮乘务方向）	高职	
6	海南科技职业学院	国际邮轮乘务	高职	
7	海南职业技术学院	国际邮轮乘务	高职	
8	山东旅游职业学院	休闲服务与管理（邮轮乘务）	高职	
9	山东海事职业学院	邮轮乘务	高职	
10	山东日照海事专修学院	邮轮乘务	高职	
11	山东商务职业学院	应用英语（邮轮乘务方向）	高职	
12	青岛远洋船员职业学院	国际邮轮乘务	高职	
13	浙江旅游职业学院	邮轮乘务（歌诗达邮轮班）	高职	
14	浙江国际海运职业技术学院	国际邮轮乘务	高职	
15	浙江交通职业技术学院	国际邮轮乘务	高职	
16	仙桃职业学院	酒店管理（邮轮服务与管理）	高职	
17	郑州旅游职业学院	国际邮轮乘务	高职	
18	江苏海事职业技术学院	国际邮轮乘务	高职	

序号	学校	专业	层次	备注
19	武汉交通职业学院	旅游英语专业（国际邮轮）	高职	
20	武汉航海职业技术学院	旅游管理（邮轮乘务方向） 酒店管理（国际海乘方向）	高职	
21	武汉城市职业学院	旅游英语（国际海乘方向）	高职	
22	武汉工业职业技术学院	国际邮轮乘务（香海订单班）	高职	
23	武汉外语外事职业学院	酒店管理（国际海乘）	高职	
24	大连枫叶职业技术学院	国际邮轮乘务	高职	
25	福建中华高级技工学校	邮轮乘务	高职	
26	上海市现代职业技术学院	邮轮服务与管理	高职	
27	大连航运职业技术学院	国际邮轮乘务	高职	
28	广西演艺职业学院	酒店管理（国际邮轮乘务员）	高职	
29	湖北开放职业学院	酒店管理（国际邮轮乘务）	高职	
30	湖南艺术职业学院	海乘	高职	
31	武汉商贸职业学院	酒店管理（海乘方向） 国际邮轮乘务	高职	
32	南京城市交通运输学校	邮轮乘务	高职	
33	南京航海技术学校	海乘	高职	
34	郑州城市职业学院	国际邮轮乘务	高职	
35	南宁职业技术学院	国际邮轮乘务	高职	
36	九江职业技术学院	酒店管理专业邮轮乘务方向	高职	
37	四川交通职业技术学院	海事管理	高职	邮轮方面课程
38	四川文化传媒职业学院	旅游管理（邮轮乘务方向）	高职	

序号	学校	专业	层次	备注
39	新乡职业技术学院	国际邮轮乘务	高职	
40	上海震旦职业学院	国际邮轮乘务（专科类）	高职	
41	南通航运职业技术学院	涉外旅游（邮轮酒店管理）	高职	
42	咸宁职业技术学院	酒店管理（邮轮乘务方向）	高职	
43	北京涉外经济专修学院	国际邮轮	高职	
44	荆州职业技术学院	邮轮乘务	高职	
45	上海海事职业技术学院	国际邮轮乘务	高职	
46	湖北职业技术学院	酒店管理（邮轮服务）	高职	
47	湖北科技职业学院	国际邮轮海乘	高职	
48	湖南机电职业技术学院	酒店管理（海乘服务方向）	高职	
49	山东省城市服务技术学院	海乘专业	高职	
50	武汉海事职业学院	旅游管理	高职	

2. 成人教育层次（共 13 家）

序号	学校	专业	层次	备注
1	长沙学院	国际邮轮乘务（海乘）	专科	
2	华中科技大学	国际邮轮乘务	专科	
3	中国海洋学院	国际邮轮海乘	专科	
4	集美大学	邮轮乘务	专科	
5	海口经济学院	国际邮轮乘务	专科	
6	北京物资学院	邮轮海乘服务管理	专科	
7	广西大学	邮轮乘务	专科	
8	武汉理工大学	涉外旅游（国际邮轮乘务）	专科	
9	广西民族大学	国际海乘		
10	北京物资学院继续教育学院	邮轮海乘服务管理		

序号	学校	专业	层次	备注
11	武汉科技大学	国际海乘		
12	广州涉外经济职业技术学院	国际海乘	校企	订单
13	岳阳职业技术学院	国际海乘	校企	订单

3. 本科层次（共 14 家）

序号	学校	专业	层次	备注
1	上海工程技术大学	旅游管理（邮轮经济）	本科	
2	大连海事大学	旅游管理（邮轮游艇管理）	本科	
3	北京第二外国语学院	国际邮轮管理	本科	
4	株洲航空旅游学院	国际邮轮乘务	本科	
5	厦门南洋学院	酒店管理（国际邮轮乘务）	本科	
6	南京航空航天大学	商务英语（邮轮乘务方向）	本科	
7	重庆交通大学	旅游管理（国际邮轮管理）	本科	
8	海南大学三亚学院	旅游管理（邮轮管理与服务）	本科	民办
9	华南师范大学凤凰国际学院	高铁邮轮服务管理	本科	民办
10	上海中博学院	邮轮乘务	本科	民办
11	中国地质大学江城学院	国际海乘	本科	
12	湖北第二师范学院	邮轮乘务	本科	
13	桂林旅游学院	国际邮轮乘务	本科	
14	海南热带海洋学院	旅游管理 旅游管理（海洋旅游方向） 酒店管理专业	本科	

4. 研究生层次（共 2 家）

序号	学校	专业	层次	备注
1	上海海事大学上海高级国际航运学院	邮轮管理 EMBA	研究生	
2	海南热带海洋学院	旅游管理 MTA（海洋旅游方向）	研究生	